Statement of Financial Accounting Standards
No.87, No.88, No.132(R), No.158

米国の企業年金会計基準

三菱UFJ信託銀行FAS研究会 [訳]

東京 **白桃書房** 神田

FASB Statements No. 87, *Employers' Accounting for Pensions,* No. 88, *Employers' Accounting for Settlements and Curtailments of Defined Benefit Pension Plans and for Termination Benefits,* No. 132(R), *Employers' Disclosures about Pensions and Other Postretirement Benefits,* No. 158, *Employers' Accounting for Defined Benefit Pension and Other Postretirement Plans,* and FASB Staff Position 158-1, 'Conforming Amendments to the Illustrations in FASB Statements No. 87, No. 88, and No. 106 and Related Staff Implementation Guides,' copyright by the Financial Accounting Standards Board, 401 Merritt 7, PO Box 5116, Norwalk, CT 06856-5116, U. S. A., are translated and reproduced with permission.

刊行にあたって

　本書は，2006年9月に発行された米国の財務会計基準書第158号の翻訳を中心に，米国の企業年金制度に係る会計基準書を翻訳したものであり，1997年に上梓した『米国の企業年金会計基準と適用指針』を全面的に改訂したものである。

　米国において，2005年11月に企業年金会計基準の見直しのためのプロジェクトが開始された。これは，米国証券取引委員会が2005年6月に公表したスタッフレポートを契機としたものであり，同レポートではエンロン事件等の不正会計事件の再発防止の観点から財務諸表の透明性を高めることの重要性を指摘していた。財務会計基準書第158号は当該プロジェクトの第1段階の成果として発行された基準書である。

　企業年金会計基準の見直しに関して，国際会計基準においても議論が活発化してきており，国際会計基準審議会と米国財務会計基準審議会との協働で会計基準見直しのプロジェクトが進められている。世界の国々には，自国の会計基準を設定せず国際会計基準を適用させることを表明している国が多いが，わが国は独自の会計基準を堅持している。しかし，資本市場の国際化が進展する中で，わが国の基準も国際的な基準とともに環境の変化を反映し変貌をとげることとなろう。したがって，海外の会計基準を研究することは，実際にそれらの会計基準に準拠して財務諸表を作成している企業のみならず必要なことであり，また，海外の会計基準の翻訳書を出版することはそれらの研究の裾野を広げることになり，社会的貢献にも繋がるものと考える。

　米国財務会計基準審議会は，企業年金制度に係る会計基準の一層の改善に向けた取り組みを継続しているが，財務会計基準書第158号には今後の課題の方向性を知る上でのヒントが数多く含まれている。その意味でも本書が公認会計士，企業の経理担当者，関係省庁，証券アナリストさらには年金基金等にとって有用な資料と評価され広く活用されることを期待している。

本書が成るにあたっては，日本大学経済学部の今福愛志教授から懇切丁寧なるご指導とご助言を賜った。また，成蹊大学経済学部の挽直治講師からも貴重なご意見を賜った。ここに記して厚く御礼を申し上げる。

2007年11月

三菱UFJ信託銀行株式会社
取締役社長　上原　治也

訳者序文

　本書は，米国の会計基準設定機関である米国財務会計基準審議会（FASB）により発行された企業年金制度に係る会計基準書――財務会計基準書（SFAS）第87号，第88号，第132号(R)および第158号――を翻訳したものである。このうち，SFAS第158号は，米国において企業年金制度に係る会計基準の見直しのために2005年に立ち上げられた2段階によるプロジェクトの第1段階の成果として発行されたものである。

　米国において基準の見直しが行われるきっかけとなったのが，2005年にSEC（米国証券取引委員会）から公表された「2002年 Sarbans-Oxley 法第401条(c)に従ったオフバランス取引，特別目的事業体および発行体による提出書類の透明性改善に関する報告と提言」と題する報告書である。これは，SECが Sarbans-Oxley 法に従い企業の財務諸表の透明性について調査を行い，その結果に基づき会計基準の見直しに関する提言を行ったものである。報告書の中では，年金会計基準について①資産と債務の相殺表示，②利得または損失についての遅延認識，等が年金の積立状況をわかりにくくし，会計処理の操作性につながると指摘している。そして年金会計基準を改定することが財務諸表の質と透明性を改善するために必要であると結論づけている。

　SECによる報告書に加え，財務諸表の利用者等からも会計基準の見直しの要請を受けたことにより，FASBは，年金会計基準の見直しに関するプロジェクトを立ち上げた。

　当該プロジェクトは2段階で進められ，第1段階は，先に述べたとおり2006年9月末のSFAS第158号の発行を以て完了した。SFAS第158号は，年金を含む退職後給付に関連する従来の会計基準書――SFAS第87号，第88号，第106号および第132号(R)――を一部改訂したものである。プロジェクトの第1段階の目的は，「年金およびその他退職後給付に関する事業主の財務報告において，貸借対照表をより一層完全で，透明な，そして理解可能な

ものとする」（SFAS 第158号パラグラフB22）ことにあった。SFAS 第158号によって，年金制度の積立超過または積立不足の状況を資産または負債として貸借対照表に全額認識することが求められることになり，財務諸表の理解可能性および表現の忠実性の改善が図られている。

　続く第2段階では，国際会計基準審議会（IASB）との協働による会計基準のコンバージェンスを視野に入れつつ，広範囲に及ぶ問題が包括的に検討されることとなっている。IASBにおいても，2006年から2段階による年金会計基準の見直しのためのプロジェクトが立ち上げられており，2011年完了を目標に第1段階の議論が進められている。FASBは，プロジェクトの立ち上げ当初，第2段階における議論の論点として次の4項目を取り上げていた。

・退職給付費用の認識方法および開示方法
・一時金給付の選択肢をもつ制度の債務評価方法
・計算基礎の策定指針
・退職後給付の信託財産の母体企業への連結

　FASB はその後の議論の中で，第2段階の進め方に関して，年金会計基準に係る主要な論点のうち，IASBにおいて議論されている項目以外の項目（財務諸表における退職後給付の情報の表示，多事業主退職後給付制度，等）から先行して検討し，後にIASBとの会計基準のコンバージェンスに向けて作業を行うと表明している。

　このように，海外においてまさに包括的に年金会計基準の見直しが行われており，その見直しの結果としての会計基準の変更は当然わが国の退職給付会計に大きな影響を及ぼすことが予想される。そして，その影響を極力前広に見極めることが必要であると考える。

　1997年に刊行した『米国の企業年金会計基準と適用指針』では，「訳者後記」においてFAS 第87号の「付録A：結論の根拠」の存在意義に言及し，「わが国の企業会計における企業年金と退職金の今後の取扱いやその理論構築に関心を有する者にとって，ある意味で本文以上に有益かつ重要」とその重要性を謳っている。そのうえで，刊行の動機を「FAS87号を含む3つの資料の新訳を思い立ったそもそもの動機は，この付録部分を日本語で通読で

きるテキストを広く一般に提供したいという点にあった」と述べている。今回の翻訳書においても，収録したSFAS第158号が，海外の年金会計基準の見直しによるわが国の退職給付会計への影響を見極めるための手掛かりとなり，特に，FASBが結論を得るに至った検討過程を詳細に再現している「付録B：背景説明および結論の根拠」を通読することによって今後FASBで議論される課題の検討の方向性やヒントを読み取ることができる，と考えたことが刊行の第一の動機である。

　SFAS第158号の他に翻訳対象とした会計基準書は，SFAS第87号，第88号，および第132号(R)である。それぞれの発行後に修正された箇所を反映させた上で，基準本文，例示，および用語解説を収録し，読者が現在の米国の企業年金に関する会計基準を一覧できるよう便宜を図った。また，SFAS第87号のQ&Aは，FASB職員見解FAS158-1（2007年2月発行）によってSFAS第87号の「付録E：追加の実行指針」として基準書中に収録されており，本書ではこの部分も第2章の中に収録した。なお，SFAS第87号（Q&Aを含む）および第88号に関して，前回の翻訳の一部表現や語句等の見直しを行った。SFAS第87号，第88号，および第132号(R)のそれぞれの結論の根拠については，分量の関係から本書への収録を見送らざるを得なかった。また，本書は企業年金制度に係る会計基準書のみを扱うこととし，年金以外（医療等給付）の退職後給付会計についての基準が定められているSFAS第106号に関しては翻訳の対象としなかった。なお，本書末尾に，訳者による解説「米国の年金会計基準の概要」を掲載した。

　翻訳作業は，年金コンサルティング部横田克也と清水麻紀子を中心に社内のFAS研究会によって行った。

　本書の刊行は，社内外の直接・間接の支援と協力を得てなったものであるが，中でも，日本大学経済学部の今福愛志先生には，訳稿に目を通していただき，厳しくも暖かいご指導とご助言を賜った。本書が少しでも正確で読みやすいものになっているとすれば，今福先生のご指導の賜物である。心より御礼申し上げる。また，成蹊大学経済学部の挽直治先生からも貴重なご意見を賜った。御礼申し上げる。もちろん，有り得べき誤りはすべて訳者の責に

帰すものである。

　翻訳に際し，日本公認会計士協会による翻訳（SFAS第158号，第132号(R)。詳しくは，http://www.hp.jicpa.or.jp/を参照されたい。）を参照させていただき，教えられるところがあった。会計基準書の翻訳という観点から原文の文脈に忠実な訳出を心掛けたが，訳者の力量不足から読み易さが犠牲となった部分が多々あり，あらためて英語と日本語の文の構造の違いを痛感させられた。訳文についてお気づきの点があれば是非ともご教示を賜りたくお願いする次第である。

　本書が，年金会計の実務に携わる方だけでなく多くの関係者にとって，資料として役立ち，少しでも参考になる情報を提供できるとしたら，訳者にとって望外の幸せである。

　最後に，本書の出版に関してお世話になった白桃書房代表取締役社長大矢栄一郎氏および編集部の皆様に心より御礼申し上げる。

2007年11月

三菱UFJ信託銀行FAS研究会を代表して

横田　克也
清水　麻紀子

凡　例

1. 原著においてイタリックの箇所（見出し部分および原語のまま残したものを除く）は『　』で囲んで表した。見出し部分は，見やすさを考慮して，適宜字体を設定した。
2. 原著において" "の箇所は「　」で表した。
3. 原著において（ ）の箇所は原著同様（ ）で表した。
4. 原著において［ ］の箇所は原著同様［ ］で表した。
5. 〔　〕は訳者による注釈である。
6. 訳出に際し，翻訳技術上の処置として訳者が適宜――　――を加えている。
7. 基準書第87号および第88号の原著に付されている注は，基準書の最後尾にまとめて掲載されているが，本書では各ページに脚注として掲載した。
8. 原著に付されている脚注のうち，例示に付されている脚注に関しては，それぞれの例示の後に置いた。
9. 基準書第87号，第88号，および第132号(R)に関して，発行後に一部改定が行われているため，当該改定箇所を各基準書内に反映させた上で訳出した（改定箇所については，各基準書の「現状」のページを参照されたい）。
10. 原著において記載されている「See Status page」は訳を省略している。
11. 基準書第87号，第88号，第132号(R)および第158号の中で，本書に訳出していない参照パラグラフは，イタリックで表した。

目　次

刊行にあたって
訳者序文
凡　　例

第1章　財務会計基準書第158号
　　　　　給付建年金およびその他退職後制度に関する
　　　　　事業主の会計

基準書第158号の現状 ─────────────────── 2
要約 ───────────────────────────── 3
目的 ───────────────────────────── 11
財務会計および報告に係る基準 ─────────────── 12
　営利事業体による報告 ······································· 12
　　単一事業主給付建退職後制度の積立状況の認識　12
　　制度資産と給付債務の測定日　13
　　開示要件　14
　非営利組織体による報告 ····································· 15
　　単一事業主給付建退職後制度の積立状況の認識　15
　　制度資産と給付債務の測定日　17
　　開示要件　17
　発効日 ··· 18
　　認識および関連する開示に係る規定の発行日　18
　　測定日に係る規定の発効日　19
　移行 ·· 20
　　認識規定　20
　　測定日に係る規定　20

適用年度における所要の開示 …………………………………24
　付録A：実行指針 ——————————————————— 25
　付録B：背景説明および結論の根拠 ————————————— 65

第2章　財務会計基準書第87号
　　　　事業主の年金会計

基準書第87号の現状 ——————————————————— 120
序 ————————————————————————————— 123
財務会計および報告に係る基準 ———————————————— 125
　対象範囲 ………………………………………………………………125
　合理的な概算法の使用 ………………………………………………126
　単一事業主給付建年金制度 …………………………………………126
　　年金会計の基礎的要素　127
　　純期間年金費用の認識　129
　　負債と資産の認識　134
　　費用と債務の測定　135
　　制度資産の測定　140
　　測定日　141
　　開示事項　142
　　複数の制度を有する事業主　142
　　年金契約　143
　　保険会社とその他の契約　144
　掛金建制度 ……………………………………………………………144
　多数事業主制度 ………………………………………………………145
　　共同事業主制度　146
　米国外の年金制度 ……………………………………………………147
　企業結合 ………………………………………………………………147
　非営利組織体および非営利以外であって
　　その他包括利益を報告しない事業体 ……………………………148
　移行と発行日 …………………………………………………………149

付録B：例示 ———————————————————————— 157
付録D：用語解説 ———————————————————————— 171
付録E：追加の実行指針 ———————————————————————— 186

第3章　財務会計基準書第88号
　　　　給付建年金制度の清算および縮小ならびに
　　　　雇用終了給付に関する事業主の会計

基準書第88号の現状 ———————————————————————— 240
序 ———————————————————————— 242
財務会計および報告に係る基準 ———————————————————————— 242
　　対象範囲 ……………………………………………242
　　定義 ……………………………………………242
　　清算および縮小のその他の事象に対する関係 ……………244
　　年金債務の清算の会計 ……………………………244
　　制度縮小の会計 ……………………………………246
　　雇用終了給付 ………………………………………247
　　開示および表示 ……………………………………247
　　非営利組織体および非営利以外であって
　　　その他包括利益を報告しない事業体 ………………248
　　FASB基準書第74号の廃止 …………………………248
　　発行日および移行 …………………………………248
付録B：例示 ———————————————————————— 252

第4章　財務会計基準書第132号（2003年改訂）
　　　　年金およびその他退職後給付に関する
　　　　事業主の開示

基準書第132号(R)の現状 ———————————————————————— 270
序 ———————————————————————— 272
財務会計および報告に係る基準 ———————————————————————— 273

対象範囲 …………………………………………………273
　年金制度およびその他退職後給付制度に関する開示 ………274
　複数の制度を有する事業主 ………………………………277
　非公開事業体向けの開示要件の軽減 ……………………278
　中間財務報告における開示 ………………………………281
　非営利組織体および非営利以外であってその他包括利益を
　報告しない事業体……………………………………………282
　掛金建制度 …………………………………………………282
　多数事業主制度 ……………………………………………283
　既存の公式見解への修正 …………………………………284
　　基準書第132号によって行った修正で，軽微な変更の上
　　本基準書に継続した修正　284
　発行日および移行……………………………………………285
　付録C：例示 ──────────── 288
　付録E：用語解説 ──────────── 298

訳者解説　米国の年金会計基準の概要 ──────────── 301

索　引

第1章
財務会計基準書第158号

給付建年金およびその他退職後制度に関する事業主の会計

FASB基準書第87号，第88号，第106号，および第132号(R)の修正

Employers' Accounting for
Defined Benefit Pension and
Other Postretirement Plans

an amendment of FASB Statements
No. 87, 88, 106, and 132(R)

基準書第158号の現状

発行年月	2006年9月
発効日	（パラグラフ11で定義されているとおり）公開市場で取引される持分証券の発行者である事業主は、給付建制度の積立状況を認識する要件（パラグラフ4）および開示要件（パラグラフ7）を2006年12月15日後に終了する会計年度末時点から適用開始するものとする。公開市場で取引される持分証券を発行しない事業主は、給付建制度の積立状況を認識する要件（パラグラフ4および8）および開示要件（パラグラフ7および10）を2007年6月15日後に終了する会計年度末時点から適用開始するものとする。公開市場で取引される持分証券を発行しない事業主は、2006年12月15日後かつ2007年6月16日前に終了する会計年度の財務諸表を作成するにあたり本基準書の認識規定を適用しない場合、財務諸表の注記中にパラグラフ14の開示を行うものとする。 制度資産と給付債務を会計年度末貸借対照表日現在において測定する要件（パラグラフ5，6および9）は2008年12月15日後に終了する会計年度に発効するものとする。
他の基準書等へおよぼした影響	・ARB43号3章パラグラフ4および7を修正する ・APB28号パラグラフ30(k)を修正する ・FAS87号パラグラフ16，20，25，26，29，32～34，49，52，55，74および264，ならびに脚注5および6を修正する ・FAS87号パラグラフ28および35～38を置き換える ・FAS87号パラグラフ44A，74A～74DおよびA261Aを追加する ・FAS87号脚注7を削除する ・FAS88号パラグラフ9，12および13，ならびに脚注2を修正する ・FAS88号パラグラフ17A，17Bおよび57Aを追加する ・FAS106号パラグラフ12および13を実効的に修正する ・FAS106号パラグラフ22，31，46，52，53，55，56，59，60，62，72，73，88，92，93，97，98および518，ならびに脚注18，19，25，26および28を修正する ・FAS106号パラグラフ31A，44A，44B，103A～103Dおよび391Aを追加する ・FAS130号パラグラフ17，19，20，130および131を修正する ・FAS130号パラグラフ21を削除する ・FAS130号パラグラフ39を実効的に修正する ・FAS132号(R)パラグラフ3，5，5(c)，5(h)，5(o)，6，8，8(g)，9およびC3を修正する ・FAS132号(R)パラグラフ5(i)および8(h)を置き換える ・FAS132号(R)パラグラフ5(k)および8(j)を削除する ・FAS132号(R)パラグラフ10A～10Dを追加する ・FSP APB18-1を修正する
他の基準書等から受けた影響	パラグラフA15(a)，A20(a)およびA28(a)がFSP FAS 158-1パラグラフ14により修正された

FASBホームページ内の「Status of Statement No. 158」を基に訳者が作成した（2007年11月現在）。
http://www.fasb.org/st/status/statpg158.shtml

要　約

　本基準書は，事業主に，（多数事業主制度を除く）給付建退職後制度の積立超過または積立不足の状況を資産または負債として貸借対照表に認識し，また積立状況の変動をその変動の発生年度に営利事業体にあっては包括利益において，非営利組織体にあっては非拘束純資産の増減において認識するよう求め，それによって財務報告を改善させる。本基準書はまた，事業主に制度の積立状況を会計年度末貸借対照表日現在において測定するよう求めることによって財務報告を改善させる。これには限定的に例外がある。

　本基準書は，営利事業体である事業主で，1つまたは複数の単一事業主給付建制度を運営する事業主に，次のことを求める。

a．給付制度の積立状況——制度資産の公正価値（限定的に例外あり）と給付債務との差額として測定する——を貸借対照表に認識する。年金制度に関して，給付債務は予測給付債務である。退職者医療制度などいずれのその他退職後給付制度に関しても，給付債務は累積退職後給付債務である。

b．利得または損失および過去勤務費用または収益のうち，FASB基準書第87号『事業主の年金会計』または第106号『年金以外の退職後給付に関する事業主の会計』に則して期間中に発生しているが純期間給付費用の構成要素として認識しない金額を，その他包括利益の構成要素として税引後の金額で認識する。その他包括利益累積額に認識される金額には利得または損失，過去勤務費用または収益，ならびに基準書第87号および第106号の適用開始から残存する移行時資産または債務が含まれる。それらが，後に当該基準書の認識と償却に係る規定に則して純期間給付費用の構成要素として認識される時に，その他包括利益累積額は修正される。

c．給付建制度資産と債務を事業主の会計年度末貸借対照表日現在において測定する（限定的に例外あり）。

d．利得または損失，過去勤務費用または収益，および移行時資産または債務の遅延認識に起因する翌年度純期間給付費用への一定の影響に関する追加情報を財務諸表注記中に開示する。

　本基準書は，非営利組織体または非営利以外であってその他包括利益を報告しない事業体にも適用する。本基準書の報告要件を当該事業体に準用する。
　本基準書は基準書第87号，第88号『給付建年金制度の清算および縮小ならびに雇用終了給付に関する事業主の会計』，第106号，第132号（2003年改訂）『年金およびその他退職後給付に関する事業主の開示』，およびその他関連する会計上の公表文書を修正する。本基準書の適用開始時とその後において，事業主は，制度資産と給付債務の貸借対照表日現在での測定および純期間給付費用の額の決定に当たり，基準書第87号，第88号，および第106号の規定を継続して適用しなければならない。

本基準書の発行理由

　FASBが本基準書を発行したのは，給付建退職後制度に関する事業主の会計における従前の基準によっては当該制度の積立状況を完全かつ理解可能な形で伝達できない，との憂慮すべき問題に対処するためであった。従前の基準において，事業主は，給付建退職後制度の積立超過または積立不足の状況を貸借対照表において報告する必要がなかった。従前の基準において，事業主は，制度の積立状況に影響する事象による財務上の影響を，当該事象の発生時に利益またはその他包括利益においてその全額を認識する必要がなかった。
　従前の会計基準は，事業主が，給付建退職後制度から生じる資産または負債——ほとんどの場合，当該資産または負債は制度の積立超過または積立不足の状況とは相違していた——を貸借対照表に認識することを認めていた。従前の基準は，事業主に次のことを認めていた。

　　a．退職後給付を行うための費用に影響する経済事象——制度資産と給付

債務の増減——の認識を遅延させて，時として制度の積立不足の状況を著しく下回る負債を認識すること。
b．状況によっては，積立不足の制度に関して貸借対照表に資産を認識すること。

　従前の基準は，制度の積立超過または積立不足の状況に関する情報を財務諸表注記に委ねていた。当該情報は，積立超過または積立不足の状況から貸借対照表に認識する金額への調整表という形式をとってきた。FASBに伝えられたところによれば，制度の積立超過または積立不足の状況に関する情報を注記中のみに表示することによって，財務諸表の利用者が，事業主の財政状態と退職後給付債務の履行能力とを評価するのをより難しくしている，ということであった。
　FASBは，注記による報告は，現行基準の他の特徴と共に，表現が忠実で理解可能な財務情報を提供していないし，資本市場において資源の非効率な配分という結果を引き起こすかもしれない，と結論づけた。本基準書は，基準書第87号，第88号，第106号，第132号(R)，および関連する公式見解を包括的に再検討するプロジェクトの第一歩となる。

基準の変更によって財務報告はどのように改善するか

　本基準書によって財務報告は改善する。それは，制度を運営する事業主によって財務諸表において報告される情報が，より完全でより適時なものとなり，それゆえより表現が忠実なものとなるからである。したがって，当該財務諸表の利用者にとって，事業主の財政状態と退職後給付債務の履行能力とをより評価しやすくなる。
　本基準書によってより完全な財務諸表となるのは，本基準書が，単一事業主給付建退職後制度を運営する事業主に，制度の積立超過または積立不足の状況を注記中ではなく，貸借対照表において報告するよう求めているからである。
　本基準書によってより適時な財務情報となるのは，本基準書が，事業主に，

給付建退職後制度の積立超過または積立不足の状況に影響するすべての取引および事象を，その発生年度に包括利益（または非拘束純資産の増減）において認識することを求めているからである。しかも本基準書は，制度資産と給付債務を事業主の会計年度末貸借対照表日現在において測定することを求めており，貸借対照表日前3か月以内の日とできる測定日に係る選択肢を削除している。

本基準書が財務諸表注記中の調整表の必要性を取り除くことによって，より理解可能な財務報告となる。

本基準書の基礎となる結論はFASBの概念フレームワークにどのように関係するか

FASB概念書第1号『営利企業による財務報告の目的』および第4号『非営利組織体による財務報告の目的』は，財務報告が，事業および資源配分の意思決定を行う際に有用となる情報を提供すべきである，と明示する。FASB概念書第2号『会計情報の質的特性』は，意思決定有用性に不可欠な要素は目的適合性および信頼性である，と説明する。情報が目的適合的で信頼できるものであるためには，当該情報が適時で完全なものでなければならない。本基準書によって，より完全でより適時な，それゆえより表現が忠実な財務情報となる。

便益と費用

財務報告の目的は，現在および将来の投資家，債権者，ならびにその他資本市場参加者に対し，投資，与信，および同種の資源配分に関して合理的な意思決定を行う際に有用となる情報を提供することにある。FASBは，当該目的での情報提供による便益は，当該情報提供に関係する費用をかけても得る価値のあるものでなければならない，と認める。FASBは，慎重な検討の結果，本基準書によって改善された財務報告に係る便益は，その実行に係る費用を上回ると判断した。

FASB は，本基準書がより完全でより理解可能な財務諸表を提供するのは，これまで注記中に報告してきた情報を事業主の財務諸表において認識することにするからであると考える。退職後給付制度の現在の積立状況を資産または負債として事業主の貸借対照表において報告することによって，当該財務諸表の利用者が，事業主の財政状態および給付債務の履行能力を，財務諸表注記中の調整表を参照することなく評価できるようになる。同様に，積立状況に影響する取引および事象をその発生年度に財務諸表に認識することによって財務情報の適時性を高め，したがって財務情報の有用性を高める。

　FASB は，事業主が本基準書の実行のために費用を負担することになると認める。しかしながら，FASB は予測する便益が費用を上回ると考える。本基準書のいくつかの規定は，実行するための費用を最小限にすることを目的としている。たとえば，FASB は，過年度の財務諸表を遡及して修正するとしたらかなりの費用を負担することになる事業主がいると分かって，変更の遡及適用を求めないと決定した。しかも，本基準書は，制度資産，給付債務，または年間純期間給付費用を測定する際の基本的アプローチを変更していない。これまで，事業主は本基準書の適用のもとで貸借対照表に認識される制度に係る金額を財務諸表注記中に開示するよう求められていた。したがって，法人所得税の税効果に関連するものを除き新たな情報も新たな計算も必要とならない。

　一方で，FASB は，これまで会計年度末の測定日を使用していなかったある事業主が，制度資産と給付債務を事業主の会計年度末貸借対照表日現在において測定するという要件を適用開始するにあたり，追加的に一時的費用を負担することになるかもしれない，と認める。さらに，帳簿価額など財務諸表の測定規準を参照しているために影響を受ける契約上の取決めを有する事業主がいるかもしれない。当該事業主は，当該契約上の取決めの修正に伴う費用を負担することになるかもしれない。本基準書は，当該費用を軽減するために，一部の規定に関しては発効日の延期を，また，測定日変更の適用開始に関しては代替アプローチを規定する。

発効日と移行

　本基準書の認識と開示に係る規定の採用が求められる期日は，公開市場で取引される持分証券の発行者（定義のとおり）である事業主とそれ以外の事業主とでは異なる。

　本基準書の目的上，事業主は，次の条件のいずれかに該当する場合，公開市場で取引される持分証券の発行者とみなされる。

　　a．事業主が，公開市場において取引される持分証券を発行している。公開市場は（国内または外国の）証券取引所または店頭市場のいずれでもよく，持分証券には特定の場所または地域においてのみ上場している証券を含む。
　　b．事業主が，公開市場においていずれかの種類の持分証券を募集するための準備として規制官庁に書類を提出している。
　　c．事業主が，(a)または(b)に該当する事業体によって支配されている。

　公開市場で取引される持分証券の発行者である事業主は，2006年12月15日後に終了する会計年度末から，給付建退職後制度の積立状況の認識を開始することと所要の開示を提供することが求められる。

　公開市場で取引される持分証券の発行者以外の事業主は，2007年6月15日後に終了する会計年度末から，給付建退職後制度の積立状況を認識することと所要の開示を提供することが求められる。

　ただし，公開市場で取引される持分証券の発行者以外の事業主は，2006年12月15日後かつ2007年6月16日前に終了する会計年度の財務諸表を作成する際に本基準書の認識規定を適用しない場合，当該財務諸表の注記中に次の情報を開示することが求められる。

　　a．本基準書の規定に関する簡潔な記述。
　　b．採用が求められる期日。
　　c．事業主が本基準書の認識規定の早期採用を予定している場合はその採

用予定日。

　制度資産と給付債務を事業主の会計年度末貸借対照表日現在において測定するという要件は，2008年12月15日後に終了する会計年度に発効する。その直前の会計年度の最終四半期において，事業主が制度の清算となる取引を開始するか，または制度の縮小をもたらす事象が発生した場合，基準書第88号または第106号に則した関連する利得または損失を，当該四半期の利益または非拘束純資産の増減において認識することを要する。

　認識または測定日に係る規定の早期適用は奨励される。ただし，早期適用は事業主の有する給付制度のすべてに関して行うものでなければならない。本基準書の遡及適用は認められない。

財務会計基準書第158号

目　　次

パラグラフ
番号

目的	1～3
財務会計および報告に係る基準	
営利事業体による報告	4～7
単一事業主給付建退職後制度の積立状況の認識	4
制度資産と給付債務の測定日	5～6
開示要件	7
非営利組織体による報告	8～10
単一事業主給付建退職後制度の積立状況の認識	8
制度資産と給付債務の測定日	9
開示要件	10
発効日	11～15
認識および関連する開示に係る規定の発効日	12～14
測定日に係る規定の発効日	15
移行	16～19
認識規定	16
測定日に係る規定	17～19
適用年度における所要の開示	20～22
付録A：実行指針	A1～A41
付録B：背景説明および結論の根拠	B1～B121
付録C：基準書第87号および第88号の修正	(略)
付録D：基準書第106号の修正	(略)
付録E：基準書第132号(R)の修正	(略)
付録F：その他の現行基準書の修正	(略)
付録G：関連公表文書への影響	(略)

目　的

1．本基準書は，給付建年金およびその他退職後制度に関する事業主の会計を改善するための包括プロジェクトの第一段階の成果である。本基準書の目的は，事業主が次のとおり行うことにある。

　a．単一事業主[1]給付建退職後制度（給付制度または制度）の積立超過または積立不足の状況を資産または負債として貸借対照表に認識し，また積立状況の変動をその変動の発生年度に（営利事業体に関しては）包括利益において，または（非営利組織体に関しては）非拘束純資産の増減において認識すること。
　b．制度の積立状況を会計年度末貸借対照表日現在において測定すること。これには限定的に例外がある。

本基準書は，多数事業主制度の会計に関しては変更しない。

2．本基準書が求めている給付制度に関する事業主の会計および報告への変更点を，後のパラグラフ4～22に記述している。当該諸変更を達成するために要したFASB基準書における認識，測定日，および開示に係る要件への修正点を，本基準書の付録に収録している。該当する基準書は，第87号『事業主の年金会計』，第88号『給付建年金制度の清算および縮小ならびに雇用終了給付に関する事業主の会計』，第106号『年金以外の退職後給付に関する事業主の会計』，および第132号（2003年改訂）『年金およびその他退職後給付に関する事業主の開示』である。当該修正点は本基準書の不可欠な部分である。本基準書において使用する用語の定義は，（修正後の）基準書第87号，第88号，および第106号におけるものと同一である。

---

1)　FASB基準書第87号『事業主の年金会計』パラグラフ71およびFASB基準書第106号『年金以外の退職後給付に関する事業主の会計』パラグラフ84と整合するように，本基準書の目的上，共同事業主制度は，単一事業主制度とみなされるものとし多数事業主制度とはしない。

3．本基準書はまた，基準書第87号および第106号を修正し，これまで基準書第106号の結論の根拠中に含めていた予定割引率の選択に関連する指針をそれぞれの基準の中に含める（*付録* C，D 参照）。

財務会計および報告に係る基準

営利事業体による報告

単一事業主給付建退職後制度の積立状況の認識

4．1つまたは複数の単一事業主給付建制度を運営する営利事業体は，次のとおり処理するものとする。

a．給付制度の積立状況——制度資産の公正価値[2]と給付債務との差額として測定する——を貸借対照表に認識するものとする。年金制度に関して，給付債務は予測給付債務とする。退職者医療制度などいずれのその他退職後給付制度に関しても，給付債務は累積退職後給付債務とする。

b．すべての積立超過の制度の積立状況を合算し，当該金額を資産として貸借対照表に認識するものとする。また，すべての積立不足の制度の積立状況を合算し，当該金額を負債として貸借対照表に認識するものとする。分類貸借対照表を表示する営利事業体は，積立不足の制度に係る負債を流動負債，固定負債，または両者併用として分類するものとする。（制度ごとに決定する）流動部分は，給付債務のうち向こう

---

[2] 基準書第87号パラグラフ49および基準書第106号パラグラフ65は，公正価値での制度資産の測定を取り扱っている。基準書第87号パラグラフ51および基準書第106号パラグラフ66は，公正価値での制度資産の測定の例外を規定している。制度運営上使用される制度資産は，原価から減価償却または償却の累計額を控除した金額で測定するものとする。また，基準書第87号パラグラフ61および基準書第106号パラグラフ69は，一部の保険契約における配当受給権の公正価値以外の価値による測定について規定している。

12か月間または営業循環がそれより長い場合はその期間に支払う給付の数理的現在価値が制度資産の公正価値を上回る場合のその超過額とする。分類貸借対照表において，積立超過の制度に係る資産は固定資産として分類するものとする。

c．利得または損失および過去勤務費用または収益のうち，FASB基準書第87号および第106号に則して期間中に発生しているが当該期間の純期間給付費用の構成要素として認識しない金額を，その他包括利益[3]の構成要素として認識するものとする。

d．利得または損失，過去勤務費用または収益，ならびに基準書第87号および第106号の適用開始から残存する移行時資産または債務を，後に基準書第87号，第88号および第106号の認識と償却に係る規定に則して純期間給付費用の構成要素として認識する時，対応する修正をその他包括利益において認識するものとする。

e．FASB基準書第109号『法人所得税に関する会計』の規定を適用して上記(a)～(d)の項目の該当する法人所得税の税効果額を決定するものとする。

制度資産と給付債務の測定日

5．次の場合を除き，営利事業体は，制度資産と給付債務を会計年度末貸借対照表日現在において測定するものとする。

a．ARB第51号『連結財務諸表』が認めるとおり，親会社と異なる会計期間を使用して連結される子会社によって，制度が運営される場合。

b．APB意見書第18号『普通株式への投資に関する持分法による会計』が認めるとおり，投資会社と異なる会計期間の被投資会社の財務諸表を使用し，意見書第18号に基づいて持分法を使用して会計処理してい

3）FASB基準書第130号『包括利益の報告』に則してその他包括利益の報告を要しない営利事業体は，本基準書パラグラフ8～10の規定を，財務報告の方法として適切な類似の方法によって適用するものとする。

る被投資会社によって制度が運営される場合。

　上記例外に該当する場合，営利事業体は，子会社の制度資産と給付債務を，子会社の貸借対照表を連結するのに使用する日現在において測定するものとし，また，被投資会社の制度資産と給付債務を，持分法を適用するのに使用する被投資会社の財務諸表日現在において測定するものとする。たとえば，暦年会計年度を採用する親会社が子会社の作成する9月30日の財務諸表を使用して子会社を連結する場合，連結財務諸表に含める子会社の給付制度の積立状況は9月30日現在において測定するものとする。

6. 営利事業体が，その制度資産と給付債務の両方を会計年度中で再測定する場合を除き，中間貸借対照表において報告する積立状況は，前年度末貸借対照表に認識した資産または負債を次の額によって調整して得た額とする。(a)前年度末後の純期間給付費用の発生額からその他包括利益において既に認識した金額に係る償却額を控除して得た額（たとえば，前年度末後の勤務費用，利息費用，および制度資産の収益の発生額），および(b)積立制度への拠出額または給付支払額。時として営利事業体が制度資産と給付債務の両方を会計年度中に再測定する場合がある。たとえば，再測定を必要とする制度の変更，清算，または縮小のような重要な事象が発生する場合がそれにあたる。再測定した場合，営利事業体は翌中間期の貸借対照表を（本基準書の測定日に係る規定をまだ実行していない場合は遅延を基準として）修正するものとし，当該再測定日と整合している制度の積立超過または積立不足の状況を反映させる。

開示要件

7. 1つまたは複数の給付制度を運営する営利事業体は，次の情報を年次財務諸表の注記中に，年金制度に関するものとその他退職後給付制度に関するものとに区分して開示するものとする。

a．表示する各年次損益計算書に関して，その他包括利益において認識した金額。当該金額は，純利得または損失および純過去勤務費用または収益を区分して表示する。当該金額は，当該期間中の発生額と，当該期間の純期間給付費用の構成要素として認識した結果としてのその他包括利益の組替修正額とに区分するものとする。

b．表示する各年次損益計算書に関して，純移行時資産または債務のうち，当該期間の純期間給付費用の構成要素として認識した結果その他包括利益の組替修正額として認識する金額。

c．表示する各年次貸借対照表に関して，その他包括利益累積額であって純期間給付費用の構成要素として未だ認識していない金額。純利得または損失，純過去勤務費用または収益，および純移行時資産または債務を区分して表示する。

d．その他包括利益累積額のうち，表示する直近の年次貸借対照表に続く会計年度中の純期間給付費用の構成要素として認識すると予測される金額。純利得または損失，純過去勤務費用または収益，および純移行時資産または債務を区分して表示する。

e．表示する直近の年次貸借対照表に続く12か月間または営業循環がそれより長い場合はその期間に営利事業体に返還されると予測される制度資産がある場合は当該金額およびその返還時期。

非営利組織体による報告

単一事業主給付建退職後制度の積立状況の認識

8．1つまたは複数の単一事業主給付建制度を運営する非営利組織体（非営利事業主）は，次のとおり行うものとする。

a．給付制度の積立状況——制度資産の公正価値と給付債務との差額として測定する——を貸借対照表に認識するものとする。年金制度に関して，給付債務は予測給付債務とする。退職者医療制度などいずれのそ

の他退職後給付制度に関しても，給付債務は，累積退職後給付債務とする。

b．すべての積立超過の制度の積立状況を合算し，当該金額を資産として貸借対照表に認識するものとする。また，すべての積立不足の制度の積立状況を合算し，当該金額を負債として貸借対照表に認識するものとする。分類貸借対照表を表示する非営利事業主は，積立不足の制度に係る負債を流動負債，固定負債，または両者併用として分類するものとする。（制度ごとに決定する）流動部分は，給付債務のうち向こう12か月間または営業循環がそれより長い場合はその期間に支払う給付の数理的現在価値が制度資産の公正価値を上回る場合のその超過額とする。分類貸借対照表において，積立超過の制度に係る資産は固定資産として表示するものとする。

c．利得または損失および過去勤務費用または収益のうち，FASB基準書第87号および第106号に則して期間中に発生しているが当該期間の純期間給付費用の構成要素として認識しない金額を，非拘束純資産の増減の範囲内の1つまたは複数の独立した行項目として，費用とは別に認識するものとする。FASB基準書第117号『非営利組織体の財務諸表』の規定と整合するように，本基準書は，当該1つまたは複数の独立した行項目を，事業に関する中間尺度または業績指標を表示する場合にその範囲内または範囲外いずれに含めるものとするかを規定しない。AICPA監査および会計指針『医療組織体』は，その適用対象範囲内の非営利組織体にその他包括利益の諸項目を業績指標の範囲外において報告するよう求めている。

d．パラグラフ8(c)に則して1つまたは複数の独立した行項目に既に認識した純利得または損失および純過去勤務費用または収益の一部，ならびに基準書第87号および第106号の適用開始から残存する移行時資産または債務の一部を，基準書第87号，第88号，および第106号の認識と償却に係る規定に則して純期間給付費用に再分類するものとする。1つまたは複数の対応する修正額を，当初の認識額と同様にして非拘束純資産の増減の範囲内の1つまたは複数の同一の行項目によって，

費用とは別に報告するものとする。純期間給付費用は基準書第117号パラグラフ26に則して機能別区分によって報告するものとする。
e．法人所得税の税効果がある場合，基準書第109号の規定を適用して上記(a)〜(d)の項目の該当する法人所得税の税効果額を決定するものとする。

制度資産と給付債務の測定日

9．非営利事業主は，パラグラフ5において営利事業体に関して記述した例外に該当する場合を除き，制度資産と給付債務を会計年度末貸借対照表日現在において測定するものとする。同様に，非営利事業主は，積立状況を中間財務諸表（表示する場合）において，パラグラフ6に営利事業体に関して記述した方法と類似の方法によって報告するものとする。

開示要件

10．1つまたは複数の給付制度を運営する非営利事業主は，次の情報を年次財務諸表の注記中に，年金制度に関するものとその他退職後給付制度に関するものとに区分して開示するものとする。

a．表示する各年次活動計算書に関して，活動計算書において費用とは別に認識する純利得または損失および純過去勤務費用または収益。当該金額は，当該期間中の発生額と，当該期間の純期間給付費用の構成要素として再分類する金額とに区分するものとする（パラグラフ8(c)および8(d)に則して区分して報告する場合を除く）。
b．表示する各年次活動計算書に関して，純移行時資産または債務のうち当該期間の純期間給付費用の構成要素として認識する金額（パラグラフ8(c)および8(d)に則して区分して報告する場合を除く）。
c．表示する各年次貸借対照表に関して，純期間給付費用の構成要素として未だ認識していない金額。純利得または損失，純過去勤務費用また

は収益,および純移行時資産または債務を区分して表示。
d．純利得または損失,純過去勤務費用または収益,および純移行時資産または債務のうち,既に発生しており,表示する直近の年次貸借対照表に続く会計年度中の純期間給付費用の構成要素として認識すると予測する金額。
e．表示する直近の貸借対照表に続く12か月間または営業循環がそれより長い場合はその期間に非営利事業主に返還されると予測する制度資産がある場合は当該金額およびその返還時期。

発効日

11．本基準書は,認識および関連する開示に係る規定と,会計年度末測定日への所要の変更とのそれぞれに関して異なる発効日を規定する。また,認識および開示に係る規定の発効日は,公開市場で取引される持分証券の発行者である事業主とそれ以外の事業主とのそれぞれで異なる。本基準書の目的上,事業主は,次の条件のいずれかに該当する場合,公開市場で取引される持分証券の発行者とみなされる。

a．事業主が,公開市場において取引される持分証券を発行している。公開市場は(国内または外国の)証券取引所または店頭市場のいずれでもよく,持分証券には特定の場所または地域においてのみ上場している証券を含む。
b．事業主が,公開市場においていずれかの種類の持分証券を募集するための準備として規制官庁に書類を提出している。
c．事業主が,(a)または(b)に該当する事業体によって支配されている。

認識および関連する開示に係る規定の発効日

12．公開市場で取引される持分証券の発行者である事業主は,給付制度の積立状況の認識要件(パラグラフ4)および開示要件(パラグラフ7)を,

2006年12月15日後に終了する会計年度末から適用開始するものとする。当該年度より前の会計年度末からの適用は奨励される。ただし，早期適用は，事業主の有する給付制度のすべてについて行うものとする。

13．公開市場で取引される持分証券の発行者以外の事業主は，給付制度の積立状況の認識要件（パラグラフ4および8）および開示要件（パラグラフ7および10）を，2007年6月15日後に終了する会計年度末から適用開始するものとする。当該年度より前の会計年度末からの適用は奨励される。ただし，早期適用は，事業主の有する給付制度のすべてについて行うものとする。

14．公開市場で取引される持分証券の発行者以外の事業主は，2006年12月15日後かつ2007年6月16日前に終了する会計年度の財務諸表を作成するにあたり本基準書の認識規定を適用しない場合，当該財務諸表の注記中に以下の情報を開示しなければならない。

a．本基準書の規定に関する簡潔な記述。
b．採用が求められる期日。
c．事業主が本基準書の認識規定の早期適用を予定している場合はその採用予定日。

> 測定日に係る規定の発効日

15．制度資産および給付債務を事業主の会計年度末貸借対照表日現在において測定するという要件（パラグラフ5，6，および9）は，2008年12月15日後に終了する会計年度に発効するものとし，かつ，遡及して適用してはならない。早期適用は奨励される。ただし，早期適用は，事業主の有する給付制度のすべてについて行うものとする。基準書第132号(R)パラグラフ5(k)および8(j)の測定日開示の要件を削除するが，当該削除は，事業主が本基準書の測定日に係る規定を適用開始した年度から有効となる。

移行

認識規定

16. 事業主は適用開始する会計年度の期末時点から本基準書の認識規定を適用するものとする。遡及適用は認められない。当該会計年度の期末現在において，本基準書適用前で事業主の貸借対照表に認識した金額——追加最小年金負債がある場合にそれを認識するのに要した金額を含む——を次の認識を行うために修正するものとする。

a．営利事業体に関して，利得または損失，過去勤務費用または収益，および移行時資産または債務のうち本基準書を適用開始する会計年度の期末時点において未だ純期間給付費用に含めていない金額を，その他包括利益累積額期末残高の構成要素として税引後の金額で認識する。要した修正はいずれもその他包括利益累積額期末残高の修正額として報告するものとする。

b．非営利事業主に関して，利得または損失，過去勤務費用または収益，および移行時資産または債務のうち本基準書を適用開始する会計年度の期末時点において未だ純期間給付費用に含めていない金額を，非拘束純資産期末残高に含める。税効果がある場合は税引後の金額を含める。要した修正はいずれも活動計算書において，非拘束純資産の増減の範囲内の1つまたは複数の独立した行項目によって，費用とは別にそして業績指標または事業に関する他の中間尺度を表示する場合はその範囲外において報告するものとする。

測定日に係る規定

17. 本基準書は，事業主に対し会計年度末測定日への移行のための2つのアプローチを規定する。第1アプローチ（パラグラフ18）では，事業主は，制度資産と給付債務を，測定日に係る規定を適用する会計年度の期首現在にお

いて再測定する。事業主は，当該新測定値を使用して測定日変更による影響額を，測定日に係る規定を適用する会計年度の期首現在において決定する。第2アプローチ（パラグラフ19）では，事業主は，前会計年度末報告用に決定した測定値の使用を継続して，当該測定日変更による影響額を見積る。

18. 第1アプローチでは，事業主は，制度資産と給付債務を，測定日に係る規定を適用する会計年度の期首現在において測定するものとする。営利事業体である事業主に関して次のとおりとする。

a．測定日に係る規定を適用する会計年度の直前の会計年度末用に使用した測定日から，測定日に係る規定を適用する会計年度の期首までの期間の純期間給付費用を，税引後の金額で，利益剰余金期首残高の独立した修正額として認識するものとする。ただし，縮小または清算による利得または損失が発生している場合当該利得または損失は含めない。すなわち，利益剰余金への修正として認識する税引前の金額は，純期間給付費用のうち測定日を変更しなかったものとした場合に，測定日に係る規定を適用する会計年度の第1中間期中に，認識時期を遅延させて認識することになっていた金額である。

b．測定日に係る規定を適用する会計年度の直前の会計年度末用に使用した測定日から，測定日に係る規定を適用する会計年度の期首までの期間中に，縮小または清算による利得または損失が発生している場合，当該利得または損失は，当該期間中の利益において認識するものとし，利益剰余金への修正として認識してはならない。本規定は，事業主が当該清算または縮小による利得または損失を認識しないまま前年度財務諸表を発表した場合に，事業主が測定日に係る規定を早期適用することを禁止する。たとえば，3月31日測定日を使用していた6月30日決算日事業主において，2006年5月31日にその給付制度を縮小し，縮小による損失が発生していると仮定する。当該事業主が2007会計年度において測定日に係る規定の早期適用が可能となるのは，2006年6月30日に終了する年度の財務諸表において2006年5月31日の縮小による

損失を認識する場合である。2007会計年度から早期採用しようと考えた時すでに2006年度財務諸表を発表してしまっていたとしたら当該状況にはならなかったはずである。

c．測定日に係る規定を適用する会計年度の直前の会計年度のために使用した測定日から，測定日に係る規定を適用する会計年度の期首までの期間における制度資産の公正価値と給付債務に係るその他の増減（たとえば，利得または損失）は，税引後の金額で，測定日に係る規定を適用する会計年度におけるその他包括利益累積額期首残高の独立した修正額として認識するものとする。

本パラグラフの指針を，非営利事業主に関しても適用するものとする。ただし，利益剰余金およびその他包括利益累積額の期首残高に行うはずの修正に代え，活動計算書中の非拘束純資産の増減として，税効果がある場合は税引後の金額で認識するものとする。当該金額を，1つまたは複数の独立した行項目によって費用とは別に，そして業績指標または事業に関する他の中間尺度を表示する場合はその範囲外において報告するものとする。

19．第2アプローチでは，事業主は，制度資産と給付債務を測定日に係る規定を適用する会計年度の期首現在において再測定することに代え，測定日に係る規定を適用する会計年度の直前の会計年度の期末報告用に決定した前測定値を使用するものとする。

営利事業体である事業主に関して次のとおり処理する。

a．前の測定日から測定日に係る規定を適用する会計年度の期末までの期間に対する純期間給付費用を，利益剰余金の修正額として認識する金額と，測定日に係る規定を適用する会計年度の純期間給付費用とに比例配分するものとする。ただし，縮小または清算による利得または損失が発生している場合，当該利得または損失は含めない。たとえば，暦年会計年度を採用する事業主で，測定日を9月30日とし，そして当該期間中に清算も縮小も行わない場合，2007年9月30日から2008年12

月31日までの期間に対し決定した純期間給付費用の15分の3に相当する金額を利益剰余金の修正額として割り当てることになる。残り15分の12に相当する金額を，測定日に係る規定を適用開始する会計年度の純期間給付費用として認識することになる。
b．測定日に係る規定を適用する会計年度の直前の会計年度末用に使用した測定日から，測定日に係る規定を適用する会計年度の期首までの期間中に，縮小または清算による利得または損失が発生している場合，当該利得または損失は，当該期間の利益において認識するものとし，利益剰余金への修正として認識してはならない。本規定は，事業主が当該清算または縮小による利得または損失を認識しないまま前年度財務諸表を発表した場合に，事業主が測定日に係る規定を早期適用することを禁止する（パラグラフ18(b)参照）。
c．測定日に係る規定を適用する会計年度の直前の会計年度末用に使用した測定日から，測定日に係る規定を適用する会計年度の期首までの期間における制度資産の公正価値と給付債務に係るその他の増減（たとえば，利得または損失）は，測定日に係る規定を適用する会計年度におけるその他包括利益において認識するものとする。

第2アプローチを修正しなければならない場合は，前の測定日から測定日の変更を行う会計年度の期首までの期間中に，事業主が制度資産と給付債務の再測定を決定する場合，または期間の途中での測定を必要とする清算および縮小のような事象が発生する場合である。この場合，当該期間の残余期間の改訂後の純期間給付費用は，期間の途中の再測定日から測定日に係る規定を適用する会計年度の期末までの期間の改訂後の純期間給付費用を比例配分することによって決定する。本パラグラフの指針を，非営利事業主に関しても適用するものとする。ただし，利益剰余金に行うはずの修正に代え，活動計算書中の非拘束純資産の増減として，税効果がある場合は税引後の金額で認識するものとする。当該金額を，独立した1つまたは複数の行項目によって費用とは別に，そして業績指標または事業に関する他の中間尺度を表示する場合はその範囲外において報告するものとする。その他包括利益において

認識することとなる金額を本基準書パラグラフ8に則して認識するものとする。

適用年度における所要の開示

20．本基準書の認識規定を適用開始する会計年度において，事業主は，年次財務諸表の注記中に，期末貸借対照表の個々の行項目への本基準書適用による増分影響額を開示するものとする。

21．本基準書の測定日に係る規定を適用開始する会計年度において，営利事業体は，本基準書の適用による利益剰余金およびその他包括利益累積額の独立した修正額を開示するものとする。非営利事業主は，本基準書の適用による非拘束純資産の独立した修正額を開示するものとする。

22．FASB基準書第154号『会計上の変更および誤謬の訂正』パラグラフ17および18に規定する開示は要しない。

本基準書の規定は、重要でない項目に適用することを要しない。

『本基準書は，財務会計基準審議会の以下の7名の委員全員の賛成投票によって採択された。』

　　　　　　　　Robert H. Herz, 『議長』
　　　　　　　　George J. Batavick
　　　　　　　　G. Michael Crooch
　　　　　　　　Thomas J. Linsmeier
　　　　　　　　Leslie F. Seidman
　　　　　　　　Edward W. Trott
　　　　　　　　Donald M. Young

付録A：実行指針

序

A1． 本付録は本基準書に不可欠な部分である。本付録は指針を提供するが，それは簡略化した状況において本基準書の移行に係る諸規定を例示するものである。当該規定を実際の場面に適用するにあたっては判断が必要となる。本付録は当該判断に役立つことを目的としている。本付録に給付支払い，事業主拠出，および清算した債務などの一定の仮定を含めていないのは，当該取引が本基準書の諸規定による影響を受けないからである。したがって，ここでの例は，記載した種々の前提相互間の調整，または制度資産もしくは給付債務の期首および期末残高相互間の調整を図るのに必要なすべての仮定を含んではいない。例1および2は給付建退職後制度を運営する営利事業体向けの実行指針である。例3は給付建退職後制度を運営する非営利組織体向けの指針である。

例1――本基準書の認識規定の適用

A2． A社は会計年度末（2006年12月31日）から本基準書の認識および開示に係る要件を採用する。簡略化するために，本例ではA社の年次報告は貸借対照表および株主持分変動計算書を含んでいると仮定している。本例中に損益計算書は表示しない。損益計算書は本基準書の認識規定による影響を受けないからである。さらに，本例は中間財務報告への影響を考慮していない。A社は，移行に関する本基準書の認識規定を適用するにあたり，2006年12月31日現在において本基準書適用前に貸借対照表に認識した金額を修正し，その結果，利得または損失，過去勤務費用または収益，および移行時資産または債務のうち2006年12月31日時点で未だ純期間給付費用に含めていない金額をその他包括利益累積額の期末残高の構成要素として税引後の金額で認識する（パラグラフA4に例示）。当該修正額は，その他包括利益累積額の期末

残高の修正額として報告される（パラグラフA7参照）。

A3. A社の給付建年金制度の積立状況および純期間年金費用の構成要素として未だ認識していない金額は，2006年12月31日および2007年12月31日現在で下記のとおり。A社は制度資産と給付債務を財務諸表日現在において測定する。FASB基準書第87号『事業主の年金会計』における従前の規定に基づいて，A社は2006年12月31日現在で追加最小年金負債を有しなかった。A社は累積純損失の償却を要しない。それは表示するすべての年度において累積純損失が予測給付債務または制度資産の市場連動価値のいずれか大きい方の10％を下回っているからである。制度変更による影響は2006年1月1日から2007年12月31日までの期間中において一切ない。A社の2006年度および2007年度の適用税率は40％である。A社はすべての繰延税金資産の認識額を評価し，どの時点においても評価引当金を要しないとしている。基準書第87号における従前の規定に基づいて，A社は2006年12月31日現在で負債4万5000ドルを認識した。当該金額はそれまでの純期間年金費用の累計額が制度への拠出金の累計額を超過する額である。

	'06/12/31	'07/12/31
	（単位千ドル）	
予測給付債務	$(2,525)	$(2,700)
制度資産の公正価値	1,625	1,700
積立状況	$ (900)	$(1,000)
純期間年金費用の構成要素として未だ認識していない項目		
移行時債務	$ 240	$ 200
過去勤務費用	375	350
純損失	240	260
	$ 855	$ 810

A4． 2006年12月31日時点で，Ａ社は給付建年金制度の積立不足の状況の金額で負債を認識する。同時に，移行時債務，過去勤務費用，および純損失のうち純期間年金費用の構成要素として未だ認識していない金額に関して，税引後の金額でその他包括利益累積額の期末残高を修正する。仕訳は下記のとおり。

  その他包括利益累積額　　　　　　　　　855
  繰延税金資産　　　　　　　　　　　　　342
    繰延税金収益――その他包括利益累積額　　　　342
    年金給付に係る負債　　　　　　　　　　　　　855

A5． 次の表はＡ社の2006年12月31日の貸借対照表に行った修正を例示している。本表は本基準書の開示要件の例示を目的とするものではない（パラグラフA6参照）。本例示は，制度資産が，翌会計年度中に支払われる給付の数理的現在価値を上回っていると仮定している。したがって，年金給付に係る負債全額を長期負債に分類する。
〔28ページに図表を掲載。〕

A社
貸借対照表
2006年12月31日
（単位千ドル）

	基準書第158号 適用前	修正	基準書第158号 適用後
流動資産			
現金	$ 40,000	$ 0	$ 40,000
棚卸資産	720,500	0	720,500
流動資産合計	760,500	0	760,500
無形資産	100,000	0	100,000
資産合計	$860,500	$ 0	$860,500
流動負債	$ 60,000	0	$ 60,000
年金給付に係る負債	45	855	900
その他長期負債	99,955	0	99,955
繰延税金	20,000	(342)	19,658
負債合計	180,000	513	180,513
普通株式	150,000	0	150,000
資本剰余金	300,000	0	300,000
利益剰余金	205,500	0	205,500
その他包括利益累積額	25,000	(513)	24,487
株主資本合計	680,500	(513)	679,987
負債および株主資本合計	$860,500	$ 0	$860,500

A6. 次の表は，認識規定の適用開始年度において本基準書パラグラフ20で求められる開示を例示している。

FASB 基準書第158号適用による
貸借対照表の個々の行項目への増分影響額
2006年12月31日
（単位千ドル）

	基準書第158号 適用前	修　正	基準書第158号 適用後
年金給付に係る負債	$　　　45	$ 855	$　　　900
繰延税金	20,000	(342)	19,658
負債合計	180,000	513	180,513
その他包括利益累積額	25,000	(513)	24,487
株主資本合計	680,500	(513)	679,987

A7. A社の2006年12月31日に終了する年度の株主持分変動計算書は次のとおり。当該計算書は本基準書の諸規定の適用による影響を含む。［　］は当該影響額を強調するためのものである。本表は本基準書の開示要件の例示を目的とするものではない。
〔30ページに図表を掲載。〕

A社
株主持分変動計算書
2006年12月31日に終了する年度
(単位=千ドル)

	合　計	包括利益	利益剰余金	その他包括利益累積額	普通株式	資本剰余金
2005年12月31日残高	$612,979		$137,988	$24,991	$150,000	$300,000
包括利益						
2006年度純利益	67,512	$67,512	67,512			
その他の包括利益、税引後						
外貨換算による利得	15	15				
当期末実現保有損失	(6)	(6)				
その他の包括利益		9		9		
包括利益		$67,521				
FASB基準書第158号を適用開始するための修正、税引後	[(513)]			[(513)]		
2006年12月31日残高	$679,987		$205,500	$24,487	$150,000	$300,000

A8. A社は2007年度に本基準書を適用するにあたり次のとおり処理する。

　　a．純期間年金費用中に移行時債務の償却額を認識するためにその他包括利益を税引後の金額で修正する。
　　b．純期間年金費用中に過去勤務費用の償却額を認識するためにその他包括利益を税引後の金額で修正する。
　　c．当期中に発生した追加純損失の金額で年金負債を認識し，対応するその他包括利益の減少を税引後の金額で認識する。
　　d．勤務費用，利息費用，および制度資産の期待収益の金額で税引後の年金負債および純期間年金費用を認識する。

A9. 2007年12月31日に終了する年度の純期間年金費用の予測額の構成要素は次のとおり。

勤務費用	$120
利息費用	95
制度資産の期待収益	(80)
過去勤務費用の償却額	25
移行時債務の償却額	40
純(利得)損失の償却額	$　0
純期間給付費用	$200

A10. A社は2007年12月31日に終了する年度に本基準書の認識規定を適用するにあたり次の仕訳を行う。

a．移行時債務の償却額で税引後の純期間年金費用および対応するその他包括利益の増加を認識する（パラグラフ A9参照）。

純期間年金費用	40	
繰延税金収益——その他包括利益	16	
繰延税金収益——純利益		16
その他包括利益		40

b．過去勤務費用の償却額で税引後の純期間年金費用および対応するその他包括利益の増加を認識する（パラグラフ A9参照）。

純期間年金費用	25	
繰延税金収益——その他包括利益	10	
繰延税金収益——純利益		10
その他包括利益		25

c．勤務費用120ドル，利息費用95ドル，および制度資産の期待収益（80）ドルで税引後の年金負債および純期間年金費用を認識する（パラグラフ A9参照）。

純期間年金費用	135	
繰延税金資産	54	
繰延税金収益——純利益		54
年金給付に係る負債		135

d．期中に発生した追加的純損失の金額で年金負債を認識し，対応する税引後のその他包括利益の減少を認識する（これは，純損失における240ドルから260ドルへの増加分でありパラグラフ A3に示されてい

その他包括利益	20	
繰延税金資産	8	
繰延税金収益──その他包括利益		8
年金給付に係る負債		20

例2(a)──測定日の変更および制度の清算

A11. B社は2006年12月31日の財務諸表において本基準書の認識規定を採用した。本基準書が求めるとおり、B社は2008年度財務諸表に関して給付建年金制度の測定日を9月30日から12月31日へ変更する。B社は測定日変更を、制度資産と債務の2007年12月31日現在での再測定によって実行することを決定する（パラグラフ18参照）。B社は、2007年11月30日に制度を清算し、その制度資産と債務を2007年11月30日現在において再測定する。その結果、税引前の清算による損失6万ドルが発生する。当該損失はその他包括利益累積額中の純損失の一部である。しかし、制度資産と債務の2007年11月30日現在での再測定によるB社の貸借対照表において報告する積立状況への影響は、翌会計年度まで認識しない。それは2007年11月30日時点においては測定日変更を適用していないからである。制度の清算および測定日変更による影響を認識するにあたりB社は次のとおり処理する。

a．当該清算による損失を2007年第4四半期の純利益において、同時に対応する累積純損失の減少をその他包括利益において認識する（パラグラフA14に例示）。
b．2007年10月1日から2007年12月31日までの期間に負担する純期間年金費用を税引後の金額で2008年度の期首利益剰余金および期首その他包括利益累積額への修正として認識する（パラグラフA15(a)に例示）。
c．2007年10月1日から2007年12月31日までの期間に発生した利得または損失がある場合、当該利得または損失を税引後の金額で2008年度の期

首その他包括利益累積額への修正として認識する（パラグラフA15(b)に例示）。

d．上記項目に関し対応する年金負債および繰延税金勘定の増減を認識する。

A12． B社の制度の積立状況およびその他包括利益累積額のうち純期間年金費用の構成要素として認識することになる額は，2007年9月30日，2007年11月30日，2007年12月31日，および2008年12月31日現在で下記のとおり。B社に移行時資産または債務は残存していない。B社は累積純損失の償却を要しない。それは表示するすべての年度において累積純損失が予測給付債務または制度資産の市場連動価値のいずれか大きい方の10％を下回っているからである。B社の2007年度および2008年度の適用税率は40％である。B社はすべての繰延税金資産の認識額を評価し，どの時点においても評価引当金を要しないとしている。

	'07/9/30	'07/11/30	'07/12/31	'08/12/31
		(単位千ドル)		
予測給付債務	$(3,660)	$(3,200)	$(3,210)	$(3,700)
制度資産の公正価値	2,600	2,200	2,225	2,200
積立状況	$(1,060)	$(1,000)	$(985)	$(1,500)
純期間年金費用の構成要素として未だ認識していない項目				
過去勤務費用	$ 380	$ 360	$ 350	$ 230
純損失	265	220	315	365
	$ 645	$ 580	$ 665	$ 595

A13． B社は，2007年9月30日および2007年11月30日現在の数理的評価に基づいて，2007年10月1日から2007年11月30日までの2か月間，および2007年12月1日から2007年12月31日までの1か月間のそれぞれの純期間年金費用を決定する。

各期間に対する純期間年金費用	2か月	1か月	合計
勤務費用	$ 25	$ 15	$ 40
利息費用	30	15	45
制度資産の期待収益	(30)	(15)	(45)
勤務費用，利息費用，および制度資産の期待収益合計	25	15	40
過去勤務費用の償却額	20	10	30
純損失の償却額	0	0	0
償却額合計	20	10	30
純期間給付費用	$ 45	$ 25	$ 70

A14． B社は2007年第4四半期に次の仕訳を行い清算による損失を認識する。

純期間年金費用（清算による損失）	60	
繰延税金収益――その他包括利益	24	
繰延税金収益――純利益		24
その他包括利益		60

A15. B社は2008年度に本基準書の測定日に係る規定を適用するにあたり次の仕訳を行う。

a．過去勤務費用の償却額ならびに勤務費用，利息費用，および制度資産の期待収益の金額で，利益剰余金，その他包括利益累積額，年金負債，および繰延税金勘定の期首残高を修正する（パラグラフ A13参照）。

利益剰余金	70[a]	
繰延税金資産（$\$40\times40\%$）	16	
繰延税金収益――その他包括利益累積額（$\$30\times40\%$）	12	
繰延税金収益――利益剰余金（$\$70\times40\%$）		28
その他包括利益累積額		30
年金給付に係る負債		40

b．期中に発生した純損失の金額で，その他包括利益累積額，年金負債，および繰延税金勘定の期首残高を修正する。

その他包括利益累積額	110[a]	
繰延税金資産	44	
繰延税金収益――その他包括利益累積額		44
年金給付に係る負債		110

---

a) これは清算による損失認識後の累積純損失における純増減であって，次のとおり計算される。'07/12/31の純損失 $315 − '07/9/30の純損失 $265 ＋ 制度の清算による損失 $60 ＝ $110。

A16. B社の2007年度および2008年度の株主持分変動計算書は次のとおりである。清算による損失および測定日変更による影響を示している。〔　〕は当該影響額を強調するためのものである。本表は本基準書の開示要件の例示を目的とするものではない。

〔38～39ページに図表を掲載。〕

株主持
2007年12月31日に終了する年度
(単位

	合　計
2006年12月31日残高	$289,140
包括利益	
2007年度純利益	5,464
その他包括利益，税引後	
清算による損失（パラグラフA14参照）	[36]
過去勤務費用	72
純損失	(99)
その他包括利益	
包括利益	
2007年12月31日残高	294,613
FASB基準書第158号に則した年金制度測定日変更による影響	
10月1日〜12月31日の期間の勤務費用，利息費用，および制度資産の期待収益，税引後（パラグラフA15(a)参照）	[(24)]
10月1日〜12月31日の期間の過去勤務費用の償却額，税引後（パラグラフA15(a)参照）	0
10月1日〜12月31日の期間の追加損失，税引後（パラグラフA15(b)参照）	[(66)]
修正後期首残高	294,523
包括利益	
2008年度純利益	12,000
その他包括利益，税引後	
過去勤務費用	72
純損失	(30)
その他包括利益	
包括利益	
2008年12月31日残高	$306,565

b)　清算による損失$60（税引後$36）を含む。

B社
分変動計算書
および2008年12月31日に終了する年度
(千ドル)

包括利益	利益剰余金	その他包括利益累積額	普通株式	資本剰余金
	$55,000	$(360)	$195,000	$39,500
[$ 5,464^{b)}]	5,464			
[36]				
72				
(99)				
9		9		
$ 5,473				
	60,464	(351)	195,000	39,500
	[(24)]			
	[(18)]	[18]		
		[(66)]		
	60,422	(399)	195,000	39,500
$12,000	12,000			
72				
(30)				
42		42		
$12,042				
	$72,422	$(357)	$195,000	$39,500

例 2 (b)――測定日の変更（代替方式）

A17. C社は2006年12月31日の財務諸表において本基準書の認識規定を採用した。本基準書が求めるとおり，C社は2008年度財務諸表に関して給付建年金制度の測定日を9月30日から12月31日へ変更する。C社は代替移行方式（パラグラフ19参照）を選択する。C社のアクチュアリーは，2007年9月30日現在での制度資産と給付債務の測定に基づいて，2008年12月31日までの15か月間の純期間年金費用の予測額を用意する。2008年度財務諸表において測定日変更による影響を認識するにあたり，C社は次のとおり処理する。

a．2007年10月1日から2008年12月31日までの15か月間の純期間年金費用の税引後の金額を，利益剰余金の修正額として認識する額と2008年度の純期間年金費用とに比例配分する（パラグラフA19，A20(a)，およびA20(b)に例示）。
b．2007年10月1日から2008年12月31日までの期間に発生した利得または損失がある場合，当該利得または損失を税引後の金額で2008年度のその他包括利益において認識する。
c．上記項目に関し対応する年金負債および繰延税金勘定の増減を認識する。

A18. C社の制度の積立状況およびその他包括利益累積額のうち純期間年金費用の構成要素として認識することになる額は，2007年9月30日および2008年12月31日現在で下記のとおり。C社に移行時資産または債務は残存していない。C社は累積純損失の償却を要しない。それは表示するすべての年度において累積純損失が予測給付債務または制度資産の市場連動価値のいずれか大きい方の10％を下回っているからである。C社の2007年度と2008年度の適用税率は40％である。C社はすべての繰延税金資産の認識額を評価し，どの時点においても評価引当金を要しないとしている。

	'07/9/30	'08/12/31
	(単位千ドル)	
予測給付債務	$(3,200)	$(3,500)
制度資産の公正価値	2,200	2,330
積立状況	$(1,000)	$(1,170)
純期間年金費用の構成要素として未だ認識していない項目		
過去勤務費用	$ 400	$ 275
純損失	265	315
	$ 665	$ 590

A19． C社は，2007年9月30日現在の数理的評価に基づいて，2007年10月1日から2008年12月31日までの15か月間の純期間年金費用を決定し，当該純期間年金費用を，利益剰余金の修正額として認識する額と2008年度の純期間年金費用とに次のとおり比例配分する。

各期間に対する純期間年金費用	15か月	3か月	12か月
勤務費用	$130		
利息費用	150		
制度資産の期待収益	(105)		
勤務費用，利息費用，および制度資産の期待収益合計	175	$35	$140
過去勤務費用の償却額	125		
純損失の償却額	0		
償却額合計	125	25	100
純期間年金費用	$300	$60	$240

A20． C社は2008年度に本基準書の測定日に係る規定を適用するにあたり次の仕訳を行う。

a．2007年10月1日から2008年12月31日までの15か月間の純期間年金費用の予測額の15分の3に相当する額で，利益剰余金，その他包括利益累積額，年金負債，および繰延税金勘定を修正する（パラグラフA19参照）。

利益剰余金	60	
繰延税金資産（$35×40%）	14	
繰延税金収益──その他包括利益累積額（$25×40%）	10	
繰延税金収益──利益剰余金（$60×40%）		24
その他包括利益累積額		25
年金給付に係る負債		35

b．2007年10月1日から2008年12月31日までの15か月間の純期間年金費用の予測額の15分の12に相当する額で純期間年金費用を認識し，同時に対応する年金負債および繰延税金勘定への修正を行う（パラグラフA19参照）。

純期間年金費用	240	
繰延税金資産（$140×40%）	56	
繰延税金収益──その他包括利益（$100×40%）	40	
繰延税金収益──純利益（$240×40%）		96
その他包括利益		100
年金給付に係る負債		140

A21. C社は，2008年度に2007年10月1日から2008年12月31日までの期間に発生した純損失の全額でその他包括利益および年金負債を修正する。それは純利得または損失がどの期間に発生したかを簡単には識別できないからである。仕訳は次のとおり。

その他包括利益	50[a)]	
繰延税金資産	20	
繰延税金収益――その他包括利益		20
年金給付に係る負債		50

a) これは累積純損失における純増減であって，次のとおり計算される。'08/12/31の純損失 $315 − '07/9/30の純損失 $265 = $50。

A22. C社の2007年度および2008年度の株主持分変動計算書は次のとおりで測定日変更による影響を示している。[　]は当該影響額を強調するためのものである。本表は本基準書の開示要件の例示を目的とするものではない。〔44〜45ページに図表を掲載。〕

	C 株主 2007年12月31日に終了する年 （単位
	合　計
2006年12月31日残高	$559,800
包括利益	
2007年度純利益	10,500
その他包括利益，税引後	
過去勤務費用	60
純損失	(39)
その他包括利益	
包括利益	
2007年12月31日残高	570,321
包括利益	
2008年度純利益（パラグラフA20(b)参照）	11,856
その他包括利益，税引後	
過去勤務費用（パラグラフA20(b)参照）	[60]
純損失（パラグラフA21参照）	[(30)]
その他包括利益	
包括利益	
FASB基準書第158号に則した年金制度測定日変更による影響	
2007年10月1日〜12月31日の期間の勤務費用，利息費用，および制度資産の期待収益，税引後（パラグラフA20(a)参照）	[(21)]
2007年10月1日〜12月31日の期間の過去勤務費用の償却額，税引後（パラグラフ務A20(a)参照）	0
	(21)
2008年12月31日残高	$582,186

b)　純期間年金費用$240（税引後$144）を含む。

社
持分変動計算書
度および2008年12月31日に終了する年度
千ドル）

包括利益	利益剰余金	その他包括 利益累積額	普通株式	資本剰余金
	$30,000	$(200)	$400,000	$130,000
$10,500	10,500			
60				
(39)				
21		21		
$10,521				
	40,500	(179)	400,000	130,000
[$11,856 b)]	11,856			
[60]				
[(30)]				
30		30		
$11,886				
	[(21)]			
	[(15)]	[15]		
	(36)	15		
	$52,320	$(134)	$400,000	$130,000

例2(c)——測定日の変更（代替方式）および制度の清算

A23. D社は2006年12月31日の財務諸表において本基準書の認識規定を採用した。本基準書が求めるとおり、D社は2008年度財務諸表に関して給付建年金制度の測定日を9月30日から12月31日へ変更する。D社は代替移行方式（パラグラフ19参照）を選択する。D社のアクチュアリーは、2007年9月30日現在において2008年12月31日までの15か月間の純期間年金費用の予測額を用意する。D社は2007年11月30日に制度を清算する。制度資産と債務の新たな測定の結果、税引前の損失9万ドルを認識する。当該損失はその他の包括利益累積額中の純損失の一部である。制度の清算の結果、アクチュアリーは新たな2008年12月31日までの13か月間の純期間年金費用の予測額を用意する。パラグラフ19に則して、制度の清算による損失は2007年度第4四半期に認識される。しかし、制度資産と債務の2007年11月30日現在での再測定によるD社の貸借対照表において報告する積立状況への影響は、翌会計年度まで認識しない。それは2007年11月30日時点で測定日変更を採用していないからである。制度の清算および測定日変更による影響を認識するにあたりD社は次のとおり処理する。

a．当該清算による損失を2007年度第4四半期の純利益において、同時に対応する累積純損失の減少をその他包括利益において認識する（パラグラフA25に例示）。

b．2007年9月30日現在および2007年11月30日現在の15か月間および13か月間の純期間年金費用の予測額をそれぞれ比例配分して、2007年9月30日から2007年12月31日までの期間の純期間年金費用の税引後の金額を決定し、2008年度に利益剰余金の修正額として認識する（パラグラフA27, A28(a), およびA28(c)に例示）。

c．2007年10月1日から2007年11月30日までの期間に発生した利得または損失がある場合、当該利得または損失を税引後の金額でその他の包括利益累積額の修正額として認識し、また、2007年12月1日から2008年12月31日までの期間に発生した利得または損失がある場合、当該利得

または損失を税引後の金額で2008年度のその他包括利益の修正額として認識する（パラグラフA28(b)およびA29に例示）。

d．上記項目に関し対応する年金負債および繰延税金勘定の増減を認識する。

A24． D社の制度の積立状況およびその他包括利益累積額のうち純期間年金費用の構成要素として認識することになる額は，2007年9月30日，2007年11月30日，および2008年12月31日現在で下記のとおり。D社に移行時資産または債務は残存していない。D社は累積純損失の償却を要しない。それは表示するすべての年度において累積純損失が予測給付債務または制度資産の市場連動価値のいずれか大きい方の10％を下回っているからである。D社の2007年度および2008年度の適用税率は40％である。D社はすべての繰延税金資産の認識額を評価し，どの時点においても評価引当金を要しないとしている。

	'07/9/30	'07/11/30	'08/12/31
		（単位千ドル）	
予測給付債務	$(3,550)	$(3,600)	$(3,610)
制度資産の公正価値	2,500	2,525	2,510
積立状況	$(1,050)	$(1,075)	$(1,100)
純期間年金費用の構成要素として未だ認識していない項目			
過去勤務費用	$ 400	$ 380	250
純損失	$ 200	250	300
	$ 600	$ 630	$ 550

A25． D社は，2007年第4四半期に次の仕訳を行い清算による損失を認識する。

純期間年金費用（清算による損失）	90	
繰延税金収益――その他包括利益	36	
繰延税金収益――純利益		36
その他包括利益		90

A26． D社は，2007年9月30日および2007年11月30日現在の数理的評価に基づいて，2007年10月1日から2007年11月30日までの2か月間および2007年12月1日から2008年12月31日までの13か月間の純期間年金費用をそれぞれ決定し，以下のとおりとなる。

各期間に対する純期間年金費用	2か月	13か月
勤務費用	$ 17	$ 110
利息費用	20	140
制度資産の期待収益	(14)	(100)
勤務費用，利息費用，および制度資産の期待収益合計	23	150
過去勤務費用の償却額	20	130
純(利得)損失の償却額	0	0
償却額合計	20	130
純期間年金費用	$ 43	$ 280

A27. D社は，13か月間の純期間年金費用を，利益剰余金の修正額として認識する額と2008年度の純期間年金費用とに以下のとおり比例配分する。

利益剰余金の修正額	2か月	13か月 （上記） ×(1/13)	合計
勤務費用	$ 17	$ 8	$ 25
利息費用	20	11	31
制度資産の期待収益	(14)	(7)	(21)
勤務費用，利息費用，および制度資産の期待収益合計	23	12	35
過去勤務費用の償却額	20	10	30
純(利得)損失の償却額	0	0	0
償却額合計	20	10	30
純期間年金費用	$ 43	$ 22	$ 65

純期間年金費用の修正額	13か月間 （上記） ×(12/13)
勤務費用	$101
利息費用	129
制度資産の期待収益	(92)
勤務費用，利息費用，および制度資産の期待収益合計	138
過去勤務費用の償却額	120
純(利得)損失の償却額	0
償却額合計	120
純期間年金費用	$258

A28. D社は2008年度において本基準書の測定日に係る規定を適用するにあたり次の仕訳を行う。

a．2007年10月1日から2007年11月30日までの2か月間の純期間年金費用および2007年12月1日から2008年12月31日までの13か月間の純期間年金費用の予測額の13分の1に相当する額で，利益剰余金，その他包括利益累積額，年金負債，および繰延税金勘定を修正する（パラグラフA27参照）。

利益剰余金	65	
繰延税金資産（$35×40％）	14	
繰延税金収益——その他包括利益累積額（$30×40％）	12	
繰延税金収益——利益剰余金（$65×40％）		26
その他包括利益累積額		30
年金給付に係る負債		35

b．2007年10月1日から2007年11月30日までの2か月間に発生した純損失の金額で，その他包括利益累積額，年金負債，および繰延税金勘定を修正する。

その他包括利益累積額	140[a]	
繰延税金資産	56	
繰延税金収益——その他包括利益累積額		56
年金給付に係る負債		140

a）これは清算による損失の認識後の累積純損失における純増減であって，次のとおり計算される。'07/11/30の純損失 $250－'07/9/30の純損失 $200＋制度の清算による損失 $90＝$140。

c．2007年12月1日から2008年12月31日までの13か月間の純期間年金費用の予測額の13分の12に相当する額で，純期間年金費用，年金負債，および繰延税金資産を認識する（パラグラフA27参照）。

純期間年金費用	258	
繰延税金資産（$138×40%）	55	
繰延税金収益――その他包括利益（$120×40%）	48	
繰延税金収益――純利益（$258×40%）		103
その他包括利益		120
年金給付に係る負債		138

A29． D社は，2008年度に2007年12月1日から2008年12月31日までの期間に発生した純損失の全額でその他包括利益および年金負債を修正する。それは純利得および損失がどの期間に発生したかを簡単には識別できないからである。仕訳は次のとおり。

その他包括利益	50^{b)}	
繰延税金資産	20	
繰延税金収益――その他包括利益		20
年金給付に係る負債		50

---

b)　これは累積純損失における純増減であって，次のとおり計算される。'08/12/31の純損失$300 −'07/11/30の純損失$250＝$50。

A30． D社の2007年度および2008年度の株主持分変動計算書は次のとおりで，測定日変更による影響を示している。［　］は当該影響額を強調するためのものである。本表は本基準書の開示要件の例示を目的とするものではない。〔52〜53ページに図表を掲載。〕

	株主持分 2008年12月31日に終了する年度 （単位
	合　計
2006年12月31日残高	$659,100
包括利益	
2007年度純利益	20,446
その他包括利益，税引後	
清算による損失（パラグラフ A25参照）	[54]
過去勤務費用	72
純損失	(60)
その他包括利益	
包括利益	
2007年12月31日残高	679,612
包括利益	
2008年度純利益（パラグラフ A28(c)参照）	11,845
その他包括利益，税引後	
過去勤務費用	72
純損失（パラグラフ A29参照）	[(30)]
その他包括利益	
包括利益	
FASB基準書第158号に則した年金制度の測定日変更による影響	
2007年10月1日〜12月31日の期間の勤務費用，利息費用，制度資産の期待収益，税引後パラグラフ A28(a)参照	[(21)]
2007年10月1日〜11月30日の追加純損失（パラグラフ A28(b)参照）	[(84)]
2007年10月1日〜12月31日の過去勤務費用の償却額，税引後（パラグラフ A28(a)参照）	0
	(105)
2008年12月31日残高	$691,394

c)　清算による損失 $90（税引後 $54）を含む。
d)　純期間年金費用 $258（税引後 $155）を含む。

D社
変動計算書
および2008年12月31日に終了する年度
千ドル)

包括利益	利益余剰金	その他包括利益累積額	普通株式	資本剰余金
	$100,000	$(900)	$500,000	$60,000
[$20,446c)]	20,446			
[54]				
72				
(60)				
66		66		
$20,512				
	120,446	(834)	500,000	60,000
[$11,845d)]	11,845			
72				
[(30)]				
42		42		
$11,887				
	[(21)]			
		[(84)]		
	[(18)]	18		
	(39)	(66)		
	$132,252	$(858)	$500,000	$60,000

A31. D社が2008年12月31日より前の2008年度の時点において財政状況にかかる財務情報を発表する場合，制度資産と債務の2007年11月30日現在での再測定によるD社の貸借対照表において報告する積立状況への影響は，当該情報の発表前に次のとおり認識することになる。

a．過去勤務費用の償却額でその他包括利益を修正する。

利益剰余金	20	
繰延税金収益──その他包括利益	8	
繰延税金収益──利益剰余金		8
その他包括利益		20

b．追加損失をその他包括利益において認識する。

その他包括利益	140	
繰延税金資産	56	
繰延税金収益──その他包括利益		56
年金給付に係る負債		140

例3──非営利組織体による本基準書の認識規定の適用および測定日に係る規定の早期採用

採用開始年度

A32. E組織体は，非営利の健康と福祉のための奉仕活動組織体であるが，会計年度末（2007年6月30日）から本基準書の認識規定を採用する。また，E組織体は，本基準書の測定日に係る規定を早期採用することを決定し，2007年度財務諸表に関して給付建年金制度の測定日を3月31日から6月30日へ変更する。E組織体が早期採用できるのは，2006年6月30日までの3か月間に制度の清算または縮小を一切行わなかったからである。仮に当該期間に

おいて行っていれば認識を遅延させていたはずである（パラグラフ18(b)および19(b)参照）。Ｅ組織体は，測定日の変更において代替移行方式を選択する（パラグラフ19参照）。Ｅ組織体のアクチュアリーは，2006年４月１日から2007年６月30日までの15か月間の純期間年金費用の予測額を（以前用意されていた2006年４月１日から2007年３月31日までの12か月間の予測額に基づき）用意する。

A33. Ｅ組織体は，移行に関する本基準書の認識規定を適用するにあたり，2007年６月30日現在において本基準書適用前に貸借対照表に認識した金額を修正し，その結果，利得または損失，過去勤務費用または収益，および移行時資産または債務のうち2007年６月30日時点で未だ純期間給付費用に含めていない金額を，非拘束純資産の期末残高に，税効果がある場合は税引後の金額で含める。要した修正はいずれも活動計算書中に，非拘束純資産の増減の範囲内の１つまたは複数の独立した行項目によって，費用とは別に，そして業績指標または事業に関する他の中間尺度を表示する場合はそれらの範囲外において報告する。

A34. E組織体の給付建年金制度の積立状況および純期間年金費用の構成要素として認識することになる額は，2006年3月31日および2007年6月30日現在で下記のとおり。基準書第87号における従前の規定のもとで，E組織体は2007年6月30日現在で追加最小年金負債を有しなかったはずである。純期間年金費用の構成要素として未だ認識していない累積純損失は，表示する両年度において予測給付債務または制度資産の市場連動価値のいずれか大きい方の10％を下回っている。制度変更による影響は2006年4月1日から2007年6月30日までの期間中において一切ない。E組織体は，法人所得税を免除されている。

	'06/3/31	'07/6/30
	(単位千ドル)	
予測給付債務	$(3,660)	$(3,670)
制度資産の公正価値	2,600	2,510
積立状況	$(1,060)	$(1,160)
純期間年金費用の構成要素として未だ認識していない項目		
移行時債務	$ 290	$ 240
過去勤務費用	400	275
純損失	265	315
	$ 955	$ 830
15か月間の純期間年金費用予測額の構成要素		
勤務費用	$ 130	
利息費用	150	
制度資産の期待収益	(155)	
過去勤務費用の償却額	125	
純(利得)損失の償却額	0	
移行時債務の償却額	50	
純期間年金費用	$ 300	

E組織体は，2007年6月30日において，給付建年金制度の積立不足の状況の金額で負債を認識し，同時に，移行時債務，過去勤務費用，および純損失のうち純期間年金費用の構成要素として認識していない額で非拘束純資産の期末残高を修正する。仕訳は次のとおり。

FASB基準書第158号の認識規定の適用開始による非拘束純資産の増減	830	
年金給付に係る負債		830

A35． E組織体は，2007年度財務諸表において測定日変更による影響を認識するにあたり，2006年4月1日から2007年6月30日までの15か月間の純期間年金費用を，非拘束純資産の修正額として認識する額と2007年度の純期間年金費用とに比例配分する（パラグラフA36に例示）。後者を，適切な機能別費用区分内において報告する。

A36． 15か月間の純期間年金費用の予測額を，非拘束純資産の修正額として認識する額と2007年度の純期間年金費用とに比例配分する。

	'06/4/1～'06/6/30	'06/7/1～'07/6/30
純期間年金費用	$300×(3/15)=$60	$300×(12/15)=$240

非拘束純資産の修正額として認識するための仕訳は次のとおり。

FASB基準書第158号の認識規定の適用開始による非拘束純資産の増減	60	
年金給付に係る負債		60

A37. E組織体の活動計算書は次のとおりであり，事業に関する中間尺度を含んでいる。2007年度の純期間年金費用の見積り額240ドルを，適切な機能別費用区分の範囲内において報告する。非拘束純資産の減少890ドルを本基準書の認識および測定日に係る規定の採用による影響として表示しているが，当該金額は2007年6月30日現在で純期間年金費用に未だ認識していない項目（移行時債務，過去勤務費用，および純損失）830ドルおよび2006年4月1日から2006年6月30日までの期間に比例配分した純期間年金費用60ドルからなる。E組織体は，パラグラフ16(b)および19に則して，会計上の修正額890ドルを費用とは別に，事業に関する中間尺度の範囲外において認識する。E組織体は，会計上の変更を単一の行項目によって表示することを選択しているので，個別の構成要素を財務諸表注記中に開示する（パラグラフ10，20，および21参照）。

E組織体
活動計算書
2007年6月30日に終了する年度
（単位千ドル）

	非拘束	一時的拘束	永久拘束	合計
事業				
収益，利得，その他援助				
遺贈以外の民間寄付金	$ 65,000	$15,800		$ 80,800
遺贈	9,000			9,000
政府補助金		7,000		7,000
事業活動に用いた投資収益	12,000	1,000		13,000
教材の売上高	1,000			1,000
その他	3,000			3,000
非拘束純資産への振替	15,000	(15,000)		0
収益,利得,その他援助合計	105,000	8,800		113,800
費用				
プログラムサービス				
調査および医療支援	62,000			62,000
公教育	8,000			8,000
地域サービス	13,000			13,000
プログラムサービス合計	83,000			83,000
支援サービス				
募金費	9,000			9,000
管理費および一般費	8,000			8,000
支援サービス合計	17,000			17,000
費用合計	100,000			100,000
事業活動による純資産の増加	5,000	8,800		13,800
事業外				
事業活動に用いた金額を超える投資収益	3,000			3,000
基本財産への拠出金			$10,000	10,000
FASB基準書第158号の採用による影響前の純資産の増加	8,000	8,800	10,000	26,800
FASB基準書第158号の認識および測定日に係る規定の採用による影響	(890)			(890)
純資産の増加	7,110	8,800	10,000	25,910
純資産期首残高	140,000	40,000	20,000	200,000
純資産期末残高	$147,110	$48,800	$30,000	$225,910

採用開始後の年度

A38. E組織体のアクチュアリーは，2007年7月1日から2008年6月30日までの12か月間の純期間年金費用の予測額を用意する。E組織体の給付建年金制度の積立状況および純期間年金費用の構成要素として認識することになる額は，2007年6月30日（再掲）および2008年6月30日現在で下記のとおり。純期間年金費用の構成要素として未だ認識していない累積純損失は，予測給付債務と制度資産の市場連動価値の大きい方の10%を下回っている。制度変更による影響は2007年7月1日から2008年6月30日までの期間中において一切ない。本例の中にE組織体による給付支払いおよび拠出についての仮定を含めていないのは，当該取引が本基準書の諸規定による影響を受けないからである。E組織体は2008年6月30日に終了する会計年度において次のとおり処理する。

a．追加純損失を非拘束純資産の増減および給付制度の積立不足を反映する負債の増減として認識する。
b．移行時債務の償却額を純期間年金費用の構成要素として認識する。
c．過去勤務費用の償却額を純期間年金費用の構成要素として認識する。
d．2008年度の純期間年金費用を認識し，当該費用を適切な機能別費用区分の範囲内において報告する。

	'07/6/30	'08/6/30
	(単位千ドル)	
予測給付債務	$(3,670)	$(3,600)
制度資産の公正価値	2,510	2,385
積立状況	$(1,160)	$(1,215)
純期間年金費用の構成要素として未だ認識していない項目		
移行時債務	$　240	$　200
過去勤務費用	275	175
純損失	315	365
	$　830	$　740
2008年度12か月間の純期間年金費用予測額の構成要素		
勤務費用	$　110	
利息費用	120	
制度資産の期待収益	(125)	
過去勤務費用の償却額	100	
純(利得)損失の償却額	0	
移行時債務の償却額	40	
純期間年金費用	$　245	

A39． E組織体は，2008年6月30日に終了する会計年度について，移行時債務および過去勤務費用の償却額を純期間年金費用の構成要素として認識し，また，当該年度に発生する追加損失を認識する。仕訳は次のとおり。

　　a．追加損失を非拘束純資産において認識する。

　　　　純期間年金費用において未だ認識していない純損失　　　　50
　　　　　　年金給付に係る負債　　　　　　　　　　　　　　　　　　50

b．移行時債務の償却額を純期間年金費用において認識する。

純期間年金費用（機能別）	40
純期間年金費用において 　未だ認識していない移行時債務	40

c．過去勤務費用の償却額を純期間年金費用において認識する。

純期間年金費用（機能別）	100
純期間年金費用において 　未だ認識していない過去勤務費用	100

d．勤務費用，利息費用，および制度資産の期待収益を純期間年金費用において認識する。

純期間年金費用（機能別）	105[a)]
年金給付に係る負債	105

a）　＝勤務費用 $110＋利息費用 $120－制度資産の期待収益 $125。

　E組織体は，活動計算書中に1つの結合した独立の行項目（当該年度中に発生した純損失ならびに移行時債務および過去勤務債務の償却額を包含しているもの）を費用とは別に表示することを選択している。E組織体は，本基準書のパラグラフ10に則して，当該結合した行項目の構成要素を財務諸表注記中に開示することになる。

付録A：実行指針　63

A40. 次の活動計算書は，E組織体が事業に関する中間尺度の範囲外で結合した行項目の表示を選択する場合の，当該項目の表示を反映している。

E組織体
活動計算書
2008年6月30日に終了する年度
（単位千ドル）

	非拘束	一時的拘束	永久拘束	合計
事業				
収益，利得，その他援助				
遺贈以外の民間寄付金	$ 60,000	$14,200		$ 74,200
遺贈	17,000			17,000
政府補助金		9,000		9,000
事業活動に用いた投資収益	11,500	1,000		12,500
教材の売上高	2,000			2,000
その他	2,000			2,000
非拘束純資産への振替	17,000	(17,000)		0
収益，利得，その他援助合計	109,500	7,200		116,700
費用				
プログラムサービス				
調査および医療支援	58,000			58,000
公教育	9,000			9,000
地域サービス	15,000			15,000
プログラムサービス合計	82,000			82,000
支援サービス				
募金費	15,000			15,000
管理費および一般費	9,000			9,000
支援サービス合計	24,000			24,000
費用合計	106,000			106,000
事業活動による純資産の増加	3,500	7,200		10,700
事業外				
事業活動で用いた金額を超える投資収益	1,500			1,500
基本財産への拠出金			$15,000	$ 15,000
純期間年金費用以外の年金関連増減	(90)b)			(90)
純資産の増加	4,910	7,200	15,000	27,110
純資産期首残高	147,110	48,800	30,000	225,910
純資産期末残高	$152,020	$56,000	$45,000	$253,020

b)　＝移行時債務の償却額$40＋過去勤務費用の償却額$100－純損失$50。

A41. 次の活動計算書は，E組織体が代替的に，事業に関する中間尺度の範囲内において結合した独立の行項目の表示を選択した場合の，当該項目の表示を反映している。E組織体が AICPA 監査および会計指針『医療組織体』の適用対象範囲内にあって，当該指針の規定に則して業績指標を表示していた場合は，本代替措置を利用できなかったであろう。

E組織体
活動計算書
2008年6月30日に終了する年度
（単位千ドル）

	非拘束	一時的拘束	永久拘束	合計
事業				
収益，利得，その他援助				
遺贈以外の民間寄付金	$ 60,000	$14,200		$ 74,200
遺贈	17,000			17,000
政府補助金		9,000		9,000
事業活動に用いられる投資収益	11,500	1,000		12,500
教材の売上高	2,000			2,000
その他	2,000			2,000
非拘束純資産への振替	17,000	(17,000)		0
収益，利得，その他援助合計	109,500	7,200		116,700
費用				
プログラムサービス				
調査および医療支援	58,000			58,000
公教育	9,000			9,000
地域サービス	15,000			15,000
プログラムサービス合計	82,000			82,000
支援サービス業務				
募金費	15,000			15,000
管理費および一般費	9,000			9,000
支援サービス合計	24,000			24,000
費用合計	106,000			106,000
純期間年金費用以外の年金関連増減	(90)[c]			(90)
事業活動による純資産の増加	3,410	7,200		10,610
事業外				
事業活動で用いた金額を超える投資収益	1,500			1,500
基本財産への拠出金			$15,000	15,000
純資産の増加	4,910	7,200	15,000	27,110
純資産期首残高	147,110	48,800	30,000	225,910
純資産期末残高	$152,020	$56,000	$45,000	$253,020

[c] ＝移行時債務の償却額 $40＋過去勤務費用の償却額 $100－純損失 $50。

付録B：背景説明および結論の根拠

目　次

パラグラフ
番号

序	B1
背景説明	B2〜B15
対象範囲	B16〜B28
検討し行った修正	B29〜B57
積立状況の認識	B29〜B31
利得および損失	B32〜B36
過去勤務費用および収益	B37〜B41
移行時資産および債務	B42〜B47
認識した資産と負債に係る分類	B48〜B50
測定日	B51〜B57
所要の注記開示	B58〜B66
移行期の開示	B58〜B60
認識の変更により必要となり実施した	
既存の開示要件への修正	B61〜B66
積立状況の認識額への調整表	B61
営利事業体によるその他包括利益および	
その他包括利益累積額における認識額の開示	B62〜B63
翌会計年度の償却見積り額	B64〜B65
超過または余剰制度資産	B66
検討したが求めなかった注記開示	B67〜B74
本基準書による過年度貸借対照表への遡及的影響の開示	B68〜B70
市場連動価値	B71
利率の変動による退職後給付債務の感度	B72

代替的な償却方法 ………………………………………………B73
　　制度への拠出額 …………………………………………………B74
非営利組織体または非営利以外であって
その他包括利益を報告しない事業体による報告 ……………B75〜B85
割引率への指針 …………………………………………………B86〜B87
発行日および移行 ………………………………………………B88〜B99
　　積立状況の認識 …………………………………………………B88〜B94
　　測定日 ……………………………………………………………B95〜B99
検討したが行わなかった修正 …………………………………B100〜B102
　　独立した行項目による表示 ……………………………………B100〜B101
　　中間期再測定 ……………………………………………………………B102
実行指針 …………………………………………………………B103〜B106
便益－費用の検討 ………………………………………………B107〜B117
　　便益 ………………………………………………………………B108〜B109
　　費用 ………………………………………………………………B110〜B113
　　積立状況の認識から起こり得る経済的帰結 …………………B114〜B117
国際会計比較 ……………………………………………………B118〜B121

序

B1. 本付録は，本基準書の結論に至る過程でFASBの委員が重要であるとみなした検討事項を要約するものである。ここには，あるアプローチを受け入れ他を受け入れなかった理由を含んでいる。個々のFASBの委員には，いろいろあるファクターのうちとりわけ重視するものがあった。

背景説明

B2. FASBは，2005年11月，次の基準書の中の指針について包括的に再検討するために，1つのプロジェクトをその審議事項に追加した。該当する基準書は，FASB基準書第87号『事業主の年金会計』，第88号『給付建年金制度の清算および縮小ならびに雇用終了給付に関する事業主の会計』，第106号『年金以外の退職後給付に関する事業主の会計』，および132号（2003年改訂）『年金およびその他退職後給付に関する事業主の開示』である。当該プロジェクトは，年金を含む給付建退職後債務に関する既存の会計要件に係る重要な問題を理由に着手された。

B3. 基準書第87号は1985年に発行され，1986年12月15日後に開始する会計年度の財務諸表に関して発効した。それは従業員に年金給付を用意する事業主向けの財務報告および会計の基準を制定したものである。基準書第87号は純期間年金費用の測定を規定し，また，累積給付債務が制度資産の公正価値を上回る場合は，少なくともその超過額に相当する金額を負債として認識することを求めた。また，基準書第87号は，たとえ制度がかなりの積立不足の状況にある場合でも事業主の資産として認識できる金額（たとえば，制度への拠出額のうち純期間年金費用の認識額を超過する額）を制限しなかった。

B4. 基準書第106号は1990年に発行され，1992年12月15日後に開始する会計年度の財務諸表に関して発効した。この基準書の発行前は，事業主は一般的に，年金以外（主に退職者医療）の退職後給付に関して従業員の勤務との引

換えによって発生した費用を現金主義で認識していた。すなわち，当該費用は，債務を負った時ではなく債務を履行した時に認識された。基準書第106号は，事業主に，退職後給付を行うという約束の対価として従業員が勤務している期間にわたって負担することとなる費用を認識するよう求めている。基準書第106号は最小負債の認識を求めなかった。また，基準書第87号と同様，事業主が資産として認識できる金額（たとえば，制度への拠出額のうち純期間退職後給付費用の認識額を超過する額）を制限しなかった。

B5．基準書第87号および第106号は，期間給付費用を測定する際の一定の経済事象の遅延認識，期間給付費用の純額による報告，および資産と負債の相殺に対し，同様のアプローチをとっている。遅延認識は，純期間給付費用または給付債務を測定する際に見込まれなかった制度資産の価値または給付債務における増減（制度変更から発生する増減を含む）を，当該増減の発生年度ではなくその後の期間にわたって認識することを認めるものである。

B6．期間給付費用の純額による報告は，退職後給付制度に影響を与える様々な種類の事象や取引について認識した結果を，事業主の財務諸表において単一の純額（純期間給付費用）に統合することを意味する。当該報告においては，事業主の企業活動の他のいずれの分野においても通常は区分して報告することになるはずの一定の項目たとえば，約束した給付に係る代償費用，当該給付の繰延払いから発生する利息費用，および債務の事前積立のために拠出した資産の投資成果などを統合する。

B7．資産と負債の相殺は，制度資産における投資と給付のために負っている負債とに関して認識した影響を事業主の貸借対照表において結合することを意味する。資産と負債は相殺されるが，実際は，負債は清算されていないし，資産は依然としてほとんど事業主によって管理されているかもしれないし，そして，当該金額の両方に関連する重大なリスクおよび報酬は事業主によって引き受けられている。

B8. 退職後給付の取決めに関する既存および過去の会計基準に係る上記ほかの特徴への主な批判には，次のものが含まれる。

a．給付建制度を運営する事業主は，退職後給付を行うための費用に影響する経済事象——制度資産と給付債務の変動——を，当該変動が発生する時に認識することを求められない。

b．退職後制度についての重要な情報を財務諸表注記に委ねている。それは積立超過または積立不足の状況から貸借対照表に認識する額への調整表の形式をとっている。

c．事業主が報告する経営成績において，期間給付費用の純額による報告が，報酬，投資，および財務活動の個々の影響を分かりにくくしている。

B9. FASBは，基準書第87号の開発当時，上述のはじめの2つの問題を理解し，認めていた。基準書第87号におけるFASBの結論は次のとおり。「……予測給付債務と制度資産との差額として測定する純年金負債または資産を認識することは，概念上適切でありかつ望ましいであろう。当該認識は，利得および損失の認識を遅延させずに行うのでなければ，可能性は低いが利得および損失を当期の稼得利益ではなく包括利益において報告することを伴って行う場合もあろう。しかしながら，FASBは，当該アプローチはこれまでの実務からはあまりにも大きな変更になるので現時点では採用できない，と結論づけた」（パラグラフ107）。また，基準書第87号において，FASBは次のとおり指摘した。「利得および損失は，経済的価値の実際の変動のみならず，見積りの精度を反映することもあるので，またある期間中の利得が別の期間中の損失で相殺されたり，あるいはその逆であったりすることもあるので，本基準書は，利得および損失をそれらが発生する期間の純年金費用の構成要素として認識することを求めない」（パラグラフ29，注記は省略）。

B10. FASBは，基準書第87号および第106号の発行以来，開示について2度改訂を行った。1998年に発行されたFASB基準書第132号『年金およびそ

の他退職後給付に関する事業主の開示』は，年金およびその他退職後給付の開示要件を基準として定めた。基準書第132号(R)は，次の情報について開示に関する要件を追加した。

　a．保有する制度資産の種類および関連する投資戦略。
　b．給付の取決めに関する会計において使用した事業主の年次の測定日。
　c．制度債務および短期のキャッシュ・フロー予測。
　d．中間期中に認識した純期間給付費用の構成要素。

B11． ある関係諸団体は，基準書第132号(R)によって求められる開示が，遅延認識と，純額による報告とに起因する透明性の不足を補填すると考える。しかし，FASBは基準書第87号において次のように述べた。

　　脚注による開示は認識の十分な代替にはならない。情報はそれがどのように表示されようとも等しく有用であるとする主張は，財務諸表のいずれの要素に対しても適用しうるであろうが，財務諸表の有用性と完全性は当然認識されるべき要素のいずれが除外されても損なわれる。……仮にその主張が正当であるとすれば，認識がもたらす結果は，同じ情報を認識せずに開示することがもたらす結果と違わないであろう。……（パラグラフ116）。

B12． 基準書第87号および第106号を発行した当時，当該基準書は会計において発展的改善を示した。しかしながら，何年も経って，FASBに対し，給付建退職後給付制度に関する事業主の会計に関係する問題に取り組むようにとの要請が増えてきた。当該要請は，財務諸表の利用者ほかによってなされた。その中には，SEC職員（2002年施行のSarbans-Oxley法によって求められたオフバランスシートの取決めに関する議会あて2005年6月報告書の中で），FASBの財務会計基準諮問会議および利用者諮問会議の委員たち，ならびに年金給付保証公社の代表者が含まれる。当該関係諸団体は，FASBに，退職後給付を行う費用および債務に関して，財務諸表の透明性および理

解可能性を改善するプロジェクトに着手するよう促した。改善された財務諸表は，株主，債権者，従業員，退職者，寄付者，およびその他利用者が必要とする情報をより良く提供することになるだろう。

B13． FASBは，基準書第87号の開発の際の討議，特に本基準書パラグラフB9に要約した結論を考慮して，いくつかの関係諸団体からの要請ももちろん考慮して，給付建退職後給付制度の会計を再検討すべきであると結論づけた。給付建退職後給付制度，特に給付建年金制度の運営について，近年その減少傾向が見られるが，FASBは，既存の取決めが有する長期的な性質と重大性を理由に，会計上の不備と認めた問題に取り組むことを決定した。

B14． FASBは，2006年3月，公開草案『給付建年金およびその他退職後給付制度に関する事業主の会計』を発行し，245を超える回答者からコメントレターを受け取った。FASBは，2006年6月27日，2つの公開円卓会議を開催し，全部で33の関係諸団体とともに，コメントレターの中で提起された問題を討議した。当該円卓会議において，関係諸団体は，公開草案のいくつかの側面について討議した。それには次の側面を含む。プロジェクトの対象範囲および目的。認識規定案の実行。測定日および発効日に係る規定。経済的帰結と認めた問題，これには基準書案が，非公開事業主の有する契約上の取決めにおいて参照される財務上の計測規準へ与える影響を含む。およびその他の問題。

B15． FASBは，2006年7月と8月，公開草案への回答者および円卓会議への参加者によって提起された問題を再度審議した。再審議の間，FASBは次の結論を確認した。それは，退職後給付債務に関係する事業主の財務諸表において，より一層の透明性および理解可能性を求めるのは，投資家，債権者，寄付者，従業員，退職者，およびその他資本市場参加者が，投資，与信，および同種の資源配分に関して，合理的な意思決定を行う際に必要とするものをより良く提供するためである，というものであった。

対象範囲

B16． FASB は退職後給付制度の会計を包括的に再検討する予定である。会計を改善し国際的に統合させるプロジェクトを完成させるには何年も掛かるだろう。したがって，FASB は，退職後給付会計において重要な改善を適時に行うため，プロジェクトを段階的に進めることを決定した。第 1 段階の結果，本基準書となった。

B17． 本基準書の目的は，単一事業主給付建退職後給付制度の積立超過または積立不足の状況を資産または負債として認識することによって，事業主の貸借対照表において報告する金額の理解可能性および表現の忠実性を改善することにある。本基準書は多数事業主制度に関する会計および報告を変更しない。また，利益中に認識する純期間給付費用の金額を変更しない。

B18． 本基準書は，制度資産，給付債務，または純期間給付費用を測定する際の基本的アプローチを変更しない。本基準書は，事業主に，利得または損失および過去勤務費用または収益のうち，当期に発生しているが純期間給付費用の構成要素として認識しない金額を，その他包括利益の構成要素として認識することを求め，その他包括利益を報告しない事業体については，貸借対照表の資本または純資産の部の他の適切な構成要素として認識することを求める。また，本基準書は，制度の積立状況をより正確に反映し，かつ財務諸表の理解可能性を一層改善するため，制度資産と給付債務の測定を貸借対照表日現在において行い，基準書第87号および第106号が容認していた貸借対照表日前 3 か月以内の日において行わないよう求める。

B19． 公開草案への回答者の中には，FASB に対し，給付建退職後給付制度の積立状況を事業主の貸借対照表に認識するよう求める以前に第 1 段階の対象範囲を拡大し給付債務の測定の再検討をその範囲に含めることを提案する者もいた。そのほかにも，FASB に対し，たとえ FASB が後になって，認識は（年金に関する）予測給付債務および（年金以外の退職後給付に関す

る）累積退職後給付債務以外の尺度に基づくものとする，と決定することがあっても，株主資本へ多額の修正をいくつもしなくて済むようにすべての変更案を単一の包括プロジェクトにおいて取り組むことを提案した者もいた。彼らは，段階的なアプローチの結果，2つの段階の中間期間の財務諸表が理解しにくいものになることがあるだろうと述べた。

B20．多くの回答者は，段階的なアプローチを支持するかどうかにかかわらず，予測給付債務を，年金給付債務に関する負債として不適切な尺度であると考えた。それは，彼らが，予測給付債務がFASB概念書第6号『財務諸表の要素』に基づく負債の定義を満たしていない，と考えるからである。特に，回答者は，当該尺度が将来の昇給見積り額を反映するので現時点の債務を表していないと述べた。当該回答者の大部分は，累積給付債務を年金給付に係る負債の測定において使用すべきであると考えていた。それは，累積給付債務が将来の昇給を反映しないからであり，また，当該債務が第三者と清算できる金額をより適切に反映するからである。

B21．他の回答者で，予測給付債務を用いて積立状況を認識することが測定における変更にあたり，当該変更は第1段階の対象範囲外である，と指摘した者がいた。彼らがそれを測定における変更になると考えたのは，基準書第87号が，累積給付債務が制度資産の公正価値を上回るときに最小年金負債の認識を求めていたにすぎないからである。

B22．FASBは，再審議の間，プロジェクトを段階的に遂行するというそれまでの決定を確認した。第1段階の目的は有意義な当面の改善を行うことにあった。その改善とは，年金およびその他退職後給付に関する事業主の財務報告において，貸借対照表をより一層完全で，透明な，そして理解可能なものとすることによって行うものであった。FASBは，本基準書の対象範囲から債務の測定を外すことを決定するにあたり次の諸要素を考慮した。

　a．基準書第87号において，FASBは，広範な討議の後に年金債務は

FASB概念書第6号の負債の定義をまさに満たすとし，また，予測給付債務が年金債務の最も目的適合的な尺度であると結論づけた。当該結論は，基準書第87号において概念上望ましいと認めた選択肢からの逸脱ということではなかった。したがって，FASBの現時点の決定は当該結論と整合している。FASBは，本プロジェクト第1段階の目的上，基準書第87号におけるFASBの判断を受け入れることを決定した。

b．公開草案にコメントを寄せた財務諸表の利用者の大部分は，予測給付債務が，事業主の経済上の債務および実質的な制度の諸条件を反映すると考える。

c．予測給付債務以外の債務の尺度を使用することは，昇給率以外の仮定，特に割引率を決定する方法を変更することを要するかもしれない。当該問題への見解は，基準書第87号の結論の根拠パラグラフ140〜142に記載している。

d．年金以外の退職後給付を行う大部分の制度に関して，年金制度における累積給付債務に類似の債務の尺度がない。したがって，仮に，FASBが年金債務を測定するのに累積給付債務を使用することを求めようとしたら，FASBは年金以外の退職後給付に関しても同等の尺度を決定しなければならなかっただろう。このように，当該問題は年金制度のみに止まらない。

e．一般的に言って，純期間年金費用の尺度から将来の昇給による影響を除外すべきであるとの批判はこれまでにない。基準書第87号の結論の根拠パラグラフ139において，次のとおり述べている。

　　将来の昇給に左右される債務は負債の定義によって除外されると主張した回答者の中で，そのときまでの給与のみに基づいた純期間年金費用の尺度を進んで受け入れる用意がある者はきわめてわずかだった。FASBは，複式簿記会計方式のもとでは，発生費用を企業活動に対する費用として認識すれば，同時に当該発生費用について負債を認識することが必要になると指

摘する。したがって，将来の給与を負債から除外することと，それを純期間年金費用に含めることとは矛盾する考え方である。

B23. さらに，年金債務の現行の測定値は，累積給付債務を含め，将来についての予測に関係するファクター——たとえば，将来の従業員勤務や数理上減額しない早期退職給付の受給資格など——を反映する。FASB は，本プロジェクトの第1段階の対象範囲から，認識すべき債務の尺度にどの予測情報を含めるべきか再検討することを除外すべきである，と確認した。FASB は，あるものは再検討し他は再検討しないというのでは一貫性がなくなると述べた。

B24. 累積退職後給付債務を使用してその他退職後給付を認識することを支持しなかった回答者もいた。当該回答者は，退職者医療は，事業主が取消し可能な約束であるが，それは事業主が概して当該給付を一方的に凍結したり，削減したり，または中止したりする裁量を有するからである，と述べた。そのため，回答者は，加入者が給付を受けるための資格をすべて満たした時か，債務を法的に強制できる時にのみ，債務を認識するものとするよう提案した。

B25. FASB は，一般的に，年金給付と退職者医療給付との法律上の扱いに差異があると認める。しかし，当該差異は基準書第106号の発行当時存在していた。基準書第106号は実質的な退職後給付制度に焦点を当てている。公開草案へのある回答者によって提起された問題は，会計にとって基本的であり，また，基準書第87号および第106号双方の基礎にある継続中の制度という前提に整合しない。

B26. FASB は，パラグラフ B22～B25に示した理由により，事業主に積立状況——それは制度資産の公正価値と給付債務との差額として測定する——を貸借対照表に認識するよう求めるという，先の決定を確認した。年金制度に関して，給付債務は予測給付債務とするものとし，退職者医療制度のようないずれかのその他退職後給付制度に関しては，給付債務は累積退職後給付

債務とするものとした。FASBの決定は単に，基準書第87号および第106号の測定の原則と予測給付債務が給付建年金債務の最も目的適合的な尺度であるとの結論とを引き継いだに過ぎない。

B27．FASBは，本プロジェクトの第2段階において，基準書第87号および第106号が当初取り組んだ多くの問題に，退職後給付債務の測定に関するこれまで提起された問題と同様，再度取り組むことにしている。たとえば，給付制度の設計の点で進展中の諸変化（たとえば，キャッシュバランス年金制度や従業員の雇用終了時に支払われる一時金給付を伴う制度）による影響の問題である。ただし，これらの問題や公開草案の回答者によって提起された問題に再度取り組むというFASBの公約を，給付建退職後給付債務の現行測定方法が，不適切であるとか変更になるとかという帰結として見るべきではない。退職後給付債務の測定に関する問題は複雑であり，それらを検討することはかなりの時間を要するだろう。したがって，当該問題を本基準書の一部として検討することは，FASBが迅速に行うべきと決定した他の重要な改善を遅らせることになっただろう。FASBは，本プロジェクトの複数年にわたる第2段階において，退職後給付債務の測定と他の会計問題とを包括的に再検討することにしている。それには次のものが含まれる。

a．退職後給付を行う費用に影響を与える諸項目を，利益またはその他包括利益として，どう認識し表示すべきか。
b．事業主の給付債務を測定する方法。これには，測定のための仮定に関して，さらに詳しい指針を規定すべきかそれとも別の指針を規定すべきか，が含まれる。
c．制度の運営者は退職後給付信託を連結すべきかどうか。

B28．FASBは，本プロジェクトの第2段階において次の進展から恩恵を受けることになると期待している。

a．FASBの概念フレームワークを国際会計基準審議会（IASB）の概念

フレームワークとともに完成し，改善し，そして統合するプロジェクトにおける進展。
b．財務諸表の表示に関するFASB-IASB共同プロジェクトにおける進展。
c．キャッシュバランス年金制度および従業員の雇用終了時に支払われる一時金給付を伴う制度に関する会計の調査および分析における進展。

ただし，FASBは，第2段階における進展は，FASBの審議事項に関するいずれか他のプロジェクトの完了を待たなければならないというつもりはない。

検討し行った修正

積立状況の認識

B29．FASBは，財務報告における重要な改善を，パラグラフB27に記述した包括プロジェクトの中で実施可能となるよりさらに適時に実施することを望んだ。したがって，FASBは，本基準書において，制度資産と給付債務の測定に関する基本的アプローチまたは年次もしくは中間財務諸表に認識する純期間給付費用の金額の測定および報告に関する基本的アプローチのいずれの変更も検討しない，と決定した。FASBは，パラグラフB22に記述したとおり，基準書第87号において予測給付債務が概念的に適切でかつ望ましい給付債務の尺度であるという結論を出した。基準書第87号の結論の根拠に，FASBが当該結論に至った理由を説明している。

B30．FASBは，事業主の貸借対照表に，運営する多数事業主制度以外の給付建退職後給付制度の積立状況を認識するよう求めることによって，財務報告を著しく改善することになると判断した。FASBは，当該認識要件が，報告する財務情報の理解可能性を著しく向上し，それによって事業主の財務報告書の分析が容易になると考える。

B31．FASB は，全ての制度の積立状況を認識するものとすると決定した後に，当該認識額をどう表示するものとするかを検討した。FASB は，積立超過の制度に関する資産と積立不足の制度に関する負債の区分認識を求めることを決定した。FASB は，全ての制度を合算し，単一の純資産または純負債として純額を報告するという選択肢を受け入れなかった。事業主は，法律に基づく合併以外で，ある制度の超過資産を別の制度の未積立債務で相殺することができないからである。法律に基づく合併についてはその実現可能性は不明である。FASB は，当該結論に到達する際に，基準書第87号の結論の根拠パラグラフ156を確認した。それは次のように述べている。

> FASB は，1つの積立ての十分な制度とそれとは別の積立てが十分でないか非積立ての制度を有する事業主は，それらとほぼ同等の債務および資産を単一の制度で有する事業主とは異なる状況にある，と考える。FASB は複数の制度を結合することが容易であるとも，多くの場合可能でさえあるとも確信してはいなかった。例えば，FASB は，適格制度を非適格制度と，または定額制度を最終給与比例制度と結合することは難しいであろうと考える。さらに，すべての制度を相殺することは，相殺することの正当性が存在しない限り，資産と負債を相殺することを排除した他の基準と整合しないであろう。

回答者らは概して，積立超過の制度と積立不足の制度の積立状況を合算し単一の純額として認識すべきでない，ということを支持した。

利得および損失

B32．利得および損失は，給付債務もしくは制度資産の測定値の増減であって，実績と仮定との差異によって一定期間に発生するもの，または，1つもしくは複数の数理上の仮定の変更によって発生するものである。たとえば，利得および損失は制度資産の期待収益と実際収益との差異，割引率の変更に

伴う給付債務の増減，または将来の給与，退職日，死亡率，中途退職率，退職者加入率，医療費用傾向率，もしくは政府補助金に関する仮定の変更から発生する。

B33． FASBは，本基準書の発行以前，純期間給付費用における利得および損失の遅延認識が，多くの場合で，事業主が退職後給付制度の積立超過または積立不足の状況を貸借対照表に認識しなかったことの主な理由であったと認める。FASBは，本基準書の規定を開発するに当たり，これまでの未認識利得および損失をどう認識すべきか，具体的には，営利事業体がその他包括利益において認識すべきかどうかを検討した。

B34． FASBは，ある期間中に発生したが，その期の純期間給付費用の構成要素に含めなかった利得および損失を，その他包括利益における増加または減少として認識すべきであると提案した。当初にその他包括利益において認識した利得および損失は，後に基準書第87号，第88号，または第106号の認識または償却に係る該当する要件に基づいて純期間給付費用の構成要素として認識するのに対応して修正するものとした。

B35． 回答者の大部分がその他包括利益による認識を支持した。回答者で協同組合事業体の代表者は，当該方法によって利得および損失を認識することは，事業主に持分権や会員権を帳簿価額で取引するよう求める契約上の取決めを有する事業体にとって不利になると述べた。彼らは，FASBに対し，資産または負債として認識しなければ株主資本の減少または増加となるはずの金額を資産（繰延費用）または負債（繰延収益）として認識することを認めることについて検討するよう要求した。FASBは，当該提案を検討したが，制度資産の運用成績から発生するような利得および損失を繰延費用または収益として報告するのは，当該利得および損失による繰延費用または収益がFASB概念基準書第6号の資産または負債の定義を満たさないため表現が忠実なものとならない，と結論づけた。

B36．FASB は，これまでの未認識利得および損失の認識に関する結論を確認するにあたり，本基準書の認識要件から，最小年金負債を認識するいかなる必要性も取り除いていることに言及した。また，これまでの未認識利得および損失のその他包括利益による認識は，追加最小年金負債を認識した時に認識していた未認識利得または損失の純額がある場合に求められた従前の会計処理と整合している。利得および損失のその他包括利益における認識は，純期間給付費用の決定方法を変更しないとする本基準書の目的と整合している。本基準書は，利得および損失を純期間給付費用の構成要素として遅延認識するというこれまでの実務を変更しない。それは，退職後給付の取決めが有する長期的な性質を反映するものである。さらに，当該取扱いは，利益において認識されない一定の価値の増減（たとえば，売却可能持分証券の未実現損益）をその他包括利益に含める実務とも整合している。上記の純期間給付費用の認識において可能性のある変更に関する方針決定は，本プロジェクトの第2段階において検討することになる。

過去勤務費用および収益

B37．本基準書以前は，従業員の過去の勤務に帰属する給付を遡及して変更する制度変更による影響を，純期間給付費用中に，変更を採用した期間において全額は認識しなかった。FASB は，制度の変更または開始に起因する過去勤務費用または収益の未償却残存額の認識に関し，営利事業体向けの次の2つの選択肢を検討した。

　a．その他包括利益による認識。
　b．無形資産（または従業員関連の無形資産の減額とみなされ得るマイナスの無形資産でその一部は未認識）としての認識。

B38．FASB 委員で，これまでの未認識過去勤務費用および収益を全ての制度分について合算し，貸借対照表において純無形資産（またはマイナスの純無形資産）として分類するとの選択肢を支持した委員は，当該アプローチが

それまでの会計処理と整合していると考えた。それまでの会計処理とは，追加最小年金負債を認識し，同時に，未認識過去勤務費用があればその金額の範囲内で無形資産を認識する時に求められた会計処理である。当該FASB委員は，未認識過去勤務費用および収益が，基準書第87号および第106号において損失または利得とみなされないことにも言及した。したがって，未認識過去勤務費用および収益は，現在その他包括利益において認識される他の項目とは異なる。当該FASB委員は，制度変更による影響を資産またはマイナスの資産として認識することが概念上適切であるかどうかに疑問を持っているが，彼らは，そのような影響の特徴づけ——基準書第87号および第106号に記載している——は，本プロジェクトの第2段階において再検討するのが最善だろうと結論づけた。

B39. その他包括利益において認識することを支持したFASB委員は，基準書第106号パラグラフ286の中の論拠に言及した。

> FASB委員の中には，過去勤務費用，特に既存の退職者にかかる部分を費用として即時認識することを支持している者がいる。当該委員らは，制度の開始または変更に伴う無形の経済的利益を，現役の制度加入者に対する給付改善後の将来期間にわたって受け取れることがあるとしても，当該無形の利益を資産として認識するのは適切でないと考える。それゆえ，基礎となる過去勤務費用の認識を将来期間に遅延させる根拠はほとんどないと考える。その他のFASB委員は，制度の開始または変更が，従業員の中途退職率の減少，生産性の向上，または現金給与の増額要求の引下げを通して，事業主の将来の事業活動に利益を与えるという見方を伴って実施されると考える。

B40. FASBは，第1の選択肢を採用し，過去勤務費用および収益を，当初その他包括利益において認識し，後に基準書第87号，第88号，および第106号の現行の認識と償却に係る規定に基づいて純期間給付費用の構成要素とし

B41. 当該アプローチは，これまでの未認識利得および損失の取扱いとも整合している。FASBは，これまでの未認識利得および損失と過去勤務費用および収益との間には異なる会計の取扱いの根拠を与えるほどの十分な差異がない，と判断した。しかも，結果として簡潔，透明で，対称的な会計となっている。FASBは，過去勤務期間に帰属する給付を増額する変更は資産を増加させないし，また，マイナスの制度変更による給付の減額は負債を増加させない，と考えている。FASBは，概念上および理解可能性の両方の理由で，マイナスの無形資産の考えを受け入れなかった。FASBは，また，退職した従業員および現役の従業員の両方に関連する過去勤務費用の認識に関して，本プロジェクトの第2段階において再検討するものとすると決定した。そうすることにより，資産および負債の定義に関連する概念フレームワークに係るプロジェクトにおいて継続中の作業の利点を十分享受することになろう。

移行時資産および債務

B42. 基準書第87号または第106号の適用開始時において，事業主は，制度の積立状況と事業主の貸借対照表の認識額との差額として測定された未認識純資産または未認識純債務を有していた。年金以外の退職後給付に関しては多くの場合純債務であった。それは，当該給付が一般的に制度資産によって積立てられていないからである。基準書第87号は，当該純移行時資産または債務に関し，純期間給付費用の一部としての将来の認識（償却）を求めることによって遅延認識を求めた。

B43. 基準書第106号の移行に係る指針は，事業主が基準書第87号の要件と同様の基準に基づいて移行時資産または債務の認識を遅延して償却することを容認した。ただし要求はしなかった。FASBは，基準書第87号が1985年に発行され，また，基準書第106号が1990年に発行されたにもかかわらず，

移行時資産または債務をまだ完全には償却し終えていない事業主がいることに注目した。

B44． FASBは，本基準書の適用開始時において残存する移行時資産または債務（もしあれば）を認識するための営利事業体向けの様々な選択肢を検討した。それには次のものが含まれる。

　ａ．会計原則の変更に関する会計と同様，利益剰余金を修正する。
　ｂ．移行時債務に関して無形資産を認識する。または移行時資産に関してその他包括利益累積額において貸方項目を認識する。
　ｃ．未認識利得および損失の認識方法と同様，その他包括利益累積額の増加または減少を認識する。
　ｄ．選択肢(a)または(b)のいずれかを選択する。

B45． FASBは，公開草案において第1の選択肢を提案した。それは，残存する移行時の金額（もしあれば）に関して公開草案によって提案された遡及的な移行のもとで，期首利益剰余金に対し該当する法人所得税の税効果を差引いた金額で直接借記または貸記するよう求めるはずであった。当該金額は，後に純期間給付費用の構成要素として認識されなくなっていたであろう。FASBは，残存する移行時資産または債務（もしあれば）に関して，会計原則の変更による累積影響額と同様のものであって，当期または将来報告される利益に影響させてはならないと考えていた。FASBは，当該選択肢が，記録管理の費用を削減し，また，継続して報告する純期間給付費用に関して，基準書第106号に関する移行時金額の即時認識を選んだ事業主と選ばなかった事業主との間の比較可能性を向上させると考えた。

B46． ある回答者は，残存する移行時資産または債務（もしあれば）を利益剰余金の修正として認識することは，当該金額がもはや償却されないことになるから純期間給付費用を変更しないと述べたFASBの目的と整合していない，と述べた。さらに，ある回答者は，基準書第87号および第106号の適

用開始以来長年にわたって償却してきた後に残存する移行時資産または債務の金額は，概して重要なものではないので，FASBは会計手続きを変更することに関連する費用を負わせるべきではないと指摘した。別の回答者は，料金規制事業体に関し，提案した会計の影響を懸念した。

B47. 回答者からのコメントレターと円卓会議の結果，FASBは，残存する移行時資産または債務（もしあれば）を利益剰余金の修正として認識することによる便益は，その費用を上回らず，また，純期間給付費用として報告する金額はプロジェクトの第1段階の一環としては変更しないとするFASBの意向と整合しない，と結論づけた。それゆえ，FASBは，基準書第87号および第106号の適用開始に起因する移行時資産または債務のうちこれまでの未認識額を，これまでの未認識純利得および損失ならびに過去勤務費用および収益と同一の方法で認識するものとする（第2の選択肢）と決定した。すなわち，これまでの未認識移行時資産または債務は，その他包括利益累積額の修正として認識し，後に基準書第87号，第88号，および第106号の既存の認識と償却に係る規定に則して純期間給付費用の構成要素として償却するものとすると決定した。

認識した資産と負債に係る分類

B48. 公開草案への回答者は，FASBに，退職後給付負債の純額を分類貸借対照表においてどう報告するのか明確にするよう求めた。FASBは，分類貸借対照表における退職後資産または負債の純額に関する指針を明示することを決定した。FASBは，分類貸借対照表を表示する事業主は，積立不足の制度に係る負債を，流動負債，固定負債，または両者併用として報告するものとすると決定した。（制度ごとに決定する）流動部分は，給付債務のうち向こう12か月間または営業循環がそれより長い場合はその期間に支払う給付の数理的現在価値が制度資産の公正価値を上回る場合の超過額である。制度資産が当該支払額の数理的現在価値を上回る場合，未積立債務は固定負債に分類するものとした。流動負債に分類する金額は，事業主の貸借対照表に

認識される制度の未積立状況の金額までに制限される。

B49. FASB は，流動負債が，翌会計年度または営業循環がそれより長い場合はその期間中に制度へ事前に積立てるのに要する拠出額に基づくというひとつの代替案を検討した。当該代替案を支持した FASB 委員は，退職後給付制度は連結されず，積立不足の制度に関して認識した純負債が制度へ資産を拠出するという事業主の債務に相当すると理由づけた。

B50. FASB は当該代替アプローチを受け入れなかった。FASB は，制度へ事前に積立てるために拠出すると予測する金額は，実質上内部取引であり，内部取引は給付支払上の負債に係る分類に影響させるべきでないと理由づけた。積立超過または積立不足の状況の純額は，制度資産と給付債務との差額に基づいているので，制度資産と給付債務は，事実上連結され，報告目的上純額で表示されている。FASB は，事業主から独立の第三者へのキャッシュ・アウトフローを重視することを決定した。制度加入者への給付支払いおよび（たとえば，退職者または保険会社に対する）債務の清算を賄うのに十分な制度資産がある限りは，いかなる退職後負債の純額も流動負債として分類しないものとした。制度資産が十分でなければ，事業主は，独立の第三者（たとえば，退職者）に現金支払いを行うことになろう。当該支払い予測額を流動負債として分類するものとした。FASB は，退職後資産の純額を固定資産に分類するものとするとしたが，それは，当該資産の使用が給付債務に関する支払いに制限されているのが一般的であり，また，制度からのいかなる返還金も本質的に事業主の資産のそれ自体への移転に相当するためである，と理由づけた。FASB は，年次財務諸表において表示する直近の貸借対照表に続く12か月間または営業循環がそれより長い場合はその期間に事業主に返還されると予測する制度資産がある場合は，当該金額およびその返還時期の開示を求めるよう決定した。

測定日

B51. 基準書第87号および第106号は，制度資産と給付債務を，事業主の会計年度末貸借対照表日現在において，または毎年継続的に使用する場合は当該日付前3か月以内の一定日現在において測定することを求めた。公開草案は，事業主の会計年度末貸借対照表日以外の測定日の選択を廃止するよう提案した。退職後制度を事業主の会計年度末貸借対照表日現在において測定することは，測定日と会計年度末との間に発生する事象および取引の遅延認識を廃止することによって認識される金額の表現の忠実性を向上させるだろう。

B52. ある回答者は，測定日におけるいかなる変更もプロジェクトの第2段階で検討すべきであって，その理由は，当該変更が測定に関連するもので，FASBが測定は第1段階の対象範囲外であると表明しているからである，と述べた。FASBは，退職後制度の積立超過または積立不足の状況を会計年度末現在において認識するという考えは，当該積立状況を同一の時点において測定することとは不可分であることに言及した。それゆえ，測定日を事業主の貸借対照表日に合わせることは，積立超過または積立不足の状況を報告日現在において認識することに対する前提条件である。FASBは，測定日の変更によって純期間給付費用に影響を受けることになる事業主がいることは認める。しかし，当該増減額は，金額をどう決定するかにおける基本的な変更の結果ではない。それゆえ，当該増減は，プロジェクトの第1段階の目的および対象範囲と整合している。

B53. 公開草案に対する回答者の多くは，制度資産と給付債務を事業主の貸借対照表日現在において測定することの概念上の価値を認めた。しかし，回答者の大多数は，費用の方が便益を上回るだろうと考えた。当該回答者は，特定の制度資産と給付債務に関連するデータを収集するのに時間がかかると述べた。容易に入手可能な市場価額を有しない制度資産（たとえば未上場株式や不動産）の公正価値を決定することと，外国にある制度に関連するデータを収集することは特に困難であろう。彼らはまた，情報の流れが投資管理

者からアクチュアリーへ，そして事業主および監査人へと連続するという性質によって，データの収集と分析の過程でかなりの時間が加わることにも言及した。別の回答者は，提案した変更が，暦年末においてアクチュアリー要員へ更なるストレスをかけ，また業務コストを増加させるだろうとの懸念を提起した。

B54. ある回答者は，測定日を会計年度末に合わせることは，退職後給付債務が有する長期的な性質のために，より信頼できる負債の測定値を得るという結果にはならないだろうと述べた。回答者は，退職後給付債務が有する長期的な性質，将来のキャッシュ・フローを見積ることに関連する相対的不確実性，そして給付債務を貸借対照表日現在において測定することに関連する架空の改善（見せかけの精度）であると考えることについて説明した。

B55. FASBは，代替的な測定日を認めることは複雑性を増し理解可能性を減少するが，それは測定日後で会計年度末前に発生する可能性のある制度資産と給付債務の重要な増減を次の期間まで認識しないからであると論じた。そのような早めた測定日現在の制度資産と給付債務を，報告日現在の貸借対照表の認識額へ調整するために要する注記開示もまた，複雑性を増した。測定日を事業主の貸借対照表日に合わせることは，報告する退職後給付の情報を一層表現の忠実なものにし，また，同様の会計年度を採用する複数の事業主の財務諸表の比較可能性を向上させる。

B56. FASBは，再審議の際，事業主が制度資産と給付債務を貸借対照表日時点で測定するという明確な要件の代替案を検討した。その代替案はIAS第19号『従業員給付』と同様の方針を規定したものになっていただろう。IAS第19号は，制度資産と給付債務が測定されるべき日付を特定していない。代わりに，IAS第19号は，当該認識額が，事業主の貸借対照表日現在において決定されたとして得られるはずの金額と重要な差異がないことを求めている。FASBは，そのような規定を設ければ，どのように重要性を判定するのかに関する問題や，また，そのような規定を本基準書の基準部分の

末尾に記載している重要性のないものへの適用免除とは異なるものにする意図があったのかそれとも当該適用の免除へ追加する意図があったのかという問題を引き起こす可能性があることに留意した。さらに，当該規定は，事業主の会計年度末現在において測定した金額と早めた測定日現在において決定した金額とに差異があればその重要性を評価できるように，事業主にしばしば制度資産と給付債務を事業主の会計年度末現在において測定するよう求めるかもしれない。IAS 第19号におけるその考えは事業主の貸借対照表の他の金額に関しても適用することができた。にもかかわらず，その考えは，他の基準には存在しない。したがって，FASB は，制度資産と給付債務を事業主の会計年度末現在において測定するよう求めることへの代替案として，当該アプローチを受け入れないことを決定した。

B57. FASB は，多くの事業主がすでに，少なくともいくつかの制度に関して，退職後給付の制度資産と債務を会計年度末現在において測定しており，そのことは，報告日現在において必要なデータを入手することが多くの場合で実行可能であることを示している，ということに言及した。さらに，FASB は，退職後給付制度の積立状況を貸借対照表に認識することによって，退職後給付の資産と債務を事業主が報告するその他の資産と負債を測定するのと同日時点において測定することの重要性が増大することに言及した。したがって，FASB は，事業主に制度の積立状況を貸借対照表日現在において測定するよう求める，先の決定を確認した。ただし，この変更の発効日は2008年12月15日後に終了する会計年度まで延期し，財務諸表作成者とその外部の資源提供者が，システムおよびプロセスにおいて必要ないかなる変更も効率的に実施するためにより多くの時間を提供することとした。

所要の注記開示

移行時の開示

B58. 本基準書は2006年12月15日後，2007年6月16日前に終了する会計年度

について移行時の開示を求める。それは，公開市場において取引される持分証券の発行者以外の事業主に認められた発効日の延期を受けて，事業主が本基準書をまだ実行していない場合である（パラグラフ14）。FASB は，事業主が，本基準書の規定の簡潔な記述，採用が求められる期日，および事業主が本基準書の認識規定の早期採用を予定している場合のその採用予定日，を提供するものとすることを決定した。当該開示は，財務諸表利用者，特に本基準書によって影響を受けることがある事業主と契約か何かの関係を有する関係者あてに，本基準書に伴う重要な会計上の変更があればそれを事前に通知するものとなる。そのような開示は，SEC の職員会計公報第74号『最近発行された会計基準を将来期間において採用した際に当該基準が登録会社の財務諸表に与える影響の開示』に則して SEC 登録会社が求められる開示と同様のものである。

B59. FASB は，事業主に本基準書の認識規定の適用開始年度において，その年度末貸借対照表の個々の行項目への本基準書適用による増分影響額を財務諸表注記中に開示するよう明確に求めることに合意した。FASB は，この開示が，本基準書による影響額を年度中に発生する他の増減から分離するための基礎を利用者に与えることになることに注目した。FASB は，本基準書が事業主の貸借対照表のいくつかの行項目に影響を与える可能性があるので，利用者に本基準書による影響額に関する明瞭な情報を提供することが重要であると結論した。

B60. FASB は，FASB 基準書第154号『会計上の変更および誤謬の訂正』が通常求める他のいかなる開示も，積立超過額または積立不足額の純額の認識，または，制度資産と給付債務を事業主の貸借対照表日現在において測定するよう求める測定日の変更のいずれにも適用しないことで合意した。FASB は，基準書第154号が求める開示は，当該変更には必要ないと判断した。ただし，FASB は，本基準書において利益剰余金，その他包括利益累積額およびその他包括利益への方針変更の影響に関して，その影響額を他の関係のない項目と合算することによって不明瞭にしないよう求めるべきであ

ると決定した。さらに，FASBは，営利事業体が，本基準書の測定日に係る規定の適用開始年度において，本基準書の適用による利益剰余金およびその他包括利益累積額の独立した修正額を開示するものとすると決定した。当該開示は，修正額を株主持分変動計算書の範囲内の独立した行項目として報告するか，または修正額を財務諸表注記中に開示するか，そのいずれで行われても良い。非営利組織体は，同様に，非拘束純資産の独立した修正額を活動計算書の範囲内または財務諸表注記中のいずれかにおいて開示するものとした。

認識の変更により必要となり実施した既存の開示要件への修正

積立状況の認識額の調整表

B61. 本基準書の，利得または損失，過去勤務費用または収益，および基準書第87号または第106号の適用開始に関連する移行時資産または債務の残存額（もしあれば）に係る認識要件は，制度の積立状況と貸借対照表の認識額との間のすべての差異を取り除く。したがって，本基準書は，制度の積立状況を事業主の貸借対照表の認識額へ調整するための基準書第132号(R)パラグラフ5(c)における従前の要件を，事業主が本基準書の認識規定および測定日に係る規定の両方を適用した時点で廃止する。同様に，本基準書は，追加最小年金負債（パラグラフ5(i)，8(g)，および8(h)）および測定日（パラグラフ5(k)，および8(j)）を参照する基準書第132号(R)の開示事項を削除する。

営利事業体によるその他包括利益およびその他包括利益累積額における認識額の開示

B62. FASBは，本基準書に則してその他包括利益において当初に認識し，後に基準書第87号，第88号，および第106号の認識と償却に係る規定に基づいて純期間給付費用の構成要素として認識する各項目について検討し，それらを区分して開示するものとすると結論づけた。すなわち，期間中に発生した利得または損失および制度変更に伴う過去勤務費用または収益と，利得ま

たは損失，過去勤務費用または収益，および移行時資産または債務の期間中の償却額とを，事業主の財務諸表に影響を与える各項目の内容に関する情報を提供するために開示するものとした。FASB は，本基準書の測定日に係る規定の適用によるその他包括利益における認識額の区分開示に関して，代替移行アプローチ（パラグラフ19）を選択する場合は求めないことを決定した。測定日の変更に係る代替アプローチのもとでは，測定日の変更に伴う純利得または損失は，期間中にその他包括利益において認識した利得または損失から分離させられない。FASB は，この方法を選択する事業主にその他包括利益において認識した利得または損失を配分するよう求めることは，結果として，表現が忠実とならない可能性のある恣意的な金額に基づく開示になるだろうと判断した。

B63．FASB は，これら開示の一部は，他の基準，すなわち既存の FASB 基準書第130号『包括利益の報告』パラグラフ17および24～26の規定と重複しているかもしれないことを認める。しかし，株主持分変動計算書において報告する一部の金額に関連する開示は，退職後給付の注記を相互参照することによって充実したものとなることもあり得る。当該注記は，FASB が選定したアプローチのもとで一層完全なものとなるだろう。さらに，基準書第130号は代替的な開示様式を容認する。退職後給付に関して記述する注記において一定の開示を求めることは，結果として，全ての事業主によって一層整合する情報の開示となる。それはまた，利用者が，退職後給付に関する会計についてすべての目的適合的な情報を見いだすために財務諸表および注記のいくつもの部分を分析する必要性を取り除くことになる。

翌会計年度の償却見積り額

B64．ある回答者は，基準書第87号および第106号の遅延認識に係る規定が将来期間中の純期間給付費用へ与える影響に関する追加の開示を要請したが，それは彼らにとって利得または損失および過去勤務費用または収益の償却額を予測することが困難であるとの理由による。別の回答者は，FASB に，

勤務費用,利息費用および投資収益を含む,全ての構成要素の予測の開示を求めることを検討するよう要請した。一方で,他の回答者は,既に認識した純期間給付費用の全ての要素が中間財務報告において開示されることを指摘した。それゆえ,少なくともその年度の残りの期間中の予測の精度が高められるはずである。

FASB は,3つの選択肢を検討した。

a．償却対象となる額(すなわち,それぞれ基準書第87号パラグラフ32, 33および基準書第106号パラグラフ59, 60によって設定される回廊〔corridor〕を超過する利得または損失,ならびに過去勤務費用または収益)および個々の項目を償却する平均期間の区分開示を求めること。
b．その他包括利益累積額のうち,表示する直近の貸借対照表に続く会計年度中の純期間給付費用の構成要素として認識することになる純利得または損失および過去勤務費用または収益の見積り部分の開示を求めること。
c．事業主が上記の選択肢のいずれか一方を選択することを容認し,その金額が当期の金額と著しく異なると見込まれる場合にのみ,その開示を求めること。

B65．FASB は,これらの選択肢を,本基準書が行った認識の変更に直接関連する開示要件の変更だけを行うという FASB の決定に照らして評価した。FASB は,第1の選択肢は,有用性が限定的であるかもしれないし,また再分類のパターンが定額法以外の場合は誤解を招く可能性があることを指摘した。それゆえ,FASB は,公開草案において提案した開示(第2の選択肢)を確認した。当該選択肢が,直接的で容易に理解される予測(また予測を行うのに利用し得る情報にとどまらない)を提供するからである。また,当該予測を立てるためのデータは事業主にとって容易に入手可能なはずである。FASB は,そのような開示は,償却対象となるすべての金額を含むものとし,したがって,移行時資産または債務の純額(もしあれば)の見積り

付録B：背景説明および結論の根拠　93

部分であって表示する直近の貸借対照表に続く会計年度中の純期間給付費用の構成要素として認識することになる額もまた含むものとする，と決定した。

超過または余剰制度資産

B66．回答者は，FASBに，認識した退職後給付資産または負債の純額の流動・固定分類に関する追加指針を規定するよう要請した。FASBは，追加指針を規定し，表示する直近の貸借対照表に続く12か月間または営業循環がそれより長い場合はその期間に事業主に返還されると予測する制度資産がある場合は，当該金額およびその返還時期の開示を求めることを決定した（パラグラフB48～B50参照）。

検討したが求めなかった注記開示

B67．FASBは，パラグラフB68～B74に記述する開示事項について検討したが求めないことを決定した。提案されたそれぞれの開示を受け入れなかった理由としては，後に言及する理由に加え，次の1つまたは複数の理由があった。すなわち，開示した情報の有用性が限定的であると思われたこと，当該開示は，基準書第132号(R)のような以前のプロジェクトにおいてFASBが検討したが受け入れなかったこと，そして当該開示が，本プロジェクトの第1段階の対象範囲外であったことである。

本基準書による過年度貸借対照表への遡及的影響の開示

B68．年度毎の財務諸表を比較可能にするため，公開草案は，測定日に関連する変更を除くすべての変更について，2006年12月15日後に終了する会計年度から発効する本基準書の遡及適用を求めることを提案した。回答者は，遡及適用に付随する費用は，年度毎の比較可能性から得られる便益を上回るだろうと主張した。FASBは，再審議において，本基準書は遡及適用を求めないし容認もしないことに決定した。

B69. 回答者の中には，少なくとも本基準書の認識規定を実行する最初の年度の直前の年度について適用するという限定的な遡及適用を提案した者がいた。FASB は，積立状況を認識することが採用年度の直前年度の期末貸借対照表における個々の行項目へ与えたはずの影響の開示を求めるかどうかについて検討した。FASB は，当該開示を提供することに付随する実行上の問題について検討した。主に繰延税金に関する会計に関連する問題についてである。財務諸表作成者は，やはり繰延税金資産のいかなる増分もその実現可能性について，場合によってはパラグラフ B89 および B90 に記述するような他の問題についても評価しなければならないだろう。加えて，前年度の繰延税金資産に関して，ある事業主は後に利用可能となった情報を考慮しないで実現可能性の評価ができないという理由で，FASB が実行不可能な場合の開示要件の免除を継続するとしたら，すべての事業主が同じように影響を受けることにはならないだろう。

B70. FASB は，事業主に前会計年度の期末後に入手した情報を，一時差異の解消額と将来の課税所得の予測を立てる際に利用できるようにすることを検討した。しかし，FASB は，過去の情報に基づいた繰延税金の実現可能性を含め，繰延税金の会計処理を決定することは，あと知恵の使用の有無にかかわらず，当該会計処理が便益対費用の基準で正当でないものとなるほどの実行上の困難さを免れない，と判断した。FASB はまた，前年度については財務諸表注記中にすでに利用可能な広範囲の情報があると結論づけた。

市場連動価値

B71. 制度資産の市場連動価値は，純期間給付費用の構成要素である制度資産の期待収益を決定するのに使用される。また，純期間給付費用に係る構成要素として未だ認識していない利得または損失に関する最小年次償却の閾値（すなわち，制度資産の市場連動価値と給付債務のいずれか大きい方の10%）を設定するのに使用される。FASB は，制度資産の市場連動価値とそれを決定するのに用いた方法の開示に関して検討したが，それを求めないことを

決定した。ある財務諸表の利用者らがFASBに当該開示を検討するよう要請したのは，それが制度資産の期待収益および利得または損失の将来の償却額の予測に役立つとの理由からである。FASBは，パラグラフ7に記載する新たな開示が，当該要請にある程度答えるものであると述べた。さらに，FASBは，制度資産の市場連動価値の開示が追加する便益は，その要請に応じることによる追加費用をかけても得る価値のある十分なものにならないだろうとも述べた。複数の制度を有する事業主に関する市場連動価値の合計額は，必ずしも有用なものとはならないだろう。その情報をより有用なものとするために，特徴の異なるいくつかの制度を有する事業主は，市場連動価値に関する内訳の情報を提供する必要があるだろう。FASBは，当該レベルの開示を求めることは本基準書の限定した対象範囲を超えていると結論づけた。

利率の変動による退職後給付債務の感度

B72. ある回答者が，FASBに，利率の変動による退職後給付債務の感度の開示を求めることを検討するよう要請した。当該回答者は，利率の変動による認識額の変動可能性が，財務諸表注記中に数値的に示されるべきと考える。FASBは，本基準書の要件によって事業主の貸借対照表に認識される資産と負債の金額と変動性が共に増大することがあると認める。しかし，FASBは，制度の退職後給付債務のみに焦点を当てる感度分析は誤解を招く恐れがあり，それは制度債務と資産の増減の中には同じ原因から発生するものがあるためである，と論じた。たとえば，利率の変動は，制度資産と給付債務の両方の額に影響するだろう。その制度のポートフォリオが債券に特定して構築されている制度の場合は特にそうである。さらに，FASBは，感度情報の開示に関しては基準書第132号(R)の発行に至る審議の際に検討したと述べた。それゆえ，当該開示はプロジェクトの第2段階において取り組む方が良いだろうと述べた。

代替的な償却方法

B73．FASB は，利得または損失を償却するのに使用する方法が基準書第87号および第106号で求める最小償却とは異なる方法である場合に当該方法の開示を求めるよう要請された。FASB は，基準書第132号(R)パラグラフ 5 (o)が，利得もしくは損失または過去勤務費用もしくは収益を償却するのに使用するいずれの代替的方法に関してもその開示を求めていると述べた。

制度への拠出額

B74．FASB は，ある状況の下で従業員退職所得保障法またはその他の積立要件によってもたらされることがある，事業主の特筆すべき制度拠出額の開示を求めるものとするかどうか検討した。FASB は，既存の開示（すなわち，FASB 基準書と公開企業に関しては SEC 規則によって求められる開示）は，表示する直近の貸借対照表に続く会計年度中の制度への拠出額に関する十分な情報を提供するはずであると結論づけた。特定の米国の規制またはその他限定された状況の下でのみ適用される要件だけに焦点を当てた開示に取り組むとしたら，FASB は，米国以外の世界のどこかに，多国籍会社の制度に適用される類似の要件があるかどうかを考慮しなければならなかっただろう。当該取組みは本プロジェクトの対象範囲を超えていたし，また，本基準書の目的を果たすのに必要であるとは考えなかった。FASB が再審議を完了した後，2006年年金保護法が制定された。当該法律は，米国の事業主による将来の積立てに影響を及ぼすことになる。FASB は，当該法律の制定に関連するいかなる追加開示もその検討が本基準書の発行を遅らせることになるだろうと結論づけた。そこで，FASB は，事業主の特筆すべき制度拠出額の開示については別個のプロジェクトにおいて検討するものとすると決定した。

非営利組織体または非営利以外であってその他包括利益を報告しない事業体による報告

B75．FASB は，非営利組織体の会計基準の設定にあたり，差異を根拠とするアプローチを採用している。当該アプローチのもとで，営利事業体に適用される基準は，実質的な取引上または報告上の理由によって異なる会計または報告が正当化されない限り，非営利組織体に適用される。FASB は，基準書第87号および第106号に至る審議にあたり，営利事業体向けに開発された指針は非営利組織体にもまた適用されるものとすると決定した。同様に，FASB は，公開草案の発行に至る審議にあたり，営利事業体向けに本基準書によって行った基準書第87号および第106号の変更は，非営利組織体にも等しく適用されるものとすると決定した。FASB は，非営利組織体の貸借対照表において退職後給付制度の積立状況を報告することは，債権者，寄付者，およびその他の者にとって非営利組織体の財政状態と流動性を一層評価し易くするだろうと結論づけた。非営利組織体を本基準書の適用範囲から除外すべきと提案した応答者はほとんどいなかった。このように，FASB は，再審議に当たり，本基準書における基本的認識，測定日および開示に係る規定の非営利組織体への適用可能性を確認した。

B76．FASB は，当初の審議において，営利事業体に，利得または損失および過去勤務費用または収益をその他包括利益においてそれらが発生した期間に認識することを求める決定は，非営利組織体および非営利以外であってその他包括利益を報告することを要しない事業体に適用できないことがあると認めた。FASB 基準書第117号『非営利組織体の財務諸表』の規定に基づいて財務諸表を作成する非営利組織体は，基準書第130号の適用範囲から明確に除外されている。それゆえ，本基準書は非営利組織体による報告に焦点を当てた追加の適用指針を含んでいる。本基準書付録Aは，関係諸団体が非営利組織体向けの指針をより一層理解するのに役立つ例示を含んでいる。

B77．本基準書で取り組んだ重要な非営利の問題は，営利事業体がその他包

括利益において認識する利得または損失，および過去勤務費用または収益を，非営利組織体の活動計算書の範囲内の，特に業績指標または事業に関する他の中間尺度があればそれに関連して，どこに報告するものとするかというものである。FASBは，当初の審議において，基準書第117号は，非営利組織体が活動計算書（純資産変動計算書）の範囲内において事業に関する中間尺度（または業績指標）を報告することを要求も禁止もしていないし，そのような尺度を表示する場合のその尺度の構成要素についても規定していないことに注目した。また一方，FASBは，他の権威のある会計公式見解（特に，AICPAの意見表明書（SOP）02-02『非営利医療組織体による金融派生商品およびヘッジ取引に関する会計，ならびに業績指標の明確化』，ならびに監査および会計指針『医療組織体』）が，非営利の医療提供者に，営利の提供者に係る継続事業からの収益と機能的に同等な業績指標を表示するよう求めていることに注目した。最終的に，FASBは，医療以外の非営利組織体が継続事業からの収益と機能的に同等な業績指標の表示を選択する可能性があることに注目した。FASBは，医療セクター以外でそのようにしていた具体的な組織体について認識していなかったが，FASBは，一貫性のため，公開草案に機能的に同等な業績指標の表示を求められる医療提供者と自発的に類似の事業尺度の表示を選択した医療提供者以外の事業主の両方に同様の指針を規定すべきであると決定した。FASBは，当該事業主について営利事業体と同じように公開草案の規定を適用するものとする，すなわち，利得または損失，過去勤務費用または収益，および移行時資産または債務を，業績指標または事業に関する他の中間尺度の範囲外でそれらが発生した期間に報告するものとすると決定した。同様に，当該事業主は，後に当該認識額を基準書第87号，第88号，および第106号の認識と償却に係る規定に則して純期間給付費用に再分類するものとした。

B78．FASBは，本基準書を，継続事業からの収益と機能的に同等ではない事業に関する中間尺度を表示する組織体または事業に関する中間尺度を表示しないことを選択した組織体にどのように適用するかについても検討した。基準書第117号の規定と整合するように，FASBは，公開草案の中で，当該

組織体が利得または損失および過去勤務費用または収益を，それらが発生した期間においてどう報告するものとするかに関して規定しないと決定した。しかし，FASBは，当該金額を活動計算書において機能別費用とは別に報告する必要があると決定した。FASBは，利得または損失および過去勤務費用または収益が重要なものとなり得ることに注目した。それゆえ，区分報告によって，財務諸表の利用者は別々の組織体の財務諸表をより一層比較し易くなるだろうと判断した。

B79．回答者は概して，公開草案によって提案された区分報告を支持した。しかし，2，3人の回答者は，活動計算書において形態別区分によって費用を表示するとともに財務諸表注記中または機能別費用の個別の計算書において機能別区分によって費用を開示する非営利組織体があることに言及した。当該選択肢は全て基準書第117号が容認している。当該回答者は，区分報告の要件が，機能別区分か形態別区分かにかかわらず，費用のすべての表示に適用されるよう拡張すべきであると提案した。FASBは同意した。本基準書はそれらの項目を区分して全ての費用とは別に報告することを求めている。それらの項目を基本財務諸表において合計して報告する場合は，その構成要素を注記中に開示するものとした。

B80．回答者の中には，パラグラフB77およびB78に記述したアプローチを支持せず，報告額を事業に関する中間尺度または業績指標を表示する場合はその範囲外において表示するようFASBが求めることを提案した者がいた。その他の回答者は，当該アプローチを支持したが，事業に関する中間尺度が営利事業体の継続事業からの収益と「機能的に同等」であるときの明確化を要請した。当該回答者は，明確化がなければ，提案された要件は，医療以外の非営利組織体に十分には理解されず，また首尾一貫して適用されない恐れがある，と意見を述べた。

B81．FASBは，再審議の際，報告額を例外なく事業尺度の範囲外において表示するという提案されたアプローチを受け入れなかった。そして非営利組

織体は多様であり，事業尺度に関してさまざまな意図を有し，それゆえ，事業尺度に含める構成要素に異なるものを選択する可能性があることに言及した。FASB は，そのような多様な事業尺度の範囲内または範囲外いずれの表示であっても，区分報告に関する要件が，透明性を確保することに役立つだろうと判断した。FASB は，この問題に関しより規範的であることによって，無理に基準書第117号の精神から逸脱しなければならない理由は何もないと結論づけた。FASB はまた，『機能的に同等』な事業尺度を定義しようと試みることは本基準書の対象範囲外であると結論づけた。FASB は，本基準書は事業尺度および業績指標に関して既存の指針を単に参照し，費用とは別の，個別の1つまたは複数の行項目による表示以上のいかなる新たな表示要件も課さないものとした。

B82. FASB は当初の検討の際，区分して表示した金額を，後に純期間給付費用の構成要素として認識すべきかどうかに関しても取り組んだ。非営利組織体の財務諸表には利益剰余金またはその他包括利益累積額と同等のものがないので，FASB は，基準書第87号および第106号を修正し，非営利組織体に利得または損失および過去勤務費用または収益を純期間給付費用（それゆえに，費用）の中でそれらが発生した期間において報告することを求めるようにすることを検討した。FASB は，本基準書に至るプロジェクトの目的と対象範囲（パラグラフ B2～B28）を考慮し，このひとつのセクターに関する純期間給付費用の測定の再検討を，本プロジェクトの次の段階の一環として，当該問題の広範な再検討の中に加えることが望ましいと判断した。したがって，公開草案は，非営利組織体による，純期間給付費用を測定する方法または（機能別または形態別）費用区分によって当該費用を報告する方法のいずれも変更しなかった。

B83. それでもなお数人の回答者は，FASB にこれまでの決定を再検討するよう要請した。FASB は，その再審議に当たり，基準書第87号および第106号を，（独立した行項目による認識を回避して）費用として即時認識すること，または（独立した行項目による認識は残すが，その後の再分類をなくし

て）費用において認識しないことの，いずれかを容認するよう修正した場合に起こり得る結果について吟味した。FASB は，非営利組織体に関する純期間給付費用の尺度を広範な再検討を行う前に変更することは望まないことに加え，非営利組織体にとって意図していないかまたは望ましくない結果——これには，費用における不透明な変動性，組織体の資源の一部に関する機能別の費用報告の回避，ならびに組織体が当該金額を補助金および契約のもとで回復する可能性に関連する問題が含まれる——を引き起こす可能性があることを理由に，当該変更を行わないことも決めた。したがって，FASB は，この問題に関するそれまでの決定を確認した。

B84. 回答者のひとりは，FASB に，貸借対照表に本基準書の規定の採用による非拘束純資産への累積影響額を表示するにあたり，営利事業体の貸借対照表に含まれる持分の独立した構成要素（その他包括利益累積額）がない場合に容認できる表示に関する追加指針を規定するよう要請した。当該回答者は特に，本基準書の採用によって，非営利事業体の報告した非拘束純資産を大部分または完全に消去することになる状況について懸念を示した。FASB は，当該懸念を理解する一方，純資産区分の範囲内の表示に関する基準書第117号の柔軟性に言及するのに止めず指針を規定することは，本基準書の対象範囲外であると結論づけた。FASB は，また，そういう事例においてはほとんどの場合，貸借対照表に多額の固定負債が存在することや財務諸表注記によって提供される他の情報から，ある程度の透明性もあることに言及した。

B85. FASB は，また，パラグラフ B75〜B84に記述したのと同様の理由によって，非営利以外であって基準書第130号に則してその他包括利益を報告しない事業体は，非営利組織体に適用される指針を，経営成績および財政状態をどう報告するかに関し妥当となる類似の方法によって適用するものとすると決定した。

割引率への指針

B86. FASBは，基準書第87号および第106号を修正して，以前に他の公表文書（たとえば基準書第106号の結論の根拠パラグラフ186中）に存在していた妥当な割引率の選択に関する指針を基準書に組み込むことを決定した。FASBは，当該指針のみを，基準書第87号および第106号の様々な側面に関する他の指針をまったく考慮せずに基準書に盛り込むことが，本基準書に関するFASBの目的に整合するかどうか検討した。

B87. FASBは，基準書に盛り込むことを既存の基準の変更であるとは考えない。一部の関係諸団体は，既存の基準は割引率の仮定を選択することの目的と方法に関するすべての必要な指針を規定すべきであり，また指針を基準書に盛り込むことは基準書第87号と第106号との間の整合性を向上させるだろうと主張した。彼らは，パラグラフ186中の表現が，SECから発生問題専門委員会（EITF）委員長へ宛てた1993年9月22日付書簡の中で明確に引用されていることを指摘した。その書簡の中で，SEC職員は，「退職後給付債務を測定するための割引率を選択することに関する基準書第106号パラグラフ186に規定されたその指針は，年金給付債務を測定する事に関してもまた妥当な指針である」と，その所信を述べた。基準書第106号パラグラフ186は，『Current Text』およびEITF主題No.D-36『給付建年金の債務および年金以外の退職後給付制度の債務を測定するために使用する割引率の選択』の中に組み込まれた。FASBは，当該パラグラフを基準書第87号および第106号の中に組み込むとの決定は，本プロジェクトおよび基準書の編纂に関する幅広いプロジェクトの両方の目的と整合していると考える。さらにFASBは，制度の実際のポートフォリオが，修正後の基準書第87号パラグラフ44および修正後の基準書第106号パラグラフ31に記述している優良確定収益投資という仮説的なポートフォリオと異なる場合は必ず，予定割引率の決定と制度資産の期待収益の決定とは別個のものであることを強調することを決定した。

発効日および移行

積立状況の認識

B88. 公開草案は，測定日に係る変更（パラグラフB51～B57）以外の全ての変更に対し，2006年12月15日後に終了する会計年度に発効する本基準書の遡及適用を求めることを提案した。FASBが当該発効日を決定したのは，本基準書を適用するために必要となる情報のほとんどが既に財務諸表注記として求められており，また，FASBはできる限り早く退職後給付に関する財務報告における改善を実施することを望んでいたからである。遡及適用を提案したのは，それが会計原則の変更に関し基準書第154号によって原則として求められる移行方法だからである。当該基準書がその方法を原則として求めるのは，その方法が期間ごとの比較可能性を向上させるからである。

B89. 公開草案への回答者の多くが，本基準書を遡及して適用することの費用はその便益を上回るだろうと述べた。前の期間中に認識した繰延税金資産のいかなる増分もその実現可能性を評価するのは著しく複雑であるということに言及した者もいた。複数の年度の財務諸表および決算概況は修正再表示されなければならないだろうし，また，契約上の取決めにおいて参照している財務上の測定規準への影響が評価されなければならないだろう。前の期間の財務諸表を，前の期間とは別の監査人が監査する場合は，さらに状況を複雑にする問題が発生するだろう。他の回答者は，公開草案中にある繰延税金に関連する実行不可能性を理由とした要件の適用の免除のために遡及適用が比較可能性を向上させることにはならないと述べた。

B90. FASBは，本基準書の遡及適用によって，単一事業主の年度間，または事業主相互間において比較可能な財務諸表を確実にすることにならないだろうと判断した。したがって，FASBは，本基準書を将来に向けて実行するものとすると決定した。FASBが遡及適用を認めないことを決定したので，すべての事業主が同じ移行方法を適用することになり，それゆえ比較可

能性を高めることになるだろう。

B91．FASB はまた，回答者によって提起された遡及適用に関する実行上の問題のため，本基準書の認識規定を適用開始することの影響を，基準書第130号に従うべき事業主に関して，年度の期首現在ではなく期末現在のその他包括利益累積額の修正として認識するものとすると決定した。非営利組織体は，当該影響額を，活動計算書において非拘束純資産の増減として，費用とは別の，1つまたは複数の独立した行項目によって，そして業績指標または事業に関する他の中間尺度を表示する場合はその範囲外において報告するものとした。

B92．公開草案は，本基準書の認識規定に関連して非公開事業主向けの特別な規定を何も提案しなかった。FASB は，非公開事業主についての実行上の問題は公開事業主の実行上の問題と比べ，発効日の延期を正当化できるほどの差異があるとは考えなかった。FASB は，給付建退職後制度の積立状況を認識するのに必要な情報はすでに決定されて普通は注記開示中に含まれるので，非公開事業主は認識に関する本基準書の規定を2006年12月15日後に終了する会計年度について適用できるだろうと判断した。FASB は，追加情報を，公開草案の受信者あて通知を通じて収集することを決定した。当該情報は，借入契約条項以外の契約上の取決めであって一定の財務上の測定規準——これには帳簿価額，株主資本利益率，または負債資本比率を含む——を参照している契約上の取決めを有する非公開事業主に，発効日の延期を容認すべきかどうかを決定するためのものである。

B93．公開草案に対する回答者は，本基準書の規定に則して給付制度の積立状況を認識することから発生し得る持分の減少は，帳簿価額を参照する契約上の取決めを有する事業主に重要な影響を与えることになることに言及した。FASB は，再審議の際，当該取決めを有する大多数の事業主には，構成員である所有者と帳簿価額基準で取引する協同組合事業者，および帳簿価額を参照する報酬に係る取決めを有するその他の非公開事業主が含まれることに

注目した。それゆえ，FASB は，当該事業主については2007年6月15日後に終了する会計年度まで発効日を延期し，彼らに本基準書による上述した契約上の取決めへの影響に取り組むための追加の期間を与えることを決定した。かなりの数の協同組合が，公開市場において取引される負債証券——これは基準書第132号(R)中に使用される『公開』という用語の定義を満たすことになる——を発行している。このため，FASB は，持分証券の発行に焦点を当てた，そして，非公開事業体の定義に類似するアプローチを使用することを決定した。非公開事業体は，FASB 基準書第123号（2004年改訂）『株式に基づく報酬』において次のとおり定義されている。

> 次の事業体以外のすべての事業体。(a)（国内または外国の）証券取引所または店頭市場のいずれかの公開市場において取引される持分証券——これには特定の場所または地域においてのみ上場している証券を含む——を発行する事業体，(b)公開市場においていずれかの種類の持分証券を募集するための準備として規制官庁に書類を提出している事業体，または(c)(a)もしくは(b)に該当する事業体によって支配されている事業体。公開市場において取引される負債証券のみを有する事業体（または負債証券のみを取引する準備として規制官庁に書類を提出している事業体）は，本基準書の目的上非公開事業体である。

B94. FASB は，本基準書の認識規定について，公開市場において取引される持分証券を発行している事業主は，できるだけ速やかに実行するものとすると結論づけた。その理由は，公開市場の参加者がその財務諸表を使用していること，影響を受ける可能性がある取決めはより一層限られること，そして，当該事業主がより大きな資源を有していて契約上の取決めに関する問題に取り組めることである。したがって，FASB は，公開市場において取引される持分証券を発行する事業主に関しては，2006年12月15日後に終了する会計年度を発効日とすることを確認した。FASB は，本基準書の認識規定の早期適用を推奨することを決定した。ただし，FASB は，異なる期間に

またがって複数の会計上の変更がある場合の，利用者にとっての複雑性と混乱の可能性を懸念した。それらは，制度単位での早期適用を容認した場合に起こりうるだろう。それゆえ，FASBは，早期適用は事業主の有する給付制度のすべてについて行うものとすると決定した。

測定日

B95. 公開草案は，事業主が制度資産と給付債務を測定日に係る規定が発効する会計年度の期首現在において再測定することを提案した。FASBは，測定日を変更する年度において二度目の測定を行うことに伴う実行上の問題を検討した際，基準書第87号および第106号は退職後債務に関連する測定のすべての手続きを測定日現在において実行することを求めてはいないことに言及した。FASBは，基準書第87号の中で，「見積りを必要とする他の財務諸表項目の場合と同じく情報の多くは，財務諸表日前の一定日現在で準備され，以降の後発事象を織り込むように予測計算されることがある……」と述べている（パラグラフ52）。

B96. パラグラフB53で指摘した費用のため，FASBは，会計年度末の測定日への移行に関する代替アプローチを容認することを決定した。事業主は，制度資産と給付債務を測定日に係る規定が発効される会計年度の期首現在において再測定することに代え，測定日に係る規定が適用開始される年度の直前の会計年度の期末報告日に決定した前測定値を使用することができる。利益剰余金への修正額は，測定規定を適用する会計年度の直前の会計年度のために使用した最終測定日以後で，測定規定を適用する会計年度の最終日以前の期間について決定された純期間給付費用を比例配分した部分によって近似させる。たとえば，暦年会計年度を採用する事業主であって，9月30日測定日を使用する事業主は，2007年9月30日から2008年12月31日までの期間について決定した純期間給付費用の15分の3に相当する額を配分するだろう。期首におけるその他包括利益累積額への修正額を会計年度の期首現在の測定をすることなしに決定することはできない。それゆえ，測定日の変更によるそ

の他包括利益累積額への影響は，当該会計年度中にその他包括利益において認識し，測定日を変更することによる影響を当該期間中の他の増減と区分しない。縮小および清算による利得および損失はそれらが発生する時に利益において認識する。FASB は，移行の期間中に制度資産と給付債務の二度目の測定が必要とされなくなるため，当該代替策は移行を簡略化し実行費用を削減することになると結論した。

B97． FASB は，早めた測定日に係る代替策の削除を遡及して適用するものとするかどうか検討した。なぜなら，当該遡及適用では，事業主が代替的な測定日を使用している場合に，個別の制度ごとの制度資産と給付費用について，表示するそれぞれの過年度の財務報告日時点における追加的な測定を行う必要があるからである。公開草案では，当該遡及適用は，ある種の制度資産の公正価値を決定することが必要となって，実行できないことがあると認めた。当該理由によって，また実行費用を削減するために，公開草案では，測定日の変更に関する規定の遡及適用を要求することも容認することもしないと提案した。回答者は当該アプローチを支持し，FASB は再審議の際，当該決定を確認した。

B98． FASB は，公開草案を発行する前，公開事業体の事業主について測定日の変更に関する発効日として 2 つの選択肢を検討した。第 1 の選択肢のもとでは，変更は2006年12月15日後に開始する会計年度に発効するものだった。第 2 の選択肢のもとでは，変更は2007年12月15日後に終了する会計年度に発効するものだった。FASB は，第 1 の選択肢を選んだ。それは，第 1 の選択肢が，当該会計年度の純期間給付費用をその年度の期首現在の測定値に基づくものとすることを求めるものだからである。このように，各中間期および年次の経営成績は，それぞれの期間中に発生する事象をより一層忠実に表現するものとなるだろう。FASB は，両方の選択肢のもとで必要な測定を行うために負担することになる費用を検討し，その費用はおそらく似たようなものになるだろうと判断した。

B99．ある回答者は，本基準書の発行から，積立状況の認識に関しては2006年12月15日後に終了する会計年度の提案された発効日までの間，測定日変更に関しては2006年12月15日後に開始する会計年度の提案された発効日までの間の予測される短い期間について懸念を表明した。当該回答者は，両方の会計上の変更を同時に実行することは困難で費用も掛かることになると述べた。FASB は，積立状況の認識が本基準書の最も重要な規定であることを確認し，測定日の変更に関する発効日を全ての事業主について2008年12月15日後に終了する会計年度まで延期することを決定した。当該延期は，財務諸表作成者と外部の資源提供者に対し，システムおよびプロセスにおいて必要となる変更を効率的に実行するための十分な時間を提供することになる。FASB は，本基準書の測定日に係る規定の早期適用を奨励することを決定した。ただし，FASB は，異なる期間にまたがる複数の会計上の変更がある場合の，利用者にとっての複雑性と混乱の可能性を懸念した。それらは，制度単位での早期適用を容認した場合に起こりうるだろう。それゆえ，FASB は，早期適用は事業主の有する給付制度のすべてについて行わなければならないと決定した。

検討したが行わなかった修正

独立した行項目による表示

B100．公開草案を開発する際，FASB は，退職後給付関連の資産と負債を事業主の貸借対照表において独立した行項目として表示すべきことを求めるかどうか検討した。当該表示は，事業主の貸借対照表において退職後給付制度の積立状況の透明性を増大させるという本基準書の目的に整合するものだろう。

B101．FASB は，今回，退職後給付資産または負債の表示を規定しないことを決定した。FASB は，所要の注記開示によって認識額に関する十分な情報を提供していると理由づけた。加えて，SEC 登録会社は既に，重要な

資産または負債に関する一定の報告要件に従わなければならない。回答者は独立した行項目による表示に関してコメントはしなかった。そして FASB は先の決定を確認した。

> 中間期再測定

B102. FASB は，プロジェクトの第１段階の主要な目的が事業主の退職後給付制度の積立状況の認識にあることから，各制度の積立状況を中間報告期間において測定するものとするかどうか，また，中間期の認識を限定的な再測定のアプローチに基づくものとできるかどうか検討した。限定的な再測定は，全てではないが一定の仮定を更新することおよびその他評価の簡略化を含むことになったかもしれない。FASB は，次の理由により，制度資産と給付債務を中間報告のために再測定することを求めないことを決定した。

a．当該変更を実行するための追加費用が発生することになる。
b．当該変更は基準書第87号および第106号によって取り組まれなかった追加的な問題を引き起こすことになる。
c．当該変更は純期間給付費用の測定における基本的な変更となり，測定の問題は本基準書の対象範囲および目的を超えている。

　FASB は，事業主が，基準書第87号および第106号に則して，制度資産と給付債務の期間ごとの測定に関する一貫性のある方針を設定することができると考えた。FASB はまた，限定的な再測定のアプローチを容認しないことを決定した。それを容認することにより FASB が必然的に本基準書の対象範囲を超えている測定に関する問題に取り組まざるを得なくなるからである。FASB は，事業主が制度資産と給付債務の両方を会計年度中に再測定する場合を除き，中間財務諸表において報告する金額は，前年度末貸借対照表に認識された資産または負債を次の金額によって調整して得た額となるはずであることに言及した。(a)その後の純期間給付費用の発生額からその他包括利益累積額に既に認識した額に係る償却額（すなわち，当該金額は，その

他包括利益累積額から純期間給付費用の構成要素として再分類され,そして貸借対照表に認識する資産または負債に影響しない)を控除して得た額,および(b)積立制度への拠出額または給付支払額。ただし,時として事業主が,給付債務と制度資産の両方を会計年度中に再測定することがある。たとえば,再測定を必要とする,制度変更,清算または縮小のような重要な事象が発生する場合がそれにあたる。再測定した場合,事業主は貸借対照表を(本基準書の測定日規定が実行されるまでは遅延を基準として)修正し,再測定日現在の給付建制度の積立超過または積立不足の状況を反映させるものとした。本基準書の測定日に係る規定を採用するまで事業主は,制度の積立超過または積立不足の状況を,遅延を基準として(たとえば,暦年会計年度を採用する事業主であって制度資産と給付債務を9月30日現在において測定する事業主については3か月遅延して)認識することを継続するものとした。FASBは,中間期に関する会計上の問題を本プロジェクトの第2段階において審議する予定である。

実行指針

B103. 基準書第87号,第88号,および第106号が発行されたとき,それらは給付建退職後制度に関する会計の基本的変更,制度内容に係る記述の変更,また事業主の財務諸表へのそれらの影響における変更を表した。当該基準書は,一部の会計および開示に係る要件の適用を例示するための例を収録している。

B104. 例示の多くは本基準書の規定を実行するために広範囲な変更を求めることになるはずだった。FASBは,必要となる変更には,積立状況から貸借対照表の認識額への調整表を削除すること,追加最小年金負債の言及を削除すること,ならびに未認識利得または損失,未認識過去勤務費用または収益,および未認識移行時資産または債務の言及を削除し当該項目が今はその他包括利益累積額において認識されるようになったことを反映することが含まれると結論づけた。

B105．FASB は，当該例示――特に基準書第87号および第106号の移行規定に関連するもの――の当初の必要性は，本基準書の規定を理解する上で，または適用する上で不可欠ではないと考える。FASB は，基準書第87号，第88号，および第106号に収録されている当該例示をより一層検討し，それらのうち目的適合性が持続しているものを本基準書の発行に続いて更新することを決定した。

B106．FASB は，FASB 特別報告『事業主の年金会計に関する基準書第87号の実行指針』，『給付建年金制度の清算および縮小ならびに雇用終了給付に関する事業主の会計に関する基準書第88号の実行指針』，および『年金以外の退職後給付に関する事業主の会計に関する基準書第106号の実行指針』に収録する職員 Q&A の多くが本基準書の規定を理解する上で，または適用する上で不可欠ではないと考える。加えて，FASB は，当該 Q&A の必要性は，基準書第87号，第88号，および第106号を最初に発行して以来時間の経過とともに減少してきていると考える。FASB は，当該 Q&A をより一層検討し，それらのうち目的適合性が持続しているものを本基準書の発行に続いて更新することを決定した。

便益－費用の検討

B107．財務報告の目的は，現在および将来の投資家，債権者，寄付者，およびその他資本市場参加者に対し，投資，与信，および同種の資源配分に関して合理的な意思決定を行う際に有用となる情報を提供することにある。しかし，当該目的での情報提供による便益は情報提供に関係する費用をかけても得る価値のあるものでなければならない。投資家，債権者，寄付者，およびその他財務情報利用者は，財務報告における改善によって便益を得る。一方，新基準を実行する費用は主として財務諸表作成者が負担する。会計基準を発行することに伴う費用と便益に関する FASB の評価は，定量的というよりむしろ定性的なものにならざるを得ない。それは，会計基準を実行する費用を客観的に測定する方法または改善した財務諸表の情報の価値を定量化

する方法がないからである。

便益

B108. 本基準書の便益は次のとおりである。

　a．退職後給付債務の貸借対照表における報告がより完全なものとなる。従前の会計基準の下では，重要な債務を貸借対照表に認識しなかった。退職後給付に係る事業主の債務——これには退職者医療制度（通常は非積立て）に係るものを含む——の内容と金額に関する重要な情報を財務諸表注記に委ねていた。
　b．財務諸表の理解可能性が向上することになる。財務諸表利用者にとって，事業主の財政状態と年金およびその他退職後給付制度の債務の履行能力をより一層評価し易くなる。
　c．財務諸表における認識の適時性が，純期間給付費用とその他包括利益のいずれとしても向上することになる。退職後給付を行う費用に影響を与える事象による影響を認識することの適時性もまた向上することになる。当該影響には，実績と仮定との差異により期間中に発生する，または，1つもしくは複数の数理上の仮定の変更に伴い発生する，制度資産と給付債務における増減が含まれる。
　d．事業主間の財務諸表の比較可能性が向上し，また貸借対照表に関して表現の忠実性が高まることになる。それは，制度資産と給付債務の測定値を以前容認されていたような事業主の貸借対照表日前3か月以内の日ではなく，年度末貸借対照表日現在において行うよう求めたことによる。

B109. 本基準書は，退職後給付債務と制度資産に影響を与える事象に関する情報であって以前は注記開示中のみに含まれた情報の認識を求める。FASBは，当該開示は財務報告における認識の代替とは考えない。本基準書が求める退職後給付に関する会計上の変更は，便益を提供する。それは，

事業主の退職後給付債務の積立状況の認識(開示のみにとどまらない)を求めることによって財務報告の信憑性および表現の忠実性が増大するからである。さらに,本基準書は,財務諸表利用者が財務諸表を修正して,形式上,未認識の給付債務または制度資産を貸借対照表に含めるのに必要となる労力を軽減または取り除くはずである。

費用

B110. FASBは,関係諸団体からの意見に基づき,本基準書の主要な規定を実行する費用の増分は大幅なものにならないと考える。それは,制度の積立状況を認識するのに必要とされる情報(すなわち,利得または損失,過去勤務費用または収益,および移行時資産または債務)はすでに,純期間給付費用を決定するのに必要とされ,毎年の注記開示中に含まれるからである。

B111. 加えて,FASBは,実行の費用を軽減するために一定の措置を講じた。たとえば,本基準書は遡及適用ではなく将来に向けた適用を求めている。本基準書はまた,制度資産と給付債務を事業主の年度末貸借対照表日現在において測定する要件に関して代替的な移行を規定する。早めた測定日(すなわち,基準書第87号および第106号の従前の規定に即した貸借対照表日前3か月以内の日)を従前使用していた事業主は通常,測定日を事業主の年度末貸借対照表日に合わせるために,新規定を実行する年度において追加の測定を行うことが必要となるだろう。たとえば,測定日の変更に係る規定が発効する年度の期首残高を捉えるために,暦年会計年度を採用する事業主であって測定日として9月30日を使用していた事業主は,12月31日時点で追加の測定を行うことが必要となるだろう。当該測定に使用する情報を収集し,処理し,そして確認するのに時間とその他の資源が必要となるだろう。

B112. 制度資産を財務報告日現在において測定することに伴う,一回限りの追加費用(すなわち,制度資産と給付債務をまだ財務報告日現在において測定していない場合)は,次の費用を含むことがある。

a．人員統計上の情報および測定上の仮定に関連するその他のデータを，収集し将来に向けて推移させるのに使用するシステムおよびプロセスにおける変更を実行する費用。
b．給付債務の測定または制度資産の評価に携わった外部のコンサルタントへの支払報酬。
c．制度資産，給付債務，および純期間給付費用に関連する影響に係る二度目の測定の結果を監査するための外部監査人への支払報酬。

代替アプローチ（パラグラフB96参照）に加え，FASBは当該費用を軽減するために測定日の変更に関する発効日を延期した。

B113． FASBは，それでもなお一回限りの追加費用があることを認める。しかし，FASBは，事業主の年度末貸借対照表に含まれる退職後給付の資産と債務を，貸借対照表の他の全ての資産項目と負債項目と同日時点において測定することから継続して得られる財務報告上の便益は，当該一回限りの費用を上回ることになると考える。

積立状況の認識から起こり得る経済的帰結

B114． 公開草案への回答者の中に，事業主の制度の積立状況の所要の認識は望ましくない経済的帰結を招くことがあると述べた者がいた。当該回答者は，そのような認識が事業主に退職後給付制度を減額，廃止，または何らかの改訂を行わせる可能性が高いと指摘した。著しく積立不足である制度を有する事業主について，当該認識が資本コストを引き上げることになると強く主張する回答者もいた。

B115． FASBは，本基準書の結果として，与信者，事業主，およびその他の者の行動上の変化を引き起こす可能性があることを認める。しかし，当該行動上のいかなる変化についてもその可能性へ影響を与えることは，FASBの意図したものではない。FASB概念書第2号『会計情報の質的特性』は

中立性について次のとおり説明している。

> 中立性とは，基準を作成する際か施行する際かいずれかにおいて第一に配慮しなければならないのはもたらされる情報の目的適合性および信頼性であって新しい規則が特定の利害関係に及ぼすかもしれない影響ではない，ということを意味している。
> 中立であるために，会計情報は，経済活動を可能な限り忠実に報告しなければならず，その伝達するイメージを，『ある特定の方向』の行動へ向かわせる目的で歪めてはならない（パラグラフ98および100）。

B116．中立性とは，改善した財務報告が経済的帰結を一切有すべきでないということを意味するものではない。反対に，会計基準の変更は，より目的適合的でより表現が忠実な，したがって意思決定上より有用となる財務諸表をもたらし，おそらく経済的帰結をもたらすだろう。たとえば，本基準書の諸規定に基づいた制度の積立状況と当該積立状況に影響を与える事象とに関する所要の認識によって，給付建制度と拠出建制度の差異をより大きく認識する結果となる。

B117．FASBは，退職後給付の取決めの経済的本質が，事業主，与信者，投資家，寄付者などによって行われる意思決定を左右すると考える。当該経済的本質は，当該取決めの財務会計上の取扱いによって影響されない。しかし，当該取決めに関する情報の意思決定有用性は，当該取決めを財務諸表においてどう記述するかを規定する報告基準によって影響を受ける。本基準書によって，事業主の財務諸表における退職後給付制度の記述は，より目的適合的で，完全で，表現が忠実な，また比較可能な記述となる。

国際会計比較

B118．給付建退職後制度に関する事業主の会計のための米国会計基準およ

び国際会計基準は，純期間給付費用の測定における特定事象の遅延認識，純期間給付費用の報告方法，ならびに負債と資産の相殺に関して類似している。当該両基準の下では，投資資産の収益は長期期待収益率に基づいて認識し，純期間給付費用の個々の要素は結合して事業主の財務諸表において単一の金額として報告する。また，拠出した資産の価値と認識した負債は事業主の貸借対照表において純額として表示する。米国および国際会計基準では，次の点を含むいくつかの箇所において異なる。

a．基準書第87号および第106号においては最小限として，利得および損失を，その累積額が制度資産の市場連動価値または給付債務のいずれか大きい方の10％を上回る場合に純期間給付費用の構成要素として償却することを求めている。IAS第19号のもとでの償却は，その閾値を適用する際に制度資産を市場連動価値ではなく公正価値で測定することを除けば，類似した方式を使用することを求める。

b．IAS第19号は，過去勤務費用は，純期間給付費用の構成要素としてその受給権を付与する期間にわたり認識することを求める。当該給付の受給権を即時に付与する場合は，費用は即時に認識する。基準書第87号および第106号は，（受給権の確定した給付と未確定の給付とに関する）費用を通常，純期間給付費用の構成要素として現役の制度加入者の将来の勤務期間にわたって認識することを求める。

c．IAS第19号は，制度資産を，その期待収益を決定することの目的上公正価値で測定することを求める。基準書第87号および第106号は，5年以内の期間にわたって平準化した公正価値（すなわち市場連動価値）の使用を容認する。

B119．本基準書は，FASBが遂行している包括プロジェクトのうち対象範囲を限定した段階の結果として発行したものである。IASBは，最近，年金会計基準を見直すプロジェクトを審議事項に追加した。IASBのプロジェクトは，2つの段階で遂行されることになる。第1段階は，年金会計について達成目標とされた改善をめざしている。第2段階は，退職後給付に関する会

計の根本的な見直しである。第2段階の目標は，FASBと統合することである。両審議会にとって第2段階の目的は，統合された高品質の単一の会計基準を開発することにある。その基準は給付建退職後制度に関する事業主の会計の全ての側面を対象とすることとなる。

B120. 本基準書が採用した退職後給付制度の積立状況の認識に関係する限定的な修正は，IAS第19号の規定とは異なる。本基準書は，利得または損失および過去勤務費用または収益のうち営利事業体が純期間給付費用として認識しない金額を，事業主の資産または負債の増加または減少として，そして対応するその他包括利益への修正として認識することを求める。IAS第19号は，すべての利得または損失の認識を求めていない。しかし，事業主が，すべての利得または損失を，資産の認識に関する一定の制限に従って，それらが発生した期間に──ただし損益の範囲外において──「認識収益費用計算書と標記される持分変動計算書において」認識する方針を採用することを容認している（IAS第19号パラグラフ58，93B，および93C）。

B121. 制度資産と給付債務を事業主の年度末貸借対照表日現在において測定する本基準書の要件は，IAS第19号に類似する。IAS第19号では，制度資産と給付債務の測定値について，財務諸表における認識額が年度末貸借対照表日時点において決定するはずの金額と実質的に異ならないことを保証するのに十分な規則性をもって決定することを求めている。

第2章
財務会計基準書第87号

事業主の年金会計

Employers' Accounting for Pensions

基準書第87号の現状

発行年月	1985年12月
発効日	1986年12月15日後に開始する会計年度
他の基準書等へおよぼした影響	・APB 8号を廃止する ・APB12号パラグラフ6を修正する ・APB16号パラグラフ88および88(h)を修正する ・APB16号脚注13を削除する ・FAS 5号パラグラフ7を修正する ・FAS36号を廃止する ・FIN 3号を廃止する
他の基準書等から受けた影響	・パラグラフ8がFAS106号パラグラフ14により修正された ・パラグラフ16, 20, 25, 26, 29および32～34がそれぞれFAS158号パラグラフC2(a)～C2(d)およびC2(f)～C2(i)により修正された ・パラグラフ28, 35および36がそれぞれFAS158号パラグラフC2(e), C2(j)およびC2(k)により削除された ・パラグラフ37がFAS96号パラグラフ204により修正され，FAS109号パラグラフ287により修正され，そしてFAS130号パラグラフ31(a)により修正された ・パラグラフ37および38がそれぞれFAS158号パラグラフC2(l)およびC2(m)により置き換えられた ・パラグラフ38がFAS130号パラグラフ31(b)により修正された ・パラグラフ44AがFAS158号パラグラフC2(n)により追加された ・パラグラフ49がFAS135号パラグラフ4(p)，FAS149号パラグラフ33により修正され，FAS132号(R)パラグラフ4により実効的に修正され，そしてFAS157号パラグラフE12(a)およびFAS158号パラグラフC2(o)により修正された ・パラグラフ52および55がそれぞれFAS158号パラグラフC2(p)およびC2(q)により修正された ・パラグラフ54, 56, 65および69がそれぞれFAS132号パラグラフ12(a), 12(b), 12(c)および(e)により置き換えられ，そしてFAS132号(R)パラグラフ16により置き換えられた ・パラグラフ66および例示4がFAS135号パラグラフ4(p)により修正された ・パラグラフ66がFAS132号(R)パラグラフ4により実効的に修正された ・パラグラフ74がFAS141号パラグラフE12，およびFAS158号パラグラフC2(r)により修正された ・パラグラフ74A～74DがFAS158号パラグラフC2(s)により追加された ・パラグラフ261AがFAS158号パラグラフC2(t)により追加され，FSPFAS158-1パラグラフ5により実効的に削除された ・パラグラフ264がFAS157号パラグラフE12(b)およびFAS158号パラグラフC2(u)により修正された ・例示6がFAS132号パラグラフ61から64，およびFAS132号(R)パラグラフC1からC5により削除された ・例示7がFAS11号パラグラフE12により修正された ・脚注3がFAS106号パラグラフ14により削除された ・脚注5および6がそれぞれFAS158号パラグラフC(f)およびC2(g)により修正された ・脚注12がFAS157号パラグラフE12(a)により修正された ・脚注13がFAS135号パラグラフ4(p)により削除された

FASBホームページ内の「Status of Statement No. 87」を基に訳者が作成した（2007年11月現在）。
http://www.fasb.org/st/status/statpg87.shtml

財務会計基準書第87号

目　　次

	パラグラフ番号
序	1～6

財務会計および報告に係る基準
- 対象範囲……………………………………………………………7～9
- 合理的な概算法の使用……………………………………………10
- 単一事業主給付建年金制度……………………………………11～62
    - 年金会計の基礎的要素………………………………………15～19
    - 純期間年金費用の認識………………………………………20～34
    - 負債と資産の認識……………………………………………35～38
    - 費用と債務の測定……………………………………………39～48
    - 制度資産の測定………………………………………………49～51
    - 測定日…………………………………………………………52～53
    - 開示事項………………………………………………………54
    - 複数の制度を有する事業主…………………………………55～56
    - 年金契約………………………………………………………57～61
    - 保険会社とその他の契約……………………………………62
- 掛金建制度………………………………………………………63～66
- 多事業主制度……………………………………………………67～71
    - 共同事業主制度………………………………………………71
- 米国外の年金制度………………………………………………72～73
- 企業結合…………………………………………………………74～75
    - 意見書第16号への修正………………………………………75
- 非営利組織体および非営利以外であって
  その他包括利益を報告しない事業体…………………………74A～74D
- 移行と発行日……………………………………………………76～77

付録A：結論の根拠……………………………………………………（略）

付録B：例示 ……………………………………………………261〜261A
付録C：背景説明 ……………………………………………………（略）
付録D：用語解説 ……………………………………………………264
付録E：追加の実行指針 …………………………………………E1〜E107

序

1. 本基準書は，従業員に**年金給付**[1]を用意する事業主に関する財務報告と会計の基準を設定している。FASB は1974年に，審議に次の２つの年金プロジェクトを追加した。(a)従業員給付制度の会計と報告，(b)事業主の年金会計。このうち前者のプロジェクトは，1980年に FASB 基準書第35号『給付建年金制度の会計および報告』を発行した。本基準書は後者のプロジェクトの成果である。

2. 給付建年金制度から発生する費用の測定と負債の報告は，長年にわたり会計上の議論を呼んできた問題であった。1956年に会計手続委員会は，会計研究公報（ARB）第47号『年金制度の費用の会計』において，費用を「制度に加入している従業員の予測現役**勤務**期間にわたって系統的に発生する……」（パラグラフ５）ものとして把握する会計を望ましいとする立場を明らかにした。委員会は続けて次のように表明した。

> しかしながら委員会は，年金費用の会計に関する見解は，現時点でどれか１つの方法に確実に合意できるほどにはまだ明確な形を取るに至っておらず，このため年金費用の会計の相違はしばらくのあいだ続くことになろうと考えている。したがって，当面委員会は，勘定および財務諸表は最低限として，従業員への年金約定のうち年金受給権がすでに当該従業員に確定している部分の数理的に計算された現在価値に等しい発生額——貸借対照表では，信託**積立金**または購入済**年金契約**があればそれを控除した金額——を反映すべきであると考える。［パラグラフ７］

3. 会計原則審議会（APB）は1966年に意見書第８号『年金制度の費用の会

---

[1] 用語解説に掲載の語は，初出時に太字体で示す。

計』を発行した。意見書第 8 号は APB の委員によって支持された年金費用に関するいくつかの見解を説明した。同意見書は「そのような見解の相違や年金費用の会計が過渡的段階にあるという事実に照らして……もし年金費用が現時点で一定の限度内で会計処理されるならば，実務の幅は相当に狭められるであろう……」（パラグラフ17）と結論づけた。

4． 1966年以降，年金に関する情報の重要性は，年金制度の数および年金資産と債務の金額の増大につれて高まった。法的環境と経済的環境の 2 つの領域において大きな変化があった（たとえば，前者では ERISA の施行，後者では高インフレや高**金利**）。それまでの会計に対する批判者は――これには財務諸表の利用者が含まれるが――，報告される年金費用が会社間で比較可能ではなく，同じ会社であってもしばしば年度間で首尾一貫していないことに気づいていた。また年金関連の重要な債務と資産が財務諸表に認識されていないことについても同様であった。

5． 本基準書は，より有意義でより有用な年金会計に向けた発展的探究を引き続き押し進めている。FASB は，本基準書で到達した結論はその方向への価値ある重要な一歩であると信じているが，しかしまた，この結論がそうした発展における最後の一歩になることはないであろうとも考えている。年金会計は，1985年において今なお過渡的段階にある。年金会計はまだ十分に明確な形を取るに至っていないが，FASB は，とりわけ**純期間年金費用**の測定と有用な情報の開示においてそうであるが，本基準書は大きな進展であると信じている。

6． FASB が本基準書で実現しようとした目的はおよそ次のとおりである。

　a．これまでの実務で使用されてきたものよりも表現的により忠実である

純期間年金費用[2]の尺度を提供すること。なぜなら，そうした尺度が，前提となっている制度の諸条項を反映するからであり，また従業員の年金の費用のその勤務期間にわたる認識をよりよく近似的に実現するからである。
b．これまでの実務におけるものよりも，より理解可能かつ比較可能であり，それゆえ，より有用である純期間年金費用の尺度を提供すること。
c．従業員年金を支給するという事業主の約束の範囲と影響および関連した財務上の取決めを財務諸表の利用者が一層理解するのに役立つような開示を提供すること。
d．財政状態の報告を改善すること。

財務会計および報告に係る基準

対象範囲

7．本基準書は，従業員に年金給付を行う事業主に関して，財務会計および報告の基準を設定している。通常そのような給付は，退職した従業員またはその遺族に対する定期的な年金支払いであるが，それらはまた，一時金として支払われる給付，および年金制度を通じて支払われる死亡給付のようなその他の種類の給付を含んでいてもよい。ただし次のパラグラフで指摘するものを除く。年金給付を行うための事業主の取決めは様々な形態を取ることができ，また異なる方法で財源の手当を行うことができる。本基準書は，形態と財源調達手段の如何にかかわらず，年金制度に実質的に類似したどのような取決めにも適用される。本基準書は，文書化されている制度に適用され，また文書化はされていないかもしれないが，退職後給付を支払うという明確な慣行によってその存在が示されている制度に適用される。

---

[2]　本基準書は，net pension expense でなく net periodic pension cost という用語を用いるが，これは，ある年度に認識された費用の一部が，その他の費用とともに棚卸資産のような資産の一部として資産化されることがあるからである。

8．本基準書は，年金制度の範囲外で支払われる生命保険給付や健康と福祉のためのその他退職後給付には適用されないものとする。そうした給付の会計は，FASB基準書第106号『年金以外の退職後給付に関する事業主の会計』に述べられている[3]。

9．本基準書は，修正後の意見書第8号，FASB基準書第36号『年金情報の開示』，およびFASB解釈指針第3号『1974年従業員退職所得保障法の適用を受ける年金制度の費用の会計』を廃止する。本基準書パラグラフ70および75は，FASB基準書第5号『偶発事象の会計処理』およびAPB意見書第16号『企業結合』を修正する。

合理的な概算法の使用

10．本基準書の意図は，会計目的と会計結果を明確にすることにあって，そうした結果を得るための特定の計算方法を明示することにはない。もし見積り，平均，あるいは簡便計算が本基準書の適用に要する費用を削減できるならば，そうしたものの使用は，その結果が厳密な適用から得られる結果からあまりかけ離れていないと合理的に予測されるという条件付で妥当である。

単一事業主給付建年金制度

11．本基準書の最も重要な部分は，単一事業主給付建年金制度の事業主の会計に係わっている。本基準書の目的上，給付建年金制度とは，支払われるべき年金給付の金額を規定する制度をいう。通常この金額は，年齢，勤務年数，給与等の1つまたは複数のファクターの関数として規定する。

12．年金給付は勤務の見返りとして従業員に支払われる報酬の一部である。給付建年金制度において事業主は，現在の給与に加えて，従業員が退職また

---

[3]　［削除。］

は雇用を終了した後の将来の何年かにわたって退職所得の支払いを行うことを約束する。一般に，支払われるべき給付の金額は**制度の給付算定式**に組み込まれている多くの将来の事象に依存して決まる。当該事象にはしばしば，従業員とその遺族（もし存在すれば）の生存年数，従業員の提供する勤務の年数，および退職または雇用終了直前の何年間かにおける従業員の給与が含まれる。多くの場合，勤務は，従業員が退職し年金の受取りを開始するまでの長い年数にわたって提供される。たとえ，ある従業員によって提供される勤務が終了し，その従業員が退職したとしても，事業主が約束した給付の総額および提供された勤務に係る事業主に対する費用は，正確に決定可能ではなく，**給付算定式**と関連した将来の事象であり，その多くは事業主の制御できないものの予測値を使用して見積ることができるだけである。

13. 退職者に給付が支払われる前に費用を認識する年金会計の方法はいずれも，給付建年金契約の本質から生じる2つの問題を取り扱わねばならない。第1に，給付支払いの金額と時期を決定する将来の事象に関して，見積りを行ったり，あるいは**仮定**を設けなければならない。第2に，年金給付の費用を勤務の各年度に配分する何らかの方式を選択しなければならない。

14. 本基準書は，仮定を個別に明示して使用するよう求める。その各々は個別に特定の将来の事象の最善の見積りを表している。本基準書はまた，従業員が稼得した給付と，その費用を当該従業員の勤務の各年度に配分する基礎として，年金制度そのものの諸条項，特に制度の給付算定式の使用を求める。

年金会計の基礎的要素

15. 仮定および従業員の勤務の各年度への費用の**期間配分**は，本基準書が規定している純期間年金費用と年金債務の測定にとって基本的なものである。年金会計の基礎的要素はパラグラフ16〜19に述べられている。それらは本基準書に定める会計要件および報告要件の基礎をなすものである。

16. 純期間年金費用はしばしばただ1つの同質的な金額とみられてきたが，実際は，従業員によって稼得された給付の費用のみならず，事業主の財務上の取決めの様々な側面を反映するいくつかの『**構成要素**』から成り立っている。給付の費用は事業主が採用した制度の財源調達方法と無関係に決定できる。純期間年金費用の**勤務費用要素**は，制度の給付算定式に基づいて，当該年度中に従業員によって提供された勤務に配分された給付の**数理的現在価値**である。勤務費用要素は，非積立制度，最小積立制度，および積立ての十分な制度に関して概念的に同一である。純期間年金費用のその他の要素は，**利息費用**[4]（割り引かれた金額であるところの**予測給付債務**に係る利息），**制度資産**の**実際収益**，その他包括利益累積額に含まれる**過去勤務費用**または収益があればその**償却**，および**利得または損失**——当該利得または損失要素は，認識した範囲で，その他包括利益累積額に含まれる純利得または損失の償却を含む——である。制度資産の収益要素と利息費用要素は従業員の報酬費用であるよりは，実質的には財務上の項目である。

17. ある時点現在の予測給付債務は，制度の給付算定式に基づいて，当該時点前に提供された従業員の勤務に配分されたすべての給付の数理的現在価値である。**年金給付算定式**が将来の給与水準に基づいていれば，予測給付債務は将来の給与水準に関する仮定を使用して測定される。その年金給付算定式が将来の給与に基づいている制度は，給与比例制度，**最終給与比例制度**，最終平均給与比例制度，または**全期間平均給与比例制度**と呼ばれることがある。その年金給付算定式が将来の給与水準に基づいていない制度は，非給与比例制度または**定額給付制度**と呼ばれる。予測給付債務は，制度が引き続き効力を有し，将来の事象（昇給，**中途退職**，および**死亡**を含む）が予測された通りに発生すると仮定した，当該時点までの勤務に配分された給付の測定値である。

---

[4] 純期間年金費用の利息費用要素は，FASB基準書第34号『利息費用の資産化』の適用上，利息とはみなさないものとする。

18. ある時点現在の**累積給付債務**は，年金給付算定式に基づいて，当該時点前に提供された従業員の勤務に配分され，現在と過去の給与水準に基づいた給付の数理的現在価値である。累積給付債務は，将来の給与水準に関する仮定を含まないという点で予測給付債務と異なる。定額給付または非給与比例年金給付の算定式を有する制度については，累積給付債務と予測給付債務は一致する。累積給付債務と**確定給付債務**は，制度が中止されたとしても事業主が負うであろう債務に関する情報を提供する。

19. 制度資産は，（通常は信託として）会社資産から分離され，年金給付の支払いに使途が制限されている資産——通常は株式，債券，およびその他の投資——である。制度資産の金額は，事業主（**拠出制度**に関しては，事業主および従業員）によって拠出された金額に拠出金の投資から得られた金額を加えたものから，支払われた給付額を控除した金額である。制度が債務を上回る資産を保有し，かつ事業主が既存の債務を履行するためにすでにある種の措置を講じている一定の状況にある場合を除き，通常事業主は制度資産を回収することができない。信託として分離されていない資産，または他の方法によって事業主が給付以外の目的のために使用できないように実質的に使途が制限されていない資産は，たとえ年金を支給するために使用することが意図されていても，本基準書の目的上，制度資産とみなされない。事業主が費用として計上しているが制度にまだ払い込まれていない金額は，本基準書の目的上，制度資産とみなされない。制度によって保有される事業主が発行した証券は，譲渡可能であれば制度資産に含められる。

純期間年金費用の認識

20. 給付建年金制度を**運営**している事業主がある年度において認識する純期間年金費用には，次の構成要素が含まれるものとする。

　a．勤務費用
　b．利息費用

c．制度資産の実際収益（もしあれば）
d．その他包括利益累積額に含まれる過去勤務費用または収益があればその償却
e．認識した範囲の利得または損失（仮定の変更による影響を含む）（パラグラフ34）
f．本基準書の適用開始日に存在し，その他包括利益累積額に残存する純移行時資産または債務があればその償却（パラグラフ77）。

勤務費用

21．ある年度に認識される勤務費用要素は，年金給付算定式に基づいて当該年度中の従業員の勤務に配分された給付の数理的現在価値として測定されるものとする。勤務費用要素の測定には，1つの期間配分方法と諸仮定の使用が必要である。この測定は本基準書パラグラフ39～48で論じている。

利息費用

22．ある年度に認識する利息費用要素は，時の経過に起因する予測給付債務の増加分として測定するものとする。予測給付債務を現在価値として測定することから，予定割引率に等しい率での利息費用の計上が必要となる。

制度資産の実際収益

23．積立制度に関して，制度資産の実際収益は，制度資産の年度の期首と年度の期末時点の公正価値に基づいて，拠出額と給付支払額を調整して決定するものとする。

過去勤務費用

24．制度の変更（制度の創設を含む）はしばしば，それまでの期間に提供された勤務に基づいて増加給付を与えるという規定を含んでいる。制度の変更は，事業主が将来の期間に経済的利益を実現することになるという期待をも

って与えられるものであるので，本基準書は，そのような**遡及的給付**を行うのに要する費用（すなわち**過去勤務費用**）を当該変更の年度において全額純期間年金費用に含めることを求めず，変更時に現役である従業員のうち制度のもとで給付を受けると予測される者の将来の勤務期間にわたって認識することを求める。

25. （退職者に与える給付を含み）給付を遡及して増額する制度変更は，予測給付債務を増加させる。給付改善の費用は，当該変更日にその他包括利益において借方として認識するものとする。パラグラフ26および27で特定されている場合を除いて，そうした過去勤務費用は純期間年金費用の構成要素として，変更時に現役である従業員のうち制度のもとで給付を受けると予測される者の将来の勤務の各年度に均等額を割り当てて償却されるものとする。もしすべてまたはほとんどすべての制度**加入者**が非現役である場合は，非現役加入者の給付に影響を与える遡及的な制度変更の費用は，残存勤務期間に代えて，当該非現役加入者の余命期間に基づいて償却されるものとする。その他包括利益は，過去勤務費用を償却するそれぞれの期間において修正する。

26. 所要の計算の複雑さと細かさを減らすために，遡及的な変更の費用を一層迅速に償却する代替アプローチを継続して使用することが認められる。たとえば，制度のもとで給付を受けると予測される従業員の平均残存勤務期間にわたる費用の定額償却が認められる。使用した代替方法は開示するものとする。

27. 状況によっては，定期的な制度変更の過去の実績やその他の事実に照らして，遡及的給付を与える変更から経済的利益をそのあいだ実現すると事業主が予測する期間の長さが現役従業員の残存勤務期間の全長よりも短いことが明らかである場合がある。そのような状況の識別には，個々の環境と制度の特定の状況の実態の評価が必要である。そうした状況では，事業主の経済的利益のより急速な消滅を反映するために，また利益を享受する期間に費用を認識するために，過去勤務費用の償却は加速されるものとする。

28. 給付を増額ではなく遡及して減額する制度変更は，予測給付債務を減少させる。給付減額は，その他包括利益において貸方（過去勤務収益）として認識するものとし，その他包括利益累積額に含まれる過去勤務費用が残存する場合はまずその減少に充てるものとする。過去勤務収益が残存する場合は給付増額の費用と同じ基準で純期間年金費用の構成要素として償却するものとする。

利得および損失

29. **利得および損失**は，仮定したものと異なる実績および仮定の変更から発生した，予測給付債務または制度資産の金額の変動分である。本基準書は，利得および損失のそうした源泉を区別しない。利得および損失には未実現の金額のみならず，すでに実現されている金額，たとえば，有価証券を売却したことによるものも含まれる。利得および損失は，経済的価値の実際の変動のみならず，見積りの精度を反映することもあるので，またある期間中の利得が別の期間中の損失で相殺されたり，あるいはその逆であったりすることもあるので，本基準書は，利得および損失をそれらが発生する期間の純年金費用の構成要素として認識することを求めない[5]。純期間年金費用の構成要素として即時に認識しない利得および損失は，それらが発生した時に，その他包括利益の増加または減少として認識するものとする。

30. **制度資産の期待収益**は，**制度資産の長期期待収益率**と**制度資産の市場連動価値**に基づいて決定されるものとする。制度資産の市場連動価値は，公正価値か，または公正価値の変動を5年を超えない期間にわたって系統的かつ合理的な方法で認識するように計算された価値のいずれかとする。市場連動価値を計算する様々な方法を別々の資産クラスごとに使用することができるが（たとえば，事業主は債券に公正価値を，株式に5年移動平均価値を使用

---

[5] 制度の終了および縮小，ならびに純期間年金費用の構成要素として利得および損失の認識を遅延できないようなその他の環境の会計は，FASB基準書第88号『給付建年金制度の清算および縮小ならびに雇用終了給付に関する事業主の会計』において取り扱われている。

してもよい），市場連動価値を決定する方法は資産クラスごとに毎年継続して使用するものとする。

31． 資産の利得および損失は，ある年度中の資産の実際収益と当該年度に係る資産の期待収益との差額である。資産の利得および損失は，(a)資産の市場連動価値に反映されている変動分，および(b)資産の市場連動価値にまだ反映されていない変動分（すなわち，資産の公正価値と市場連動価値との差額）の両方を含んでいる。市場連動価値にまだ反映されていない資産の利得および損失は，パラグラフ32および33に基づいて償却する必要がない。

32． 最低限として，その他包括利益累積額に含まれる純利得または損失（市場連動価値にまだ反映されていない資産の利得および損失を除く）の償却が，次の場合に一年間の純年金費用の構成要素として含まれるものとする。すなわち，当該年度の期首現在において，当該利得または損失が，予測給付債務または制度資産の市場連動価値のいずれか大きい方の10％を上回る場合である。償却を必要とする場合，その最小償却[6]は，当該超過分を，制度のもとで給付を受けると予測される現役従業員の平均残存勤務期間で除したものとする。すべてまたはほとんどすべての制度加入者が非現役である場合は，平均残存勤務期間に代えて，非現役加入者の平均余命期間を使用するものとする。

33． 利得または損失を償却する系統的な方法はいずれも，次のことを条件として，前パラグラフに定める最小償却方法に代えて使用することができる。その条件は，(a)最小償却額の方が大きい年度では最小償却方法を使用する（その他包括利益累積額に含まれる未償却残高を大きい方で減額する）こと，(b)その方法を継続して使用すること，(c)その方法を利得および損失の双方に対して同じように使用すること，および(d)使用した方法を開示することである。

---

6) 当該償却は，常に年度期首残高を減少させるものでなければならない。純利得の償却は純期間年金費用を減少させ，純損失の償却は純期間年金費用を増加させる。

34．純期間年金費用の利得または損失要素は，次のものから構成されるものとする。(a)制度資産の実際収益と期待収益との差額，および(b)その他包括利益累積額に含まれる純利得または損失の償却。

負債と資産の認識

35．予測給付債務が制度資産の公正価値を上回る場合，事業主は**未積立予測給付債務**に等しい負債を貸借対照表に認識するものとする。制度資産の公正価値が予測給付債務を上回る場合，事業主は予測給付債務を超過する積立額に等しい資産を貸借対照表に認識するものとする。

36．事業主はすべての積立超過の制度の積立状況を合算し，当該金額を資産として貸借対照表に認識するものとする。また，すべての積立不足の制度の積立状況を合算し，当該金額を負債として貸借対照表に認識するものとする。分類貸借対照表を表示する事業主は，積立不足の制度に係る負債を流動負債，固定負債，または両者併用として分類するものとする。（制度ごとに決定する）流動部分は，給付債務のうち向こう12か月間または営業循環がそれより長い場合はその期間に支払う給付の数理的現在価値が制度資産の公正価値を上回る場合のその超過額とする。分類貸借対照表において，積立超過の制度に係る資産は固定資産として分類するものとする。

37．パラグラフ35に則して認識する資産もしくは負債は，FASB基準書第109号『法人所得税に関する会計』で定義されるとおり，一時差異となることがある。いかなる一時差異の繰延税効果も当該年度に関する税金費用または収益として認識するものとし，基準書第109号パラグラフ35～39に則して，その他包括利益を含む様々な財務諸表構成要素に配分するものとする[7]。

38．事業主の貸借対照表に資産または負債として認識する制度の積立状況に

---

[7]　［削除。］

関して新たな決定を行う場合（パラグラフ52），または純利得もしくは損失，過去勤務費用もしくは収益，または本基準書の適用開始日に存在する純移行時資産もしくは債務を純期間年金費用の構成要素として償却する場合は，その他包括利益累積額におけるそれらの純利得または損失，過去勤務費用または収益，および移行時資産または債務に関連する残高を，必要に応じて修正し，その他包括利益において報告するものとする。

費用と債務の測定

39． 純期間年金費用の勤務費用要素，予測給付債務，および累積給付債務は，従業員勤務の各年度への年金給付の配分，および配分された当該給付の数理的現在価値を計算するための数理上の仮定の使用に基づいて測定される。数理上の仮定は，貨幣の時間的価値（**割引率**）と支払いの確率（死亡，中途退職，早期退職，およびその他に関する仮定）を反映する。

期間配分

40． 本基準書の目的上，年金給付は通常，制度の給付算定式が期間配分を明確に表しているか，あるいは暗に示している限り，当該算定式に基づいて従業員勤務の各年度に配分されるものとする。たとえば，制度の算定式が勤務の各年度について月額10ドルの終身年金給付を与えていれば，従業員の勤務の各年度に配分される給付は，10ドルに退職後の余命月数を乗じたものであり，各年度に配分される費用は，当該給付の数理的現在価値である。勤務のすべての年度についてほぼ同額の給付を定めている制度の給付算定式の場合は，その期間配分は**「給付／勤務年数」方式**である。なぜなら，この方式は勤務の各年度に同額の年金給付を配分するからである[8]。同様に最終給与比

---

[8] 制度のあるものは，勤務の年度によって異なる給付を定めている。たとえば，20年までは勤務の各年度に最終給与の1％の給付を与え，20年を超えると勤務の各年度に最終給与の1.5％の給付を与える，という内容の段階率制度が考えられる。また勤務の各年度に最終給与の1％を与えるが，総給付を最終給与の20％に制限する，という別な制度が考えられる。そのような制度に関しては，本基準書が規定している期間配分は，勤務の各年度に同額の年金給付を割り当てないものとする。

例および全期間平均給与比例制度に関しては，その期間配分は「予測単位積増し」または「勤務期間比例の単位積増し」の数理的費用方式と同一の方式である。定額給付制度に関しては，その期間配分は「単位積増し」の数理的費用方式と同一の方式である。

41． 状況によっては，非給与比例給付または全期間平均給与比例制度における給付の定期的な増額の過去の実績やその他の事実に照らして，事業主が将来に変更を行うという現時点での約定を有していることや，制度の実質は制度の文書化されている諸条項に定められる給付よりも大きい給付を過去の勤務に対して行うことであるということが明らかである場合がある。そうした状況では，実質的な約定が会計の基礎になるものとし，将来に変更を行うという約定の存在と性質が開示されるものとする。

42． 制度のなかには，支払われる総給付の全部または過大な部分を勤務の後期の年度に配分し，結果として給付の受給権確定を実質的に遅延させている給付算定式を有するものが存在する。例えば，勤務の最初の19年については給付を与えず，20年目の年度に1万ドルの受給権確定給付を与える制度は，20年の各年度に年額500ドルを与え，かつ給付の受給権確定までに20年の勤務を要求する制度と実質的に同一である。そのような制度については，総予測給付は，すでに終了した勤務の年数の，給付の受給権が最初に100％確定する時に終了しているであろう勤務の年数に対する割合に比例して累積する，とみなされるものとする。提供された勤務に特定の給付がどのように関連づけられるのかについて制度の給付算定式が具体的に定めていない場合には，給付は次のように累積するとみなされるものとする。

 ａ．**受給権確定給付**に含めることのできる種類の給付[9]に関しては，すでに終了した勤務の年数の，給付の受給権が最初に100％確定する時に

---

[9] たとえば，あらかじめ定められた一定年数の勤務の後に受給権確定給付となる早期退職に対する追加給付。

終了しているであろう勤務の年数に対する割合に比例して。
b．受給権確定給付に含めることのできない種類の給付[10]に関しては，すでに終了した勤務の年数の，勤務の総予測年数に対する割合に比例して。

仮定

43． 使用する重要な仮定は，それぞれが個別に当該仮定に関する最善の見積りを反映するものとする。すべての仮定は，制度が存続しないことを証明する根拠が存在しない限り，当該制度は引き続き効力を有すると前提するものとする。

44． 予定割引率は年金給付が実効的に清算されうる利率を反映するものとする。そうした割引率を見積るにあたって，債務の清算の実行に使用されうる年金契約の現在価格を決定している利率に関する利用可能な情報（これには，年金給付保証公社によってその時々に公表されている利用可能な年金利率に関する情報が含まれる）を参照することが適切である。そうした割引率の見積りを行うにあたって事業主はまた，その時々において利用可能な，かつ年金給付の支払期日までのあいだ利用可能と予測される優良確定収益投資の収益率を参照することもできる。予定割引率は，予測，累積，および確定給付債務，ならびに純期間年金費用の勤務費用要素および利息費用要素のそれぞれの測定に使用する。

44A． パラグラフ44に則して，事業主は予定割引率を決定するにあたり優良確定収益投資の収益率を参照することができる。当該方法を使用して予定割引率を選択することの目的は単一の金額を測定することにある。当該金額は，仮にその金額を測定日時点において優良債券によるポートフォリオに投資したとした場合に，支払期日において年金給付を支払うのに要する将来キャッ

---

10) たとえば，死亡あるいは障害が現役勤務のあいだに生じた場合にのみ支払われる死亡あるいは障害給付。

シュ・フローを提供することになるはずの金額である。概念的に言って，当該単一金額すなわち予測給付債務は，その満期日および金額が将来の給付支払予測額の支払時期および金額と同一になる優良割引債によるポートフォリオのその時点の市場価額に等しくなるだろう。キャッシュ・インフローが時期と金額においてキャッシュ・アウトフローと等しくなるので，ポートフォリオの最終利回りにおいて，再投資リスクはないだろう。しかし，割引債によるポートフォリオ以外のもの，たとえば利払いが年2回の長期債券や，または，満期日を予測給付支払いに一致させるまで先に延ばせないようなポートフォリオの場合は，予定割引率（最終利回り）は，将来利用可能となる再投資利率の予測値を組み込むことを要する。当該利率は測定日に実在するイールド・カーブから推定されるものとする。予定割引率の決定は，実際のポートフォリオが上記の仮説的なポートフォリオと異なる場合は必ず，制度資産の期待収益率の決定とは別個のものである。予定割引率は各測定日に再評価されるものとする。利率の一般水準が上昇または下降した場合は，予定割引率はそれと同様に変更するものとする。

45. 制度資産の長期期待収益率は，予測給付債務に含まれる給付に備えるために投資したか，または投資する予定の資金に期待される平均収益率を反映するものとする。この長期期待収益率を見積るに当たっては，積立金において制度資産が稼得しつつある収益および再投資に利用可能と予測する収益率に適切な考慮を払うべきである。制度資産の長期期待収益率は，資産の期待収益を計算するために（資産の市場連動価値とともに）使用する。

46. 純期間年金費用の勤務費用要素と予測給付債務は，年金給付算定式が年金給付を全面的または部分的に将来の給与水準に基づいて定めている限り（すなわち最終給与比例または全期間平均給与比例制度に関して），将来の給与水準を反映するものとする。パラグラフ41で述べたように，現時点でそれに対する約定が存在する将来の給付の増加も同様に考慮されるものとする。予定給与水準は，個々の対象従業員の実際の将来の給与水準——これには，一般物価水準，生産性，年功，昇進，およびその他のファクターのそれぞれ

に起因する将来の変動分を含む——の見積りを反映するものとする。すべての仮定は，各仮定が将来のインフレ率のような同じ将来の経済的条件の期待値を反映する限りにおいて，整合するものでなければならない。見積られた将来の給与水準に基づいて勤務費用と予測給付債務を測定することは，制度によって行われる給付に影響を与える社会保障給付や給付限度額[11]の既存の法律に基づく変更といった間接的な影響を考慮することを必要とする。

47．累積給付債務は，従業員の勤務および『給与』の『過去の実績』に基づき，将来の給与水準の見積りを含めないで測定するものとする。将来の給与水準の見積りを除外することはまた，社会保障課税賃金水準の引上げのような将来の変更の間接的な影響を除外することを意味する。累積給付債務の測定において，予測勤務年数は，次のような特定の給付に対する従業員の予測される受給資格を決定するにあたってのみファクターとなるものとする。

a．特定年数の勤務が提供された場合に与えられる増加給付（たとえば，20年以上の勤務が提供された場合に，勤務の各年度について月額9ドルから10ドルに増額される年金給付）。
b．早期退職給付。
c．死亡給付。
d．障害給付。

48．制度が定める自動的な給付増額（たとえば，生計費による自動的な増額）でその発生が予測されるものは，本基準書が求める予測，累積，および確定給付債務，ならびに勤務費用要素のそれぞれの測定に含めるものとする。また遡及的な制度変更も，ひとたび契約上合意されたならば，たとえ一部の規定が将来の年度においてのみ効力を有するとしても，予測および累積給付債務の計算に含めるものとする。たとえば，ある制度変更が将来の特定日より後に退職する従業員に対してより高い給付水準を与える場合，このより高

---

11) たとえば，内国歳入法第415条により現在課せられている給付制限額。

い給付水準は，当該特定日より後に退職すると予測される従業員に関する当年度の測定に含めるものとする。

制度資産の測定

49. パラグラフ35の規定の適用上，またFASB基準書第132号（2003年改訂）『年金およびその他退職後給付に関する事業主の開示』パラグラフ5および8が求める開示上，制度の投資対象は，株式，債券，不動産，またはその他のいずれであれ，測定日現在のその公正価値で測定するものとする[12]。

> FASB基準書第158号パラグラフC2(o)の注：
> FASB基準書第157号『公正価値による測定』は本基準書発行前にパラグラフ49を修正し，公正価値による制度資産の測定についての追加指針を削除した。以前の指針は基準書第157号を採用するまで有効である。
> （以下，省略）

50. パラグラフ29〜34に則して，制度資産の期待収益を決定し資産の利得と損失を会計処理する目的上，パラグラフ30に定義する資産の市場連動価値を使用する。

51. 制度の運営に使用されている制度資産（たとえば，建物，設備，家具および備品，ならびにリース物件の改良設備）は，取得原価からあらゆる目的の減価または償却の累積額を差し引いて測定されるものとする。

11a）［削除。］〔FASB基準書第157号の適用により，パラグラフ49にあった本文が一部削除された。削除された文中に注番号11a)が含まれていたため，本書の本文中には注番号11a)が表記されていない。〕
12）投資対象の公正価値は，売買委託手数料および売却において通常負うその他の費用が重要である場合はそれらを控除するものとする（売却費用控除公正価値と同様）。

> 測定日

52. 本基準書が求める制度資産と給付債務の測定値は，次の場合を除き事業主の会計年度末貸借対照表日現在のものとする。(a) ARB 第51号『連結財務諸表』が認めるとおり，親会社と異なる会計期間を使用して連結される子会社によって，制度が運営される場合，または(b) APB 意見書第18号『普通株式への投資に関する持分法による会計』が認めるとおり，投資会社と異なる会計期間の被投資会社の財務諸表を使用し，意見書第18号に基づいて持分法を使用して会計処理している被投資会社によって制度が運営される場合。当該例外に該当する場合，事業主は，子会社の制度資産と給付債務を，子会社の貸借対照表を連結するのに使用する日現在において測定するものとし，また，被投資会社の制度資産と給付債務を，持分法を適用するのに使用する被投資会社の財務諸表日現在において測定するものとする。年金に関する測定値が特定日現在のものであると規定したからといって，これは，すべての手続きを当該日より後に行うよう規定しようとするものではない。見積りを必要とする他の財務諸表項目の場合と同じく情報の多くは，財務諸表日前の一定日現在で準備され，以降の後発事象（たとえば，従業員の勤務）を織り込むように予測計算されることがある。事業主がその制度資産と給付債務の両方を会計年度中で再測定する場合を除き，中間貸借対照表において報告する積立状況は，前年度末貸借対照表に認識した資産または負債を次の額によって調整して得た額とする。(1)前年度末後の純期間給付費用の発生額からその他包括利益累積額において既に認識した金額の償却額を控除して得た額（たとえば，前年度末後の勤務費用，利息費用，および制度資産の収益の発生額）および(2)積立制度への拠出額または給付支払額。時として，事業主は制度資産と給付債務の両方を会計年度中に再測定することがある。たとえば，再測定を必要とする制度の変更，清算，または縮小のような重要な事象が発生する場合がそれにあたる。再測定した場合，営利事業体は翌中間期の貸借対照表を（FASB 基準書第158号『給付建年金およびその他退職後給付制度に関する事業主の会計』の測定日に係る規定をまだ実行していない場合は遅延を基準として）修正するものとし，当該再測定日と整合している制度の積

立超過または積立不足の状況を反映させる。

53. 中間および年次財務諸表の双方に関して，純期間年金費用の測定は，制度資産と債務の両方のより最近の測定値が利用可能でない場合か，制度変更のように，制度資産と債務の両方の測定を通常必要とする重要な事象が発生している場合を除き，前年度末の測定に使用された仮定に基づいて行うものとする。

開示事項

54. 基準書第132号(R)パラグラフ5および8を参照。

複数の制度を有する事業主

55. 複数の異なる給付建年金制度を運営する事業主は，本基準書の規定を各制度に個別に適用して，純期間年金費用，負債，および資産を測定するものとする。特に，ある制度の資産を別の制度の給付支払いに使用する権利を事業主が明らかに有している場合を除き，パラグラフ35に則して認識することを要するある制度に係る負債は，事業主が予測給付債務を上回る資産を有する別の制度の資産を認識しているからといって，これを減額してはならないし，消去してもならない。

56. 準書第132号(R)パラグラフ6および7を参照。

---

13) ［削除。］〔FASB基準書第132号の適用により，パラグラフ54が修正された。置き換えられた文中に注番号13)が含まれていたため，本書の本文中には注番号13)が表記されていない。〕

年金契約

57. 年金契約とは，保険会社[14]が，一定の対価または保険料の見返りとして，特定の個人に対して特定の給付を行う法的責務を無条件に負う契約をいう。年金契約は取消不能であり，かつ事業主から保険会社への重要なリスクの移転を伴う。一部の年金契約（配当付年金契約）は，規定を設けて，購入者（制度または事業主のいずれか）が保険会社の経営実績に与ることを認めている。そうした契約のもとでは，保険会社は通常購入者に配当金を支払う。もしある配当付契約の実質が，契約によって保障されている給付債務と保険会社に移転された資産とに付随したリスクおよび報酬のすべてまたはほとんどを事業主が引き受け続けるというようなものであれば，その契約は，本基準書の目的上年金契約とみなさない。

58. 当年度に稼得された給付が年金契約によって保障される限り，当該給付の費用は，パラグラフ61に規定する場合を除き，当該契約の購入原価である。すなわち，制度の給付算定式に基づいて当年度の勤務に配分された給付のすべてが**無配当年金契約**によって保障される場合は，その契約の原価が当年度に係る純期間年金費用の勤務費用要素を決定する。

59. 年金給付算定式で規定される給付のうち，年金契約によって支払われる給付を超える部分（たとえば，将来の給与水準に関連した給付）は，保険契約を含まない制度に適用される本基準書の規定に従って会計処理するものとする。

---

[14] 当該保険会社が主に当該事業主およびその関連当事者と取引を行っている場合（**自家保険会社**）またはその保険会社が当該契約に基づく債務を履行するであろうとは思えないとの合理的な疑義が存在する場合には，当該契約は本基準書の目的上年金契約とはみなされない。契約のなかには，年金を購入した当の対象者である従業員が十分な勤務を提供せず，制度の条項のもとで給付の受給権がその者に確定するに至らなかった場合には保険料を返還する，という規定を設けているものがある。そのような規定は，それだけでは，その契約を本基準書の目的上年金契約として取り扱うことの妨げにはならないものとする。

60．年金契約によって保障されている給付は予測給付債務と累積給付債務から除外するものとする。パラグラフ61に規定する場合を除き，年金契約は制度資産から除外するものとする。

61．一部の年金契約は，規定を設けて，購入者（制度または事業主のいずれか）が保険会社の経営実績に与ることを認めている。そうした契約のもとでは，保険会社は通常購入者に配当金を支払う。これは制度の費用を減少させる効果をもつ。**配当付年金契約**の購入価格は通常，**配当受給権**のない同等の契約の価格より高い。その差が配当受給権の原価である。配当受給権の原価は購入時に資産として認識するものとする。その後の年度では，当該契約がその公正価値を合理的に見積れるようなものであれば，配当受給権はその公正価値で測定するものとする。そうでなければ配当受給権は，その償却原価（ただし，その正味実現可能価額を超えないものとする）で測定し，一方配当受給権の原価は，当該契約のもとでの予想配当期間にわたって系統的に償却するものとする。

保険会社とのその他の契約

62．実質的に年金の購入と同等である保険契約は，年金の購入として会計処理するものとする。保険会社とのその他の契約は，投資として会計処理し，公正価値によって測定するものとする。一部の契約に関しては，公正価値の根拠となる利用可能な最善のものは契約価値であろう。ある契約が決定可能な解約価格または転換価格を有する場合は，当該価格をその契約の公正価値であるとみなす。

掛金建制度

63．本基準書の目的上，**掛金建年金制度**とは，提供された勤務の見返りに年金給付を行い，各加入者に対して個人ごとの勘定を設定し，そして当該個人が受給する年金給付の金額ではなく，逆に当該個人の勘定に対する拠出金が

どのように決定されるのかを定めた条項を有する制度をいう。掛金建制度のもとでは，加入者が受給することになる年金給付は，当該加入者の勘定に拠出された金額，当該拠出金の投資から得られた収益，および当該加入者の勘定に配分されることがある他の加入者に係る給付の没収金のみに依存する。

64．制度において定めた個人の勘定に対する拠出金を，当該個人が勤務を提供する期間に拠出するものとしている限り，ある期間に係る純年金費用は当該期間に求められる拠出金である。個人が退職または雇用を終了した後の期間に対して制度が拠出金を求める場合，その見積り費用は，当該従業員の勤務期間中に発生するものとする。

65．基準書第132号(R)パラグラフ11を参照。

66．給付建制度と掛金建制度の両方の特徴を有する年金制度は，慎重な分析を必要とする。その制度の「実質」が，ある種の「目標給付」制度の場合のように，規定された給付を行うというものである場合には，会計の要件は，給付建制度に適用される本基準書の規定に従って決定されるものとし，開示の要件は，基準書第132号(R)パラグラフ5および8の規定に従って決定されるものとする。

多数事業主制度

67．本基準書の目的上**多数事業主制度**とは，互いに関連していない複数の事業主が拠出を行う——通常は1つまたは複数の団体交渉協定に基づいて——制度をいう。多数事業主制度の特徴の1つは，ある事業主によって拠出された資産が分離勘定に分離されておらず，当該事業主の従業員に対してのみ給付を行うよう使途が制限されてもいないので，ある参加事業主によって拠出された資産がその他の参加事業主の従業員に給付を行うために使用される可能性があることである。多数事業主制度は通常，労使の代表者で構成される受託者委員会によって運営され，「共同信託」制度または「組合」制度と呼

ばれることもある。一般に多くの事業主が１つの多数事業主制度に参加するが，一事業主が複数の多数事業主制度に参加することもある。多数事業主制度に参加している事業主は通常，共通の産業という絆を有している。しかし一部の制度に関しては，事業主は互いに異なる産業に属し，労働組合がそれら事業主の唯一の共通の絆であるという場合もある。多数事業主制度のなかには組合に無関係のものもある。たとえば，非営利組織体の地方支部が，関連した全国組織によって設立された制度に参加するという場合である。

68． 多数事業主制度に参加している事業主は，その期間に関して必要な拠出金を純期間年金費用として認識し，支払期日が到来しているがまだ支払っていない拠出金があればそれを負債として認識するものとする。

69． 基準書第132号(R)パラグラフ12を参照。

70． 状況によっては，多数事業主制度からの脱退によって，事業主が，制度の未積立給付債務の一部分に関して当該制度への債務を負う結果になることがある。脱退すれば債務を発生させることになるような状況において，脱退の可能性が高いか，または合理的にあり得る場合には，FASB基準書第5号『偶発事象の会計処理』の規定を適用するものとする。基準書第5号パラグラフ7が，年金費用の会計に言及した部分と意見書第8号に言及した部分を削除するために改定される。

> 共同事業主制度

71． 複数の互いに関連していない事業主が拠出する制度のなかには多数事業主制度でないものがある。それらはむしろ，実質的には単一事業主制度の集合体であって，参加事業主が投資目的でそれぞれの資産をプールし，制度運営の費用を削減することができるように結合されたものである。そうした制度は通常，団体交渉協定と無関係である。また制度によっては，事業主が異なる給付算定式をもつことを認めるという特徴を有するものもあり，この場

合，制度に対する当該事業主の拠出金は，事業主が選択した給付算定式に基づいたものとなる。そのような制度は，本基準書の目的上，多数事業主制度ではなく単一事業主制度とみなされるものとし，各事業主の会計は，当該制度に対する事業主のそれぞれの利害関係に基づいたものとする。

米国外の年金制度

72．本基準書は，発効日（パラグラフ76）を除いて，米国外の年金に係る取決めに適用される特別の規定を含んでいない。そうした取決めが実質的に米国内の年金制度に類似している限り当該取決めは，米国において一般に認められている会計原則に準拠して財務諸表を作成する目的上，本基準書の規定の適用を受けるものとする。ある取決めの実質は，債務の性質により，また支払われるべき給付の金額を定める諸条件により決定されるのであって，制度がそもそも積み立てられるのかどうか（もしくは，どのように積み立てられるのか），給付が一定間隔ごとに支払われるのかもしくは一時金として支払われるのか，または給付が法律もしくは慣習によって求められるものか，または事業主が運営することを決定した１つの制度のもとで行われるものか，により決定されるのではない。

73．国によっては，自発的または非自発的な雇用の終了の場合に給付を行うこと（雇用終了補償金とも呼ばれる）が，慣例になっているか，あるいは規定されている。もしそのような取決めが実質的に年金制度であれば（たとえば，給付が事実上あらゆる雇用の終了に関して行われる場合），当該取決めは本基準書の規定の適用を受けるものとする。

企業結合

74．企業結合においてある事業主が買収され，そしてその事業主が単一事業主給付建年金制度を運営している場合，個々の取得資産と承継負債に対する買収価格の割当ては，制度資産を上回る部分の予測給付債務に係る負債，ま

たは予測給付債務を上回る部分の制度資産に係る資産をその対象として含むものとする。これにより，その他包括利益累積額において認識している純利得もしくは損失，過去勤務費用もしくは収益，または移行時資産もしくは債務の当該結合前に存在する金額はすべて消去されることになる。制度の終了または縮小を予測する場合には，そうした行為の影響は予測給付債務の測定にあたって考慮するものとする。

非営利組織体および非営利以外であってその他包括利益を報告しない事業体

74A． 非営利事業主は，利得または損失および過去勤務費用または収益のうち本基準書パラグラフ25, 28, および29に則してその他包括利益において認識することとなる金額を，非拘束純資産の増減の範囲内の1つまたは複数の独立した行項目として，費用とは別に認識するものとする。FASB基準書第117号『非営利組織体の財務諸表』の規定と整合するように，本基準書は，当該1つまたは複数の独立した行項目と，事業に関する中間尺度または業績指標を表示する場合にその範囲内または範囲外いずれに含めるものとするかを規定しない。AICPA監査および会計指針『医療組織体』は，その適用対象範囲内の非営利組織体にその他包括利益の諸項目を業績指標の範囲外において報告するよう求めている。

74B． 非営利事業主は，1つまたは複数の独立した行項目に既に認識した純利得または損失および過去勤務費用または収益の一部，ならびに本基準書の適用開始から残存する移行時資産または債務の一部をパラグラフ24～34および77の認識と償却に係る規定に則して純期間給付費用に再分類するものとする。1つまたは複数の対応する修正額を，当初の認識金額と同様にして，非拘束純資産の増減の範囲内の1つまたは複数の同一の行項目によって，費用とは別に報告するものとする。純期間給付費用は基準書第117号パラグラフ26に則して機能別区分によって報告するものとする。

74C. 非営利事業主に本基準書の規定を適用するにあたり，パラグラフ20(d)，20(f)，28，32〜34，38，74，および264における，その他包括利益累積額または持分の独立した構成要素への参照，ならびにパラグラフ52および264におけるその他包括利益において既に認識した金額への参照は，給付建年金制度から発生し非拘束純資産の増減として認識しているが純期間年金費用の構成要素としては未だ再分類していない，利得または損失，過去勤務費用または収益，および移行時資産または債務と読替えるものとする。

74D. 非営利事業主以外であってFASB基準書第130号『包括利益の報告』に則してその他包括利益を報告しない事業主は，経営成績および財政状態の報告方法に関し適切となる類似の方法によって，パラグラフ74A〜74Cの規定を適用するものとする。

意見書第16号への修正

75. 〔意見書第16号がFASB基準書第141号『企業結合』によって廃止されたため，当該パラグラフの訳出を省略する。〕

移行と発効日

76. 本パラグラフの次の文章で言及する場合を除き，本基準書は1986年12月15日後に開始する会計年度に発効するものとする。米国外の制度に関して，また，(a)**非公開企業**であり，かつ(b)100人を超える加入者を有する給付建制度を運営していない事業主の給付建制度に関しては，本基準書は1988年12月15日後に開始する会計年度に発効するものとする。すべての制度に関して，パラグラフ36〜38の規定は，1988年12月15日後に開始する会計年度に発効するものとする。すべての場合において，より早期の適用が奨励される。それまでに発行している財務諸表の修正再表示は認められない。本基準書の適用開始の決定が事業主のある会計年度の最初の中間期以外の中間期になされる場合には，当該年度のそれより前の中間期は修正再表示されるものとする。

77. 給付建制度に関して，事業主は次のものの金額を，本基準書の適用を開始する会計年度の期首に係る測定日（パラグラフ52）現在において算定しなければならない。(a)予測給付債務，および(b)制度資産の公正価値にそれまでに認識している未払年金費用を加えた金額，または制度資産の公正価値からそれまでに認識している前払年金費用を控除した金額。これら2つの金額の差額は，それが未認識純債務（および損失または費用）または未認識純資産（および利得）のいずれを表わすとしても，制度のもとで給付を受けると予測される従業員の平均残存勤務期間にわたって定額基準で償却するものとする。ただし，(a)平均残存勤務期間が15年未満の場合には，事業主は15年という期間を選択することが認められる。また(b)すべてまたはほとんどすべての制度加入者が非現役である場合は，事業主は当該非現役加入者の平均余命期間を使用するものとする。この同じ償却方法は，掛金建制度に関連した未認識純債務（もしあれば）の認識にも使用するものとする。

> 本基準書の規定は，重要でない項目に適用することを要しない。

『本基準書は財務会計基準審議会（FASB）の4人の委員の賛成投票により採択された。Brown, Sprouse, および Wyatt の各氏は反対した。』

Brown 氏は，本基準書の年金費用の測定に関する規定と最小負債の認識に関する規定のいずれをも支持しない。氏は，年金費用は従業員の報酬を構成していること，また年金費用は従業員の勤務期間にわたって認識されるべきであること，という FASB の結論は支持する。氏はまた，求められている開示事項が，事業主の年金債務の性質と現状およびこれらの債務に対する事業主の準備の進捗度を利用者に一層理解させるのに有益であろうと見ることでは見解を同じくする。しかしながら氏は，FASBにとって入手可能な事実は，給付／勤務年数方法が唯一の規定される費用配分方法でなければならないという主張を裏づけるにも，未払年金費用または前払年金費用を超え

て負債または資産を認識することが規定されるべきであるという主張を裏づけるにも不十分であるという見解である。

　Brown氏は，年金費用を会計期間に配分するために現在使用されている会計方法の範囲を制限する根拠は，比較可能性と理解可能性を配慮することにあると考えるが，給付系の期間配分方法も原価系のそれも，本質的かつ立証可能的に優れているものではないと見る。しかしながら氏は，原価／給与系の期間配分方法は，一従業員の給付建年金の見積り生涯費用を勤務の各年度に配分するという難しい問題に対する1つの解決方法として，相当の魅力があると考える。原価／給与方法は，純期間年金費用を従業員に直接支払われる給与に基づいて各年度に配分するもの——氏の見解によれば，合理的で理解可能な期間配分方法——であり，これにより，従業員の勤務の全期間にわたって給与のある一定率の純年金費用を発生させる。Brown氏はまた，原価／給与方法は米国においては，年金費用の決定と積立ての両方に対して，給付方法よりもより一般的に使用されていると指摘する。

　原価／給与方法の魅力にもかかわらずBrown氏は，年金費用の各年度への配分に使用されるべきただ1つの数理的計算方法を特定しようとはしない。むしろ氏は，純年金費用が既存の労働力の現在の給与と将来の予測給与の一定率となるように純年金費用を当該労働力の勤務の全期間にわたって計上すべきであるという目的を明確に立てようとする（氏は，この総費用配分方法——原価／給与方式——はそうした目的に適う1つの実際的な方法であると指摘する）。

　氏は，ただ1つの計算方法を特定するよりもむしろ会計目的を明らかにする方が，費用との対比で便益が大きいであろうと考える。もし使用される諸方法が共通の目的を目指すならば，比較可能性と理解可能性は向上するであろう。異なる数理的計算方法が，同じ制度について，制度に固有の状況次第で非常に似かよった費用結果と費用配分パターンを生みだし得るという事実から証明されるように，最終結果の比較可能性を達成するには計算方法の標準化は必要でない。Brown氏は，使用される数理的方法と仮定の両者が期間年金費用の測定にあたって決定的に重要であると指摘する。仮定の相違は，制度環境が異なるという理由と，仮定を設定するにあたって判断を必要とす

るという理由の両方から生じてくる。したがって方法の標準化は，最終結果の比較可能性を達成するにあたっての一手段——それがどの程度有効なものであるかは確定不可能な——に過ぎない。入手可能な事実に照らせば，方法の変更だけで達成されるような比較可能性はそうした変更の実施に必ず伴う費用に見合った価値があるという結論は支持されない。

会計目的を達成するにあたって使用されるべき特定の計算に柔軟性を認めれば，過去勤務費用および未認識の数理上の利得と損失の償却の方法を詳細に定める——本基準書がそうしているように——必要は避けられるであろう。そうした詳細な方法は必ず恣意的なものとなり，複雑な会計基準を生む。氏の意見では，詳細な方法，および純期間年金費用の勤務費用要素と利息費用要素の測定のために清算利率を使用することをあくまで主張することは，いずれも，この場合においては現実的には達成不可能なほどの精度あるい正確度を追い求める典型的な事例である。Brown氏は，実行の詳細は各制度の置かれている状況を知っていて，かつその状況を考慮することのできる者に任せたいとしている。

Brown氏は，事業主は給付建制度のもとで債務を負っており，そうした債務および当該債務を履行するために積み立てられた資源に関する情報は財務報告書に含められるべきであると考える。しかしながら氏の見解によると，制度資産と制度債務（確定給付債務，累積給付債務，または予測給付債務のいずれによって測定されたものであれ）が有する，一時点での価値の測定値であるという性質は，制度資産と制度債務をして財務諸表の現在の構造内に有意味かつ容易には収まらなくさせるものである。価格変動および数理上の利得と損失の遅延認識は，年金費用の測定に関する本基準書の方法論のなかに組み込まれている。選択されたある時点での資産の市場価値と数理上の負債の見積り値の貸借対照表への認識を規定することは——これは負債が資産を上回るときだけであるが——，内部的にもまた費用認識方法論とも整合していない。Brown氏の見解では，これは利用者を混乱させるものでもある。氏は，追加的最小負債の認識と同時に計上される提案された無形資産および独立した株主持分の要素が，有意味な情報を追加するであろうとも，理解可能な情報を追加するであろうとも考えない。これらの理由により氏は，制度

資産情報と年金債務情報は財務諸表に対する開示事項の中の方がよりよく表示されると考える。

Sprouse 氏は，本基準書は事業主の年金会計にいくつかの改善点をもたらしているが，ある種の重大な欠陥がそうした改善点を相殺し，さらにこれを上回っていると考える。以下に説明するように氏は，これらの欠陥が除かれるとすれば純期間年金費用の測定に関する規定と開示に関する規定を支持するとしている。

氏は，未積立累積給付債務のみが事業主の負債として会計上認識される資格を有しており，また制度資産の累積給付債務超過分は事業主の資産として会計上認識される資格を有している，とする基本的立場から出発する。

Sprouse 氏の見解では，事業主は，将来の事象——将来のインフレ，将来の昇進，将来の生産性の改善——に左右される給与の増加に関連した年金給付については現時点で債務を負うことはできない。氏は，賃金と給与の増額の決定は，増額の理由が何であれ，直接的に関連した帰結——これには賃金と給与それ自体の増加のみならず，従業員の社会保障税や年金費用の増加が含まれる——を伴う１つの事象であると考える。会計はそうした直接的に関連した帰結をすべて，当該事象が発生する時に——支払われているドルの購買力がインフレにより低下したという理由で賃金と給与が増額される時，昇進によって認められたより価値のある役務が享受されつつあるという理由で賃金と給与が増額される時，改善された生産性の便益が実現されつつあるという理由で賃金と給与が増額される時に——認識すべきである。ドルがその購買力を失ってしまう前に，また昇進と生産性に関連したより価値のある役務が享受される前に，そうした将来の事象が年金費用に及ぼす影響を当年度の会計において予定することは，将来のより高額の賃金と給与そのものを当年度の会計において予定することと同様，妥当でない。

Sprouse 氏は，名目給与の水準の予測に基づいている事業主の年金費用の会計のこれまでの実務は，その大部分が内国歳入法の規定に従うために積立て上の目的で考案されたある種の数理的方法の所産であったと考えており，そうした方法は財務会計上の目的には適切でないとする。にもかかわらず氏は，そうした実務は財務会計のなかに強固に組み込まれており，それらを急

激に変更することは混乱を引き起こすことにもなりかねないと認める。したがって氏は，純期間年金費用の測定に関する規定と開示に関する規定を実務の重要な改善として支持するとしている。不当な混乱を引き起こすことなく実務を変更できる実際上の限度を考慮して氏はまた，パラグラフ155に述べられている代替方式を支持できるとしている。

しかしながらSprouse氏は，本基準書が「無形資産」について定めた独自の認識方法には反対する。一定の状況において本基準書は，制度資産に生じた損失という結果を相殺するために無形資産を認識し，あるいは制度資産に生じた利得という結果を相殺するために無形資産を消去することを事業主に求めている。同様の無形資産の認識あるいは消去が，累積給付債務に関連した数理上の仮定の変更による影響を相殺するためにも求められている。こうした点は氏にとって認め難いものである。氏の見解では，このような認識方法はFASBの概念フレームワークと調整されうるものでも，また財務諸表の利用者に容易に理解されうるものでもない。氏は，それらは事業主の年金費用の会計の信頼性を著しく低下させるものであると考える。

Sprouse氏はまた，本基準書が採用した，結合日現在の『予測』給付債務に基づいた資産または負債の認識を求めるパーチェス法による企業結合の会計にも反対する。上に述べた理由により氏は，予測給付債務の制度資産に対する超過分は，事業主の負債として認識される資格を有しておらず，一方制度資産の『累積』給付債務に対する超過分は，事業主の資産として認識される資格をまさしく有していると考える。氏の見解では，本基準書の要件の誤りは，買収事業主が制度を終了させようと計画している場合に認識することを要する純年金債務または資産は，買収事業主が制度を存続させようと計画している場合に認識するものとは異なる，ということによって証明される。

Wyatt氏は，本基準書が定義している予測給付債務が財務諸表に報告される年金債務の尺度であるべきと考える。氏は，純期間年金費用の拠出額超過分（未払年金費用）も累積給付債務も企業の年金債務の妥当な尺度ではないと考える。氏はまた，数理上の利得および損失の遅延認識を行うために市場連動資産価値という基準を使用することは，制度資産に関するある不健全な測定値をいたずらに存続させるものであると考える。結果として本基準書

は，達成可能であった，そして財務諸表の利用者が正当に本プロジェクトから期待できたはずの年金費用の会計の改善の程度を達成することに失敗している。

FASBの大部分の者が，年金負債は未払費用によっては適正に測定されないと結論づけた。Wyatt氏はこの結論には賛成する。しかしながら氏は，累積給付債務はその決定過程に根本的な矛盾が含まれているので年金債務の忠実な表現にはなり得ないと考える。この概念のもとでの予定された将来の年金給付は，昇給——予測されたインフレに基づくものであれ，その他の要因に基づくものであれ——の見積りを一切除外している。結果として当該債務の測定値の基礎となる金額は，将来の期間の実際のキャッシュ・フローの予測を表現するものではない。そうした予定された将来の年金給付を現在価値に割り引くために使用される利率は，年金給付が実際に清算されうる率である。そのような率は将来のインフレについての現時点での予測を織り込んでいる。したがって割引の過程は，将来のインフレについての見積りをすべて意図的に除外して測定された，一連の予定された将来の支払いから，さらに見積インフレ要素を実質的に除外している。結果として得られる金額は，見積られた将来のインフレを2度除外しており，したがって負債の忠実な尺度ではない。事実それは，当該負債の妥当な測定値を過少評価するものであり，場合によっては甚だしく過少評価するものである。

Wyatt氏は，利得と損失の遅延認識を行うための基準として市場連動価値を使用することは，本基準書のその他の側面に関して資産の測定に公正価値を使用することを支えている理論的根拠を危うくすると考える。それは，会計的概念としては何ら根拠のない1つの概念（「数理的資産価値」）を存続させる。さらに言えば，未償却利得と損失の遅延認識を行うための方式に関しては，単に実務的な性質のものとして理解することができるような，そしてその概念上の欠陥にもかかわらず持続する1つの概念を年金会計の将来の考慮事項のなかに持ち越さないような他の方式が利用可能である。

未認識利得と損失の償却額の測定のために市場連動価値と資産の期待収益率を使用することは，正当にも統一できたはずの過程に必要のない柔軟性を導入するものである。なぜなら，変動性を抑えることは本来1つの実務上の

技法であるからである。そのような柔軟性は，意見書第8号に基づいた実務に関連づけて見た場合の比較可能性の向上を——これはただ1つの期間配分方式および年金給付が実際に清算されうる利率を反映している予定割引率の採用によって達成されたものであるが——減殺するものである。

　Wyatt氏は，本基準書に賛成した人達とともに，本基準書の結論は全体としては年金費用の会計の改善と年金費用の理解の改善に導くであろうと見ることに同意する。しかしながら氏は，氏の信じるところでは達成されてしかるべきであった改善に照らすと，改善の程度はささやかなものであると考える。したがって氏の見解では，本基準書の欠陥は財務報告の改善に対する1つの機会損失ということになる。

　『財務会計基準審議会の委員は次の通りである。』

　　　　　　　　　　Donald J. Kirk,『議長』
　　　　　　　　　　Frank E. Block
　　　　　　　　　　Victor H. Brown
　　　　　　　　　　Raymond C. Lauver
　　　　　　　　　　David Mosso
　　　　　　　　　　Robert T. Sprouse
　　　　　　　　　　Arthur R. Wyatt

付録B：例示

261．本付録は，本基準書の次の規定に関する例示を内容としている。

1．遅延認識および積立状況の調整表［削除。］
2．移行［削除。］
3．純期間年金費用の構成要素としての過去勤務費用の償却
4．利得または損失の純期間年金費用における遅延認識
5．最小負債を含む年金負債の認識［削除。］
6．開示要件［削除。］
7．企業結合の会計［削除。］

例示1 ── 遅延認識および積立状況の調整表

［削除。］

例示2 ── 移行

［削除。］

例示3 ── 純期間年金費用の構成要素としての過去勤務費用の償却

◆ケース1◆将来の勤務の各年度への均等額の割当て

予測将来勤務年数の決定

　純期間年金費用の構成要素としての過去勤務費用の償却（パラグラフ25）は，制度変更時に現役である加入者のうち制度のもとで給付を受けると予測する者の予測将来勤務年数に基づいて行われる。予測将来勤務年数の計算は，

数理上の仮定に基づいた人数の減少を考慮するが，給付と給与に関しては加重されない。予測する将来の勤務の各年度には，当初に決定した過去勤務費用のある均等額が割り当てられる。過去勤務費用のうち将来の各会計年度において純期間年金費用に認識すべき部分は，当該年度において提供される加入者全体の勤務年数に基づいて決定する。

　次の表は，E社の給付建制度に関して，予測将来勤務年数の計算を例示している。変更時点（20X0年1月1日）で会社は，制度のもとで給付を受けると予測する従業員を100人有している。この集団の5％（5人の従業員）がこれからの20年間の各年度において会社を辞める（退職または中途退職する）と予測している。変更日より後に採用される従業員は償却に影響を及ぼさない。各変更に関連した予測将来勤務年数の当初の見積値は当該変更の後では，制度の縮小に関してのみ修正する。

予測勤務年数の決定
各年度に提供される勤務年数

個人	将来勤務年数	1	2	3	4	5	6	7	8	9	10	11	12	13	14	15	16	17	18	19	20
A1-A5	5	5																			
B1-B5	10	5	5																		
C1-C5	15	5	5	5																	
D1-D5	20	5	5	5	5																
E1-E5	25	5	5	5	5	5															
F1-F5	30	5	5	5	5	5	5														
G1-G5	35	5	5	5	5	5	5	5													
H1-H5	40	5	5	5	5	5	5	5	5												
I1-I5	45	5	5	5	5	5	5	5	5	5											
J1-J5	50	5	5	5	5	5	5	5	5	5	5										
K1-K5	55	5	5	5	5	5	5	5	5	5	5	5									
L1-L5	60	5	5	5	5	5	5	5	5	5	5	5	5								
M1-M5	65	5	5	5	5	5	5	5	5	5	5	5	5	5							
N1-N5	70	5	5	5	5	5	5	5	5	5	5	5	5	5	5						
O1-O5	75	5	5	5	5	5	5	5	5	5	5	5	5	5	5	5					
P1-P5	80	5	5	5	5	5	5	5	5	5	5	5	5	5	5	5	5				
Q1-Q5	85	5	5	5	5	5	5	5	5	5	5	5	5	5	5	5	5	5			
R1-R5	90	5	5	5	5	5	5	5	5	5	5	5	5	5	5	5	5	5	5		
S1-S5	95	5	5	5	5	5	5	5	5	5	5	5	5	5	5	5	5	5	5	5	
T1-T5	100	5	5	5	5	5	5	5	5	5	5	5	5	5	5	5	5	5	5	5	5
	1,050																				
提供勤務年数		100	95	90	85	80	75	70	65	60	55	50	45	40	35	30	25	20	15	10	5
償却率		1,050	1,050	1,050	1,050	1,050	1,050	1,050	1,050	1,050	1,050	1,050	1,050	1,050	1,050	1,050	1,050	1,050	1,050	1,050	1,050

過去勤務費用の償却

20X0年1月1日，E社は制度変更によって，過去勤務に対して遡及的な給付を与える。当該変更は，年金負債の増加およびその他包括利益において認識する金額として75万ドルの過去勤務費用を生じる。制度変更によって発生した過去勤務費用は，前のパラグラフで論じたように，現役加入者の予測将来勤務年数に基づいた純期間年金費用の構成要素として，後に償却する。その他包括利益は過去勤務費用を償却する時に各年度において修正する。

過去勤務費用の償却

年度	期首残高	償却率	償却額	期末残高
20X0	750,000	100/1050	71,429	678,571
20X1	678,571	95/1050	67,857	610,714
20X2	610,714	90/1050	64,286	546,428
20X3	546,428	85/1050	60,714	485,714
20X4	485,714	80/1050	57,143	428,571
20X5	428,571	75/1050	53,571	375,000
20X6	375,000	70/1050	50,000	325,000
20X7	325,000	65/1050	46,429	278,571
20X8	278,571	60/1050	42,857	235,714
20X9	235,714	55/1050	39,286	196,428
20Y0	196,428	50/1050	35,714	160,714
20Y1	160,714	45/1050	32,143	128,571
20Y2	128,571	40/1050	28,571	100,000
20Y3	100,000	35/1050	25,000	75,000
20Y4	75,000	30/1050	21,429	53,571
20Y5	53,571	25/1050	17,857	35,714
20Y6	35,714	20/1050	14,286	21,428
20Y7	21,428	15/1050	10,714	10,714
20Y8	10,714	10/1050	7,143	3,571
20Y9	3,571	5/1050	3,571	0

◆ケース2◆平均残存勤務期間にわたる定額償却を使用

予測将来勤務年数の決定

例示3のケース1に示した計算の複雑さと細かさを減らすために,純期間年金費用の構成要素として遡及的な変更の費用をより早く認識する代替償却方式を継続して使用することができる（パラグラフ26）。たとえば,制度のもとで給付を受けると予測する従業員の平均残存勤務期間にわたる定額償却が認められる。

E社（ケース1）が,給付を受けると予測する従業員の平均残存勤務期間（将来勤務年数1,050年／従業員数100人＝10.5年）にわたる定額償却を使用することを選択した場合,償却は次のようになる。

過去勤務費用の償却

年　度	期首残高	償却額[a]	期末残高
20X0	750,000	71,429	678,571
20X1	678,571	71,429	607,142
20X2	607,142	71,429	535,713
20X3	535,713	71,429	464,284
20X4	464,284	71,429	392,855
20X5	392,855	71,429	321,426
20X6	321,426	71,429	249,997
20X7	249,997	71,429	178,568
20X8	178,568	71,429	107,139
20X9	107,139	71,429	35,710
20Y0	35,710	35,710	0

a) 750,000／10.5＝71,429

例示 4 ── 利得または損失の純期間年金費用における遅延認識

　本基準書は，予測給付債務と制度資産の公正価値の測定値を変動させる様々な事象による影響の純期間年金費用における遅延認識を規定する。当該事象は遡及的な制度変更や利得および損失を含む。本基準書に定義する利得および損失は仮定の変更による影響を含む。

　次の例は，仮定した年度の期首の積立状況から始めて，一連の事象が予測給付債務または制度資産をどう変動させ，当該事象による影響を財務諸表においてどう認識するかを示す。(拠出額および給付支払額以外の) 予測給付債務または制度資産のいかなる増減も，当初にその他包括利益において認識するか，または当該期間の純期間年金費用に含まれるかのいずれかとなる。積立制度への事業主の拠出額は，認識した年金負債を減少させるか，または認識した年金資産を増加させる。積立制度からの給付支払額は，年金債務と制度資産を等しく減少させ，事業主の貸借対照表に影響を与えない。簡略化して，すべての例示は法人所得税による影響を無視し，すべての拠出額と給付支払額は年度最終日に発生すると仮定する。また，予定割引率と長期期待収益率は例示のためだけに含まれており，いかなる所与の時点でも妥当となるだろう仮定を表すものではない。

20X1年度――負債損失

　I社の制度資産と債務を20X1年12月31日時点で測定すると，予測給付債務の金額は予測額に等しくならなかった。割引率が9％に低下していたため，また具体的には特定されていないその他の様々な理由により，予測給付債務は予測額より大きくなった（すなわち損失が発生していた）。結果は次のとおりであった。
〔164〜165ページに図表を掲載。〕

20X2年度――資産利得

　I社の制度資産と債務を20X2年12月31日時点で測定すると，制度資産の金額は予測額に等しくならなかった。なぜなら，市場パフォーマンスが予測すなわち仮定した10％より良好であったからである。結果は次のとおりであった。
〔166〜167ページに図表を掲載。〕

20X3年度――資産損失と負債利得

　I社の制度資産と債務を20X3年12月31日時点で測定すると，資産損失と負債利得の両方が発生していたことが判明した。
〔168〜169ページに図表を掲載。〕

		20X1年度予測
仮定	割引率	10.00%
	資産の長期期待収益率	10.00%
	平均残存勤務年数	10年

	実績 'X0/12/31	20X1年度
予測給付債務	$(1,000)	
制度資産の公正価値	800	
積立状況,認識される負債	$ (200)	
その他包括利益累積額における認識額		
移行時債務	$ 200	
過去勤務費用	0	
純(利得)または損失	0	
	$ 200	
勤務費用要素		$ 60[a]
利息費用要素		100
資産の期待収益		(80)
資産の市場連動価値	$ 800	
資産の実際収益――(増加)/減少		
償却額		
移行時債務		20
過去勤務費用		0
純(利得)または損失		0[d]
純期間年金費用		$ 100
拠出額		$ 100
給付支払額		$ 100

a) 本例示を通して,勤務費用要素は入力値として想定したもので例示の一部と
b) ('X1/12/31時点の実際の予測給付債務)+(勤務費用要素)+(利息費用要
c) ('X1/12/31時点の実際の制度資産)+(資産の期待収益)+(拠出額)-(給
d) 期首のその他包括利益累積額(パラグラフ32)に含まれる純利得または損失

    期首のその他包括利益累積額に含まれる純(利得)または損失
    1/1時点の資産の市場連動価値にまだ含まれていない資産利得を加算または資産損失を控除
    ――(制度資産の公正価値)-(制度資産の市場連動価値)
    償却の対象となる期首のその他包括利益累積額に含まれる純(利得)損失
    140
    回廊=1/1時点の予測給付債務または資産の市場連動価値のいずれか大きい方の10%
    期首のその他包括利益累積額に含まれる純(利得)または損失のうち回廊を超過する額
    ×1/平均残存勤務年数
    純期間年金費用に認識する償却額

付録Ｂ：例示　165

	20X1年度実績および20X2年度予測		
	9.00％		
	10.00％		
	10年		
予測 'X1/12/31	実績 'X1/12/31	20X2年度	予測 'X2/12/31
（単位：千ドル）			
$(1,060)	$(1,200)		$(1,266)b)
880	880		968c)
$ (180)	$ (320)		$ (298)
$ 180	$ 180		$ 160
0	0		0
0	140		138
$ 180	$ 320		$ 298
		$ 72	
		108	
		(88)	
	$ 880		
	(80)		
		20	
		0	
		2d)	
		$114	
		$114	
		$114	

して算出されたものではない。
素）－（給付支払額）
付支払額）
の最小償却額は次のように計算される。

20X1年度	20X2年度
$ 0	$140
0	0
0	140
100	120
0	20
0.10	0.10
$ 0	$ 2

		20X2年度予測
仮定	割引率	9.00%
	制度資産の長期期待収益率	10.00%
	平均残存勤務年数	10年

	実績 'X1/12/31	20X2年度
予測給付債務	$(1,200)	
制度資産の公正価値	880	
積立状況,認識される負債	$ (320)	
その他包括利益累積額における認識額		
移行時債務	$ 180	
過去勤務費用	0	
純(利得)または損失	140	
	$ 320	
勤務費用要素		$ 72
利息費用要素		108
資産の期待収益		(88)
資産の市場連動価値	$ 880	
資産の実際収益──(増加)/減少		(80)
償却額 移行時債務		20
過去勤務費用		0
純(利得)または損失		2[1]
純期間年金費用		$ 114
拠出額		$ 114
給付支払額		$ 114

g) 制度資産の期待収益＝（制度資産の長期期待収益率）×（制度資産の市場連動市場連動価値はそうした金額を考慮することになる。

h) 市場連動資産価値は様々な方法で計算することができる。本例では，過去直している。市場連動価値を計算する唯一の目的は，純年金費用の変動可能性を

    1/1時点の資産の市場連動価値
    資産の期待収益
    拠出額
    給付支払額
    直近5年間の資産利得および(損失)の20%
    12/31時点の資産の市場連動価値

i) 期首のその他包括利益累積額（パラグラフ32）に含まれる純利得または損失

    期首のその他包括利益累積額に含まれる純(利得)または損失
    1/1時点の資産の市場連動価値にまだ含まれていない資産利得を加算または資産損失を控除──（制度資産の公正価値）−（制度資産の市場関連価値）
    償却の対象となる期首のその他包括利益累積額に含まれる純(利得)または損失
    回廊＝1/1時点の予測給付債務または資産の市場連動価値のいずれか大きい方の10%
    期首のその他包括利益累積額に含まれる純(利得)または損失のうち回廊を超過する額
    ×1／平均残存勤務年数
    純期間年金費用に認識する償却額

20X2年度実績および20X3年度予測
9.00％
10.00％
10年

	予測 'X2/12/31	実績 'X2/12/31	20X3年度	予測 'X3/12/31
(単位：千ドル)				
	$(1,266)	$(1,266)		$(1,345)
	968	1,068		1,167
	$ (298)	$ (198)		$ (178)
	$ 160	$ 160		$ 140
	0	0		0
	138	38		38
	$ 298	$ 198		$ 178
			$ 76	
			114	
			(99)[g]	
		$ 988[h]		
		(188)		
			20	
			0	
			0[i]	
			$ 111	
			$ 111	
			$ 111	

価値）。拠出が年度末以外の時点で行われるとすれば，

近5年の各年度の利得と損失の20％を加える方式を使用
抑えることである。

$880
88
114
(114)
20
$988

の最小償却額は次のように計算される。

20X2年度	20X3年度
$140	$ 38
0	80
140	118
120	127
20	0
0.10	0.10
$ 2	$ 0

		20X3年度予測
仮定	割引率	9.00%
	制度資産の長期期待収益率	10.00%
	平均残存勤務年数	10年

	実績 '×2/12/31	20X3年度
予測給付債務	$(1,266)	
制度資産の公正価値	1,068	
積立状況, 認識される負債	$ (198)	
その他包括利益累積額での認識額		
移行時債務	160	
過去勤務費用	0	
純(利得)または損失	38	
	$ 198	
勤務費用要素		$ 76
利子費用要素		114
資産の期待収益		(99)
資産の市場連動価値	$ 988	
資産の実際収益──(増加)／減少	(188)	
償却額		
移行時債務		20
過去勤務費用		0
純(利得)または損失		0[1]
純期間年金費用		$111
拠出額		$111
給付支払額		$111

k) 市場連動資産価値は様々な方法で計算することができる。本例では, 過去している。市場連動価値を計算する唯一の目的は, 純期間年金費用の変動

  1/1時点の資産の市場連動価値
  資産の期待収益
  拠出額
  給付支払額
  直近5年の資産利得および(損失)の20％＝.20 (100-70)
  12/31時点の資産の市場連動価値

l) 期首のその他包括利益累積額 (パラグラフ32) に含まれる純利得または

  期首のその他包括利益累積額に含まれる純(利得)または損失
  1/1時点の資産の市場連動価値にまだ含まれていない資産利得を加算または資産損失を控除
  ──(制度資産の公正価値)－(制度資産の市場関連価値)
  償却の対象となる期首のその他包括利益累積額に含まれる純(利得)または損失
  回廊＝1/1時点の予測給付債務または資産の市場連動価値のいずれか大きい方の10％
  期首のその他包括利益累積額に含まれる純(利得)または損失のうち回廊を超過する額
  ×1／平均残存勤務年数
  純期間年金費用に認識する償却額

20X3年度実績および20X4年度予測
9.25%
10.00%
10年

	予測 'X3/12/31	実績 'X3/12/31	20X4年度	予測 'X4/12/31
(単位:千ドル)				
	$(1,345)	$(1,320)		$(1,409)
	1,167	1,097		1,206
	$ (178)	$ (223)		$ (203)
	140	140		120
	0	0		0
	38	83		83
	$ 178	$ 223		$ 203
			$ 79	
			122	
			(109)	
		$ 1,093k)		
		(29)		
			20	
			0	
			0l)	
			$112	
			$112	
			$112	

直近5年の各年度の利得と損失の20%を加える方式を使用
性を抑えることである。

$ 988
99
111
(111)
6
1,093

損失の最小償却額は次のように計算される。

20X3年度	20X4年度
$ 38	$ 83
80	4
118	87
127	132
0	0
0.10	0.10
$ 0	$ 0

例示5 ── 最小負債を含む年金債務の認識

　［削除。］

例示6 ── 開示要件

　［削除。基準書132(R)のパラグラフC1からC5の例示を参照。］

例示7 ── 企業結合の会計

　［削除。］

261A.〔当該パラグラフは，FASB職員見解FASB158-1の発行によって実効的に削除されており訳出を省略する（関連する脚注17についても同様)。〕

付録D：用語解説

264. 本付録は，年金会計で使用されるいくつかの用語の定義を内容としている。

Accumulated benefit obligation：累積給付債務

年金給付算定式に基づいて，特定日前に提供された従業員勤務に配分され，当該日前の従業員の勤務と給与（該当する場合）に基づいた給付（受給権が確定しているか否かを問わない）の数理的現在価値。累積給付債務は，将来の給与水準に関する仮定を含んでいないという点で予測給付債務と異なる。定額給付または非給与比例年金給付の算定式を有する制度については，累積給付債務と予測給付債務は一致する。

Actual return on plan assets component（of net periodic pension cost）：（純期間年金費用の）制度資産の実際収益要素

期末時点の制度資産の公正価値と期首時点の公正価値との差額で，当該期間中の拠出金と給付の支払額を調整したもの。

Actuarial funding method：数理的積立方式

年金給付を準備するための事業主の拠出金の額と時期を決定するにあたってアクチュアリーが使用するいくつかの技法の１つ。

Actuarial gain or loss：数理上の利得または損失

Gain or loss を参照。

Actuarial present value：数理的現在価値

特定日より後に支払われるか受領される金額または一連の金額の当該日現在の価値。なお各金額は，(a)（利息分を割り引くことによって）貨幣の時間的価値と，(b)（死亡，障害，制度からの脱退，退職等の事象による分を減

少させることによって）当該特定日から予測支払日までの支払い確率とを反映するよう調整されたものである。

Allocated contract：割当契約

保険会社との契約で，当該契約のもとでは保険会社への支払金は，個々の加入者に関して即時年金また据置年金を購入するのに，その時々において直ちに使われるもの。Annuity contract も参照のこと。

Amortization：償却

通常は，認識された負債を，収益を認識して系統的に減額すること，または認識された資産を，費用または原価を認識して系統的に減額することを指す。年金会計では償却という用語は，その他包括利益として既に認識した額，すなわち過去勤務費用または収益，利得または損失，および本基準書の適用開始日に存在する移行時資産または債務を，純年金費用として何期間かにわたって系統的に認識することを指すのにも使用される。

Annuity contract：年金契約

保険会社が一定の対価または保険料の見返りとして，特定の個人に特定の年金給付を行う法的責務を無条件で負う契約。年金契約は取消不能であり，また事業主から保険会社への重要なリスクの移転を伴う。allocated contract：割当契約とも呼ばれる。

Assumptions：仮定,（計算）基礎率

年金費用に影響を与える将来の事象――死亡，制度からの脱退，障害および退職，給与および国の年金給付の変動，貨幣の時間的価値を反映する割引率等――の発生の見積り値。

Attribution：期間配分

年金給付または年金原価を従業員勤務の各期間に割り当てること。

Benefit approach：給付方式
年金給付または年金原価を従業員勤務の各年度に配分する基本的な方式の2つのグループのうちの1つ。このグループに属する方式は，明確な給付単位を給付の対象となる勤務の各年度に割り当てる。この給付単位の数理的現在価値が別々に計算され，当該年度に割り当てられる費用を決定する。累積給付方式，給付／給与方式，および給付／勤務年数方式は，給付方式である。

Benefit formula：給付算定式
Pension benefit formula を参照。

Benefits：給付
年金制度のもとで，加入者にその受給資格が与えられる給付金。これには年金給付，死亡給付，および雇用の終了の場合に支払われるべき給付が含まれる。

Benefit/years-of-service approach：給付／勤務年数方式
3つある給付方式のうちの1つ。この方式では，総見積り給付の均等額が勤務の各年度に配分される。給付の数理的現在価値は，給付が各年度に配分された後に算出される。

Captive insurance subsidiary：自家保険子会社
主として関連会社を相手に取引を行う保険会社。

Career-average-pay formula (Career-average-pay plan)：全期間平均給与比例算定式（全期間平均給与比例制度）
事業主に提供した勤務の全期間にわたる従業員の給与に基づいて給付を決める給付算定式。全期間平均給与比例制度は，そのような算定式を有する制度。

Contributory plan：拠出(制の)制度

従業員がその費用の一部を拠出する年金制度。ある拠出制度では、制度に加入を希望する従業員は拠出を義務づけられる。別の拠出制度では、従業員の拠出は給付を増加させることになる。

Cost approach：原価方式

年金給付または年金原価を勤務の各期間に配分する基本的な方式の2つのグループのうちの1つ。このグループに属する方式は、純年金費用を各年度に一定額または給与の一定率として割り当てる。

Cost/compensation approach：原価／給与方式

2つある原価方式のうちの1つ。この方式では、純年金費用は、それらがその期間の給与の一定率となるように各期間に配分される。

Curtailment：縮小

Plan curtailment を参照。

Defined benefit pension plan：給付建年金制度

支払われるべき年金給付の金額を定めている制度。金額は通常、年齢、勤務年数、給与等の1つまたは複数のファクターの関数として定められている。本基準書の目的上、掛金建年金制度でない年金制度はすべて給付建年金制度である。

Defined contribution pension plan：掛金建年金制度

提供された勤務の見返りに年金給付を行うが、各加入者に個人勘定を設定し、そして当該個人が受給する給付の金額を定める代わりに個人勘定への拠出額がどのように決定されるのかを定めている制度。掛金建年金制度のもとでは、加入者が受給することになる給付は、当該加入者の勘定に拠出された金額、当該拠出金の投資から得られた収益、および当該加入者の勘定に配分されることがある他の加入者に係る給付の没収金のみに依存す

Discount rate:割引率
貨幣の時間的価値に対する調整に使用される利率。Actuarial present value も参照のこと。

ERISA
The Employee Retirement Income Security Act of 1974:1974年従業員退職所得保障法。

Expected long-term rate of return on plan assets:制度資産の長期期待収益率
予測給付債務に含まれる給付に備えるためにすでに投資したか,または今後投資する予定の資金に期待される平均収益率を反映した制度資産の収益率に関する仮定。

Expected return on plan assets:制度資産の期待収益
資産の公正価値の変動による影響を遅延認識する範囲を決定する基礎として計算される金額。制度資産の期待収益は,制度資産の長期期待収益率と制度資産の市場連動価値に基づいて決定される。

Explicit approach to assumptions:仮定を個別に明示する方式
仮定の設定方式の1つ。この方式のもとでは,使用される重要な仮定は,それぞれが個別に当該仮定に関する制度の将来の実績の最善の見積りを反映している。Implicit approach to assumptions も参照のこと。

Final-pay formula (Final-pay plan):最終給与比例算定式(最終給与比例制度)
従業員の勤務期間の終了前の特定の何年間かにおける従業員の給与,または従業員の何年間かの最高給与の期間の給与に基づいて給付を決定する給

付算定式。たとえば，勤務の各年度に対して従業員の最終5年間（または，最高給与の連続する5年間）の平均給与の1％に相当する年間年金給付を与える，という制度が考えられる。最終給与比例制度は，そのような算定式を有する制度。

Flat-benefit formula（Flat-benefit plan）：定額給付算定式（定額給付制度）

給付の対象となる勤務の各年度に対して月額20ドルの退職所得というように，給付を勤務1年当たりの定額に基づいて決定する給付算定式。定額給付制度は，そのような算定式を有する制度。

Fund：積み立てる，拠出する；積立金，基金

動詞として使用される場合，積立機関へ払い込むこと（たとえば，年金給付に充当するために，あるいは年金費用に充当するために積立機関に払い込む）。名詞として使用される場合，年金給付をその支払期日が到来したときに支払う目的で積立機関に蓄積されている資産。

Funding method：積立方法

Actuarial funding methodを参照。

Funding policy：積立方針，拠出方針

年金制度が定めている給付を行うための，事業主，加入者，および（もしあれば）その他の源泉（たとえば，州の補助金あるいは連邦交付金）による拠出金の額と時期に関する計画。

Gain or loss：利得または損失，差益または差損，（差）損益

仮定されたものと異なる実績または数理上の仮定の変更に起因する，予測給付債務または制度資産の価値の変動分。発生時に純期間年金費用の構成要素として認識されない利得および損失はその他包括利益として認識される。当該利得または損失は後で本基準書の償却規定に基づいて純期間年金費用の構成要素として認識される。

Gain or loss component (of periodic pension cost)：(純期間年金費用の) 利得または損失要素

次のものの合計。(a)制度資産の実際収益と期待収益の差額および，(b)その他包括利益累積額において認識された純利得または損失の償却額。利得または損失要素は，その他包括利益累積額中の純期間年金費用（利得または損失の純増減）を決定する際の利得および損失の遅延認識による純影響額である。ただし，期間中に発生している，予測給付債務の増減のうちその後の純期間年金費用の認識のために繰り延べられた金額を含まない。

Implicit approach to assumptions：仮定を個別に明示しない方式

仮定の設定方式の1つ。この方式のもとでは，2つまたは3つ以上の仮定が，個別には当該仮定に関する制度の将来の実績の最善の見積りを表わしていない。その代わり，当該2つまたは3つ以上の仮定を結合して使用したことによる全体効果が，仮定を個別に明示する方式によって生み出される全体効果とほぼ同一であるとみなされる。

Interest cost component (of net periodic pension cost)：(純期間年金費用の) 利息費用要素

時の経過に起因する予測給付債務の増加分。

Interest rate：利(子)率，金利

Discount rate を参照。

Loss：損失，差損

Gain or loss を参照。

Market-related value of plan assets：制度資産の市場連動価値

制度資産の期待収益を計算するために使用される残高。市場連動価値は，公正な市場価額か公正価値の変動を5年を超えない期間にわたって系統的かつ合理的な方法で認識するよう算定された価額のいずれかとすることが

できる。市場連動価値を計算する様々な方法を別々の資産クラスに使用することが認められる。ただし市場連動価値を決定する方法は，資産クラスごとに毎年度継続して使用されねばならない。

Mortality rate：死亡率

特定集団における死亡数の，当該死亡が発生した期間の期首における生存者数に対する割合。アクチュアリーは，支払われることになる年金給付の金額を見積るにあたって，生命表を使用する。生命表は各年齢について死亡率を表示している。

Multiemployer plan：多数事業主制度

互いに関連していない複数の事業主が拠出を行う――通常は1つまたは複数の団体交渉協定に基づいて――年金制度。多数事業主制度の特徴の1つは，ある事業主によって拠出された資産が分離勘定に分離されておらず，当該事業主の従業員に対してのみ給付を行うよう使途が制限されてもいないので，ある参加事業主によって拠出された資産がその他の参加事業主の従業員に給付を行うために使用される可能性があることである。多数事業主制度は通常，労使の代表者で構成される受託者委員会によって運営され，「共同信託」制度または「組合」制度と呼ばれることもある。一般に多くの事業主が1つの多数事業主制度に参加するが，一事業主が複数の多数事業主制度に加入することもある。多数事業主制度に参加している事業主は通常，共通の産業という絆を有しているが，一部の制度に関しては，事業主は互いに異なる産業に属し，労働組合がそれら事業主の唯一の共通の絆であるという場合もある。

Multiple-employer plan：共同事業主制度

複数の事業主によって維持されているが，多数事業主制度としては取り扱われない年金制度。共同事業主制度は，単一事業主制度や多数事業主制度ほど多く見られるものではないが，現実に存在するもののいくつかは大規模であり，多数の事業主が参加している。共同事業主制度は一般に団体交

渉されるものではなく，参加事業主——通常は同じ業種に属している——がその資産を投資目的でプールし，制度運営費用を軽減できるようにするためのものである。共同事業主制度は，各事業主のために分離勘定を設けて，各事業主の拠出金が当該拠出事業主の従業員に対してのみ給付を行うようにしている。制度によっては参加事業主に異なる給付算定式の保有を認めるものがあり，この場合，事業主が制度に支払う拠出金は，当該事業主が選択した給付算定式に基づいたものとなる。

Net periodic pension cost：純期間年金費用
事業主の財務諸表においてある期間に係る年金制度の費用として認識される金額。純期間年金費用の構成要素は，勤務費用，利息費用，制度資産の実際収益，利得または損失，過去勤務費用または収益の償却，および本基準書の適用開始日に存在する移行時資産または債務の償却である。本基準書は『net pension expense』という用語に代えて『net periodic pension cost』という用語を使用しているが，これは，ある期間に認識された費用の一部が，他の費用とともに棚卸資産のような資産の一部として資産化されることがあるからである。

Nonparticipating annuity contract：無配当年金契約
年金契約で，購入者が保険会社の投資成果やその他の経営実績に与ることを規定していないもの。Annuity contract も参照のこと。

Nonpublic enterprise：非公開企業
次の企業以外の企業。(a)その負債証券または持分証券が，証券取引所または店頭市場のいずれかの公開市場で取引されている（特定の場所または地域においてのみ上場されている証券を含む）か，(b)いずれかの種類の証券の募集の準備に際して，その財務諸表を規制官庁に提出している企業。

Participant：加入者
従業員もしくは元従業員，組合もしくはその他の従業員団体の会員もしく

は元会員，またはそうした個人の給付金受取人。それらの者のために年金制度の給付が存在している。

Participating annuity contract：配当付年金契約
年金契約で，購入者が保険会社の投資成果，および場合によってはその他の実績（たとえば，死亡率の実績）に与ることを規定しているもの。

Participation right：配当受給権
配当付年金契約のもとで，購入者が保険会社から将来の配当金または保険料の遡及的な減額を受け取る権利。

PBGC
The Pension Benefit Guaranty Corporation：年金給付保証公社。

Pension benefit formula (plan's benefit formula or benefit formula)：年金給付算定式（制度の給付算定式，または給付算定式）
年金制度のもとで，加入者にその受給資格が与えられる給付金を決定する基礎。年金給付算定式は通常，従業員の勤務もしくは給与，またはその両者を考慮する。

Pension benefits：年金給付
退職した従業員または当該従業員の給付金受取人に対して，年金制度の条項に基づいて支払われる定期的な（通常は月ごと）給付金。

Plan amendment：制度(の)変更
現行制度の条項の変更または新しい制度の創設。制度変更は，すでに提供された勤務に配分されるものを含めて給付を増額することがある。Retroactive benefits も参照のこと。

Plan assets：制度資産

（通常は，信託として）会社資産から分離され，給付に使途が制限されている資産——通常は株式，債券，およびその他の投資——である。制度資産は，事業主（拠出制に関しては，事業主および従業員）によって拠出された金額に拠出金の投資から得られた金額を加えたものから，支払われた給付額を控除した金額である。制度が債務を上回る資産を保有し，かつ事業主が既存の債務を履行するためにすでにある種の措置を講じている一定の状況にある場合を除き，通常事業主は制度資産を回収することができない。信託として分離されていない資産，または他の方法によって事業主が給付以外の目的のために使用できないように実質的に使途が制限されていない資産は，たとえ年金を支払うために使用することが意図されていても，本基準書の目的上，制度資産とみなされない。事業主が純期間年金費用として計上しているが制度にまだ払い込まれていない金額は，本基準書の目的上，制度資産とみなされない。制度によって保有される事業主が発行した証券は，譲渡可能であれば制度資産に含められる。制度が給付以外に負債を有している場合，当該非給付の債務は，本基準書の目的上，制度資産の減少とみなされることがある。

Plan assets available for benefits：給付に使用できる制度資産

Plan assets を参照。

Plan curtailment：制度(の)縮小

現在の従業員の将来の勤務の予測年数を大幅に減少させるか，あるいは相当数の従業員に関して，当該従業員の将来の勤務の一部または全部について，規定された給付の発生を減少させる事象。

Plan's benefit formula：制度の給付算定式

Pension benefit formula を参照。

Plan suspension:制度の停止

年金制度が凍結され,今後給付が発生しなくなる事象。将来の勤務が引き続き,停止日時点で存在する受給権未確定給付の受給権を付与する基礎であることもある。制度が引き続き資産を保有し,すでに発生している給付を支払い,そして未積立給付があればそのための事業主の追加拠出金を受け取ることもある。従業員は,事業主のために働き続ける場合もあれば,そうでない場合もある。

Plan termination:制度(の)終了

年金制度が存在することを止め,すべての給付が年金の購入またはその他の手段によって清算される事象。当該制度が別の制度で代替される場合もあれば,されない場合もある。後継制度を伴う制度終了は,会計目的上,実質的に制度終了である場合もあれば,そうでない場合もある。

Prepaid pension cost:前払年金費用

事業主の拠出金の累計額のうち純年金費用の発生額を超過する部分。

Prior service cost:過去勤務費用

制度の変更において与えられる遡及的給付の費用。

Projected benefit obligation:予測給付債務

年金給付算定式に基づいて,特定日前に提供された従業員の勤務に配分されたすべての給付の当該日現在の数理的現在価値。年金給付算定式が将来の給与水準に基づいている場合(給与比例,最終給与比例,最終平均給与比例,または全期間平均給与比例制度),予測給付債務は将来の給与水準に関する仮定を使用して測定される。

Retroactive benefits:遡及的給付

制度の変更(または制度の創設)において与えられた給付のうち,年金給付算定式に基づいて,当該変更前の期間に提供された従業員勤務に配分さ

れた部分。遡及的給付の費用は過去勤務費用と呼ばれる。

Return on plan assets：制度資産の収益

Actual return on plan assets component および Expected return on plan assets を参照。

Service：勤務

年金制度のもとで考慮される雇用。制度発足前の雇用期間は，従業員の制度発足前勤務となる。また，制度発足後の雇用期間は，実施されているか，または論じられている特定の数理的評価との関係において分類される。(制度発足前勤務を含む) 特定の評価日前の雇用期間は過去勤務となり，当該日に続く雇用期間は将来勤務となる。また評価日の直前か，または当該日を含む1年の雇用期間は当期勤務となる。

Service cost component (of net periodic pension cost)：(純期間年金費用の) 勤務費用要素

年金給付算定式に基づいて，当該期間中に従業員によって提供された勤務に配分された給付の数理的現在価値。勤務費用要素は予測給付債務の一部であり，制度の積立状況によって影響されない。

Settlement：清算

年金給付債務に対する本来的責務から事業主（または制度）を開放し，当該債務およびその清算を実行するのに使用された資産に関連した重要なリスクを除去する取消不能な行為。清算に該当する取引の例として次のものがある。(a)特定の年金給付を受給する権利に代えて一時金による支払いを行うこと，(b)受給権確定給付を保障するために無配当年金契約を購入すること。

Single-employer plan：単一事業主制度

一事業主によって維持される年金制度。この用語は，親会社やその子会社

のような関連当事者によって維持される制度を指すのにも使用されることがある。

Sponsor：（制度）運営者
単一の事業主によって設立されたか維持されている年金制度の場合は，当該事業主。従業員組織体によって設立されたか維持されている制度の場合は，当該従業員組織体。複数の事業主によって，または1つもしくは複数の事業主と1つもしくは複数の従業員組織体とによって共同して設立されたか維持されている制度の場合は，制度を設立したか維持している組合，委員会，共同受託者委員会，または当事者の代表からなるその他の団体。

Turnover：中途退職，転職
死亡，通常退職以外の理由による雇用の終了。

Unallocated contract：非割当契約
保険会社との契約で，当該保険会社に対する支払金が（個別の制度加入者に割り当てられずに）非割当基金に蓄積されるもの。その目的は，従業員の退職時に給付の支払いを実行するのに，当該基金を直接的にか，または年金の購入を通じてかのいずれかにより使用することにある。非割当契約のもとで保険会社によって保有されている積立金は，これを引き出して別な方法で投資することができる。

Unfunded accrued pension cost：未払年金費用
発生した純年金費用の累計額のうち事業主の拠出額を超過する部分。

Unfunded projected benefit obligation：未積立予測給付債務
予測給付債務のうち制度資産を超過する部分。

Vested benefit obligation：確定給付債務
受給権確定給付の数理的現在価値。

Vested benefits：受給権確定給付

現在または将来の年金給付を受ける従業員の権利が，事業主のもとで勤務を継続することにもはや依存しない給付（年金積立金の不足といった他の状況によって従業員が受給権確定給付を受けられなくなることがある）。段階的確定方式のもとでは，最初に確定する受給権は，給付の対象となる勤務の累積年数に基づいて，あらかじめ定められた年金の一定割合を将来受け取る，というものとなろう。この場合，当該割合はその後，満額の給付を受ける権利が確定するまで勤務または年齢の年数とともに増えてゆくことになろう。

付録E：追加の実行指針

注：本付録は，本基準書の規定の適用に係る追加の実行指針を含む。[　]内の番号は，質問と回答に関連する本基準書のパラグラフを表示する。例示を簡略化するために，法人所得税の影響を無視している。

E1．［削除。］

E2．
質問 本基準書は，米国税制適格年金で認められる付随的な死亡給付と障害給付よりも高額の死亡給付と障害給付を行う米国外の年金制度に適用されるか。[7 , 8 , 72]
回答 もし当該米国外の年金制度が，米国の年金制度に実質的に類似していれば適用される。主として年金給付を行っている制度から支払われる死亡給付と障害給付の相対的水準は，それだけでは，その年金制度を米国の年金制度と「実質的に」異なるものとする理由にはならない。

E3．［削除。］

E4．
質問 規制事業を有する事業主は，料金算定の目的上許容される年金費用の決定にあたって別の年金会計方法を使用する場合，財務報告の目的上本基準書を適用することによる影響をどのように会計処理すべきか。[7 , 36, 54, *210*]
回答 本基準書は規制事業を有する事業主に適用される。パラグラフ210は次のように述べている。

> 料金規制会社に関しては，本基準書に定義されている純期間年金費用と料金算定の目的のために考え出された年金費用の金額との差

額は，FASB基準書第71号『ある種の法的規制がもたらす影響の会計処理』の規定により，規制機関の規制行為によって新たに生じた資産または負債として認識することが必要となろう。規制機関の当該行為は，純年金費用を費用として認識する時期を変える。当該行為がこれ以外に本基準書の規定に影響を与えることはない。

したがって，基準書第71号が当該事業主に適用され，かつ料金算定の目的上使用される方法に基づいて決定された純期間年金費用の金額が本基準書に基づいて決定された金額と異なる場合，当該差額は，(a)基準書第71号パラグラフ9の規準が充足されれば資産とされ，または(b)状況が基準書第71号パラグラフ11(b)に記述されている通りのものであれば負債とされる。

通常は，料金算定の目的と一般的目的たる外部への財務報告の目的とで異なる方法が継続して使用されるならば，結果として基準書第71号パラグラフ9の規準が満たされるか，または基準書第71号パラグラフ11(b)に述べられている状況になるかのいずれかになるであろう。しかしながら，本基準書に準拠して決定された年金費用が，当年度の料金の設定に使用される方法に準拠して決定された年金費用を上回る場合，次のいずれもが該当すれば，基準書第71号パラグラフ9の規準は満たされないであろう。それは，(a)年金費用が本基準書に準拠して決定されることとなるように，規制機関が速やかに料金算定の目的で算定方法の変更を受け入れることが見込まれ，かつ(b)事業主の本基準書の採用日から当該変更を認める料金決定までの期間，財務報告の目的で本基準書を使用したことから生じた超過費用を回収するだけの収入を規制機関が提供することが見込まれない場合である。

同様に，当年度の料金の設定に使用される方法に準拠して決定された年金費用が，本基準書に準拠して決定された年金費用を上回る場合は，次のいずれものことが見込まれるならば，状況は基準書第71号パラグラフ11(b)で述べられている状況には該当しないであろう。それは，(a)年金費用が本基準に準拠して決定されることとなるように，規制機関が速やかに料金算定の目的で算定方法の変更を受け入れること，(b)現行料金により回収されるはずであったが，算定方法の当該変更によって回収が見送られた費用に対して事業主は

責任があると規制機関が考えないこと，そして(c)本基準書に規定されている方法に基づいて当該費用が結局のところ認識される場合には，規制機関が当該費用を回収するだけの収入を提供することである。

規制機関はその規制行為によって課されたものではない負債を解消することはできないので，本基準書パラグラフ35および36に基づき，負債として給付建年金制度の未積立状況を認識する必要性は規制によって影響を受けない。

基準書第71号パラグラフ9および11(b)が適用されるときの事業主の会計の事例については以下の例示1を参照。

例示1──規制事業を有する事業主の年金会計

規制事業を有する事業主は，本基準書に従って会計処理される給付建年金制度を運営する。例示を簡略化するために，純期間年金費用としてそれまでに認識された金額と料金算定の目的上許容される金額とのあいだに残存差額は存在しないと仮定する。しかし，本基準書に基づいた当該事業主の純期間年金費用（NPPC）の値は料金算定の目的上許容される費用と異なる。次の明細は，20X0〜20X3年度について，2つの基準に基づいた金額を示している。

年度	本基準書に基づいた純期間年金費用	料金算定目的上許容される金額	当期の差	累積差
20X0	120	200	(80)	(80)
20X1	200	100	100	20
20X2	170	140	30	50
20X3	120	200	(80)	(30)

仕訳

20X0年度

20X0年度は，料金算定の目的上許容される金額が，本基準書に基づいて

決定された純期間年金費用を上回る。この場合，基準書第71号パラグラフ11(b)の規定により，本基準書に基づいて決定された金額（120ドル）は事業主の財務諸表に純期間年金費用として認識されねばならない。本基準書に基づいて決定された純期間年金費用の金額（120ドル）と料金算定の目的上許容される金額（200ドル）との差額（80ドル）は，負債（前受収益）として認識され，将来の年金費用の回収のために徴収されるか，あるいは徴収可能である金額を表す。当該年金費用が財務報告の目的で計上される際には，この負債（前受収益）は消去されねばならず，そして収益が認識されねばならない。

純期間年金費用の発生および当年度中に年金制度に支払われた拠出金を処理するための仕訳は次のとおりである。

仕訳

純期間年金費用	120	
収益	80	
年金負債		120
前受収益		80

当年度に係る純期間年金費用と規制機関の規制行為によって新たに生じた負債を計上するためのもの。

仕訳

年金負債	200	
現金		200

年金制度への拠出金を計上するためのもの。

この場合，FASB基準書第132号（2003年改訂）『年金およびその他退職後給付に関する事業主の開示』が規定している開示事項を修正する必要はない。なぜなら，基準書第71号が規定している会計は，本基準書に基づいて認識された純期間年金費用の金額を変更しないからである（以下の【表2】を

参照)。

20X1年度

20X1年度は，料金算定の目的上許容される金額は，本基準書に基づいて決定された純期間年金費用より100ドルだけ少ない。この金額のうち80ドルは，20X0年度に料金算定の目的上許容されていた。したがって，20X0年度前受収益80ドルが20X1年度に収益として認識される。基準書第71号パラグラフ9の規定により，差額100ドルの残存部分（20ドル）は，その将来の回収が規制機関の規制行為によって保証されている発生費用として資産計上されねばならない。

純期間年金費用の発生と当年度中に年金制度に支払われた拠出金を処理するための仕訳は次のとおりである。

仕訳

純期間年金費用	180	
将来の回収のための資産計上費用	20	
前受収益	80	
年金負債		200
収益		80

当年度の純期間年金費用と規制機関の規制行為によって新たに生じた資産を計上するためのもの。

仕訳

年金負債	100	
現金		100

年金制度への拠出金を計上するためのもの。

この場合，基準書第71号が規定している会計は，当該規定がなかったなら

ば本基準書に基づいて認識されたであろう純期間年金費用の金額を変更することになり,そして基準書第132号(R)パラグラフ5(h)によって求められる開示の修正を要する(【表2】参照)。

20X2年度

20X2年度は,料金算定の目的上許容される金額は,本基準書に基づいて決定された純期間年金費用より30ドルだけ少ない。この金額は,当年度より前の諸年度における料金算定の目的上では一切許容されていなかった。基準書第71号パラグラフ9の規定により,この30ドルは,その将来の回収が規制機関の規制行為によって保証されている発生費用として資産計上されねばならない。

純年金期間費用の発生と当年度中に年金制度に支払われた拠出金を処理するための仕訳は次のとおりである。

仕訳

純期間年金費用	140	
将来の回収のための資産計上費用	30	
年金負債		170

当年度に係る純期間年金費用と規制機関の規制行為によって新たに生じた資産を計上するためのもの。

仕訳

年金負債	140	
現金		140

年金制度への拠出金を計上するためのもの。

20X2年度の状況は20X1年度と同様であり,追加的な開示が必要となる(【表2】参照)。

20X3年度

　20X3年度は，料金算定の目的上許容される金額が，本基準書に基づいて決定された純期間年金費用より80ドルだけ上回る。前の諸年度（20X1年度と20X2年度）において，この金額のうち50ドルが資産計上された費用として認識された。

　したがって，この資産計上された費用（50ドル）は20X3年度に費用計上される。さらに，基準書第71号パラグラフ11(b)の規定により，料金算定の目的上許容される金額が本基準書に基づいて決定された純期間年金費用を上回る部分の金額の残存部分（30ドル）に等しい金額の負債（前受収益）を認識することが必要となる［(200ドル－120ドル)－50ドル＝30ドル］。この年金費用が財務報告の目的で計上される際には，この30ドルの負債（前受収益）は解消されねばならず，そして収益が認識されねばならない。

　純期間年金費用の発生と当年度中に年金制度に支払われた拠出金を処理するための仕訳は次のとおりである。

仕訳

純期間年金費用	170	
収益	30	
将来の回収のための資産計上費用		50
年金負債		120
前受収益		30

当年度の純期間年金費用と規制機関の規制行為によって新たに生じた負債を計上するためのもの。

仕訳

年金負債	200	
現金		200

年金制度への拠出金を計上するためのもの。

20X3年度の状況は20X1年度と20X2年度に類似しており，追加的な開示が必要となる（以下の【表2】を参照）。

【表1】 ［削除。］

【表2】 次は，20X0～20X3年度に係る純期間年金費用の構成要素の開示を例示している。その他包括利益累積額に残存する移行時資産または債務がなく，また当該4年間においては利得または損失がないと仮定している。

	20X0	20X1	20X2	20X3
勤務費用[*]	$XXX	$XXX	$XXX	$XXX
利息費用[*]	XXX	XXX	XXX	XXX
制度資産の実際収益[*]	(XXX)	(XXX)	(XXX)	(XXX)
純償却および繰延	0	0	0	0
本基準書に基づいて決定された純期間年金費用	120	200	170	120
規制機関の行為に起因する（資産）費用計上額		(20)	(30)	50
認識された純期間年金費用	$ 120	$ 180	$ 140	$ 170

[*] 金額は例示目的でのみ除外されている。

E5.
質問 事業主が退職後医療給付をも行う年金制度を有している場合，本基準書はそうした給付にも適用されるべきか。［8］
回答 適用されるべきではない。退職後医療給付に関する会計は，FASB基準書第106号『年金以外の退職後給付に関する事業主の会計』で規定される。

E6.
質問 従業員報酬が棚卸資産またはその他の資産の費用の一部として資産化される場合，本基準書の脚注4（「純期間年金費用の利息費用要素は，

FASB基準書第34号『利息費用の資産化』の適用上，利息とはみなさないものとする」)は，純期間年金費用の利息費用要素の資産化を禁止しているか。[16]

回答 禁止していない。本基準書の基本的な側面は，様々な年金費用の構成要素（勤務費用，利息費用，制度資産の期待収益，およびその他包括利益累積額に認識される次の項目の償却：(a)純移行時資産または債務，(b)過去勤務費用または収益，(c)純利得または損失）を結合または合計する，という点である。全体として，純期間年金費用は従業員報酬の一要素とみなされる。したがって，ある資産の構築または創出に関連して従業員報酬を資産化することが適切である場合には，該当する従業員に適用される当年度に係る純期間年金費用が──その個々の構成要素では『なく』──目的に適合する金額である。

E7.

質問 事業主に純貸方計上となる純期間年金費用（すなわち純期間年金収益）が生じることはあり得るか。[16, 20]

回答 あり得る。純期間年金費用は，そのあるものは費用または損失（これは純期間年金費用を増加させる）であり，そのあるものは収益または利得（これは純期間年金費用を減少させる）である様々な年金費用の構成要素の総計である。収益または利得要素が費用または損失要素を上回ることはあり得ることであり，その時は純期間年金収益となる。例えば，年金制度によっては，制度資産の期待収益，あるいはその他包括利益累積額に残存する移行時資産の償却が，純期間年金費用のその他の構成要素を上回ることがある。

E8.

質問 事業主に純貸方計上となる純期間年金費用（すなわち純期間年金収益）が生じている場合，この純期間年金収益は，従業員報酬が棚卸資産またはその他の資産の費用の一部として資産化される時，どのように取り扱われるべきか。[16, 20]

回答 費用配分過程が純期間年金費用を棚卸資産またはその他の資産の費用

の一部として資産化する時は，純期間年金収益もまた資産化されるべきであり，これにより，資産化される従業員報酬とその他の費用の総額は減少することになる。

E9.

質問 積立超過の状態にある年金制度を運営している事業主に純貸方計上となる純期間年金費用（すなわち純期間年金収益）が生じており，かつ年金制度に拠出をしても当該拠出額を税制上当年度に控除できないという理由から事業主が拠出を行わない場合，純期間年金収益と税法上の控除可能額との差額は，FASB基準書第109号『法人所得税に関する会計』のパラグラフ10～11で論じられている一時差異に該当するか。もしそうであれば，それはいつ，どのように解消されるか。[16, 20]

回答 一時差異である。純期間年金収益と税法上の控除可能額との差額は，課税の繰延が供与されるべき年金制度に関連する一時差異総体の，発生または解消部分を表わす。最終的には，事業主が従業員に年金給付を行うのに要する費用は純積立額——これは，給付支払総額から制度資産の収益総額を控除した金額に等しい——に等しくなる。したがって，会計上の年金費用の累積額は税制上認識された金額の累積額に等しくなるであろう。

　一時差異総体は2つの方法のいずれかで解消される。第1に，年金制度が将来のある時点で，低調な運用成果のために，または(a)利率の低下，(b)将来の勤務年数について稼得される追加年金給付，もしくは(c)給付を増額させる年金制度の変更，に起因する債務の増加のために，積立超過の状態でなくなることが考えられる。この場合，将来の年度に係る純期間年金費用は，最後には当該年度に積み立てられる金額を上回るであろう。第2に，当該年金制度が積立超過の状態を続け，年金債務の増加を超える投資収益を生み続けるならば，事業主が年金制度を終了させて超過資産を回収することが考えられる。この場合，年金制度の終了から生じる会計上の利得は，当該終了の帰結としての課税対象額を下回るであろう。一時差異の解消は，遠い将来に生じるかもしれず，またある程度は事業主によって調節されるかもしれないが，課税の繰延が供与されるべき一時差異が存在する。

E10.

質問 事業主によって発行された譲渡可能証券が制度資産に含まれている場合，制度資産の測定値は当該証券の未収利息をも含むべきか。[19]

回答 含むべきである。パラグラフ19で述べられている「事業主によって費用として計上されているが制度にまだ拠出されていない金額」を制度資産に含めないということは，認識される年金負債に関して述べたものである。

E11.

質問 事業主がその所有する生命保険証券で財源の積立てを行う（税制上の）非適格年金制度を有している場合，当該証券の解約価格は，本基準書の適用上制度資産とみなされるべきか。[19, 62]

回答 みなされるべきでない。生命保険証券は，事業主がその所有者であるか，または保険金受取人である場合，制度資産としての資格を有しておらず，当該証券の会計はFASB技術公報第85-4号『生命保険の購入の会計』およびEITF問題No.06-5『生命保険の購入の会計──FASB技術公報第85-4号によって実現する可能性のある金額の決定』に従うべきである。

E12.

質問 一年度に係る制度資産の実際収益が純期間年金費用の一構成要素であるなら，制度資産の期待収益は純期間年金費用の決定にどのように影響するのか。[23, 30～34]

回答 制度資産の期待収益は，一般にその年度に係る制度資産の実際収益と異なるであろう。本基準書は，そうした差額が生じた時にその他包括利益に差額（純利得または損失）を認識することを規定している。また，その他包括利益に認識される金額は，当年度に係る純期間年金費用の一構成要素でもある。したがって，その他包括利益に認識された金額と制度資産の実際収益は，合計すると制度資産の期待収益に等しくなる。その他包括利益累積額に認識された金額は，当該純利得または損失のその後の償却（もしあれば）を通じて将来の純期間年金費用に影響する。

E13.

質問 年金制度の文書化されている給付算定式による給付よりも高額の給付を実施するという実質的な約定を事業主が行っている場合，そうした実質的な約定の一部として予定された遡及的な制度変更の影響と実際の遡及的な制度変更の影響との差額は，どのように会計処理されるべきか。[24～34, 41]

回答 当該差額が，実質的な約定の対象である給付算定式の意図的な修正から生じたものである場合は，その会計処理は，遡及的な制度変更に関してパラグラフ24～28に規定されている通りでなければならない。そうでない場合は，当該差額は，パラグラフ29～34に定める会計処理が適用される利得または損失である。

E14.

質問 特定の遡及的な制度変更から発生した過去勤務費用の償却の計画がひとたび決定されると，この計画は変更されないまま継続されるべきか，あるいは定期的な見直しを必要とするか。[24～28, *167*]

回答 当初の計画は，縮小が行われる場合（基準書第88号『給付建年金制度の清算および縮小ならびに雇用修了給付に関する事業主の会計』パラグラフ6および12），または諸事象に照らして，(a)過去勤務費用を発生させた制度変更から将来の経済的利益をそのあいだ実現すると事業主が予測する期間が当初に見積られた期間よりも短いこと，あるいは(b)将来の経済的利益がすでに減耗していること，が明らかである場合にのみ，見直されるべきである。当該計画は従業員の予測勤務年数の通常の変動を理由として見直されるべきでない。本基準書は，過去勤務費用がよりゆっくり純期間年金費用に認識されることとなるように当該計画を見直すことを認めていない。

E15.

質問 FASB基準書第141号『企業結合』に基づいて会計処理される企業結合において，買収事業主が被買収事業主の従業員を買収事業主の年金制度に含め，そして当該従業員に対し過去の勤務に関して給付を与える場合（被買収事業主は年金制度を有していなかった），過去の勤務に関して与えられた

この給付は，過去勤務費用として取り扱いその他包括利益に認識すべきか，または当該買収の費用の一部として取り扱うべきか。[24〜27，74]

|回答| 本質問に対する回答は，当該買収を取り巻くすべての事実と環境の分析に依存する。もし買収事業主による当該従業員に対する過去勤務に係る給付の付与が当該買収の成立の一条件として売却者から要求されていれば，当該給付の付与は当該買収の費用の一部とみなされるべきである。そうでないならば，過去勤務に係る給付の付与は遡及的な制度変更として会計処理されるべきである。

過去勤務に係る給付の付与が当該買収の費用の一部とみなされる場合，予測給付債務の増加を相殺する借方項目は，過去の勤務に係る給付の付与が当該買収の費用の一部とみなされないとした場合に当該買収について決定される営業権の修正であるべきである。過去勤務に係る給付の付与が遡及的な制度変更として会計処理される場合は，過去勤務費用は，その他包括利益に認識され，パラグラフ24〜27に定めるとおり償却の対象になる。こうした選択肢が貸借対照表，損益計算書およびその他包括利益に与える影響は，異なることがある。

E16.

|質問| (a)その他包括利益累積額に含まれる過去勤務費用の償却，(b)その他包括利益累積額に含まれる純利得または損失の最小償却額，または(c)その他包括利益累積額に残存する移行時資産もしくは債務の償却，の期間を決定するにあたって，当該制度のもとで給付を受けると予測される従業員の将来の勤務期間の決定に，拠出制給付建制度への『当該従業員の負担した』拠出金（該当する場合，これに利息を加えたもの）の返還『だけ』を受けると予測される従業員の勤務期間を含めることは必要か。[24〜26，32，77]

|回答| 必要ない。『事業主』が行う給付を受けると予測される従業員の将来の勤務期間のみが含められるべきである。

E17.

|質問| 給付の受給権が確定する前に雇用を終了すると予測される従業員の勤

務期間は，年金制度のもとで給付を受けると予測される従業員の平均残存勤務期間の決定に含められるか。[24，26，32，77]

回答 含められない。当該決定日現在で勤務している従業員のうち事業主が行う給付を実際に受けると予測される者の勤務期間のみが含められる。

E18.

質問 純期間年金費用の一部の構成要素に関して償却期間を選択する上で，ある年金制度の加入者の「ほとんどすべて」が非現役であるか否かを決定する特定の境界線は存在するか。[25，26，32，77]

回答 存在しない。非現役加入者の平均余命期間の使用を決定する境界線は，当該特定年金制度の事実と環境に基づいた判断を必要とする。

E19.

質問 過去の期間に提供された勤務に対して増加給付を与えるすべての制度変更の費用（過去勤務費用）を，純期間年金費用の構成要素として即時に認識する，という会計方針を事業主が採用することは認められるか。[26，27]

回答 認められない。過去の期間に提供された勤務に対して増加給付を与える『すべての』制度変更の費用を，純期間年金費用の構成要素として即時に認識する，という会計方針は認められない。過去勤務費用は，事実と環境の評価に基づいて，事業主が当該制度変更からいかなる将来の経済的利益も実現しないと予測する場合を除き，その他包括利益において即時に認識される（パラグラフ27参照）。過去勤務費用を純期間年金費用において即時に認識するという会計方針を採用すれば，将来の制度変更に関して，『それが実施された時』にそうした事実と環境を評価するということが，そもそも行われなくなってしまうであろう。

FASBは，パラグラフ26によって認めている過去勤務費用の代替償却方法の中に，純期間年金費用の構成要素として即時認識という方法を含めるつもりはなかった。むしろ，1つの代替方法を会計方針として採用することを認めたのは，パラグラフ25に定義している方法は必要以上に複雑であり事業主に長期にわたる詳細な記録の保持を要求することになろうとの回答者の懸

念に応えるためであった。FASBは計算と記録管理を簡略にするような償却の代替方法を認めることに同意したが，それは，従業員の勤務期間（あるいは該当する場合，非現役加入者の余命期間）が当該方法によって考慮されることとなるようにし，また純期間年金費用の構成要素として過去勤務費用を遅延認識することの影響の程度が，パラグラフ25に定義している方法よりも大きくなるようにはしない，という意図をもった上でのことであった。

E20.
質問 遡及的な制度変更を長期にわたって3年ごとに提供してきた実績を事業主が有している場合，変更の結果として生じた過去勤務費用は，3年という期間で償却されるべきか。[27]
回答 本基準書の目的の1つは，遡及的な制度変更の費用を，変更から便益を受ける期間が従業員の残存勤務期間より短いならば，当該期間にわたって償却することにある。遡及的な制度変更を長期にわたって3年ごとに提供してきた――たとえば，組合交渉の一部として――実績を事業主が有している場合は，便益を受ける期間は3年であろう。従業員がこのパターンは継続すると予測している場合，遡及的な制度変更から得られるべき将来の経済的利益は，このパターンが破られれば存続しなくなるであろう。それぞれの遡及的な制度変更の将来の経済的利益は，事実上，組合契約の期間（本ケースでは3年）で消滅するであろう。こうした状況では，その他包括利益累積額に含まれる過去勤務費用を3年という期間で償却することが適切であろう。3年ごと変更というパターンの一部をなしている遡及的な制度変更について3年が適切な償却期間であるか否かは，当該特定の状況の事実と環境に基づいて決定されるべきである。

E21.
質問 予測給付債務を減少させる遡及的な制度変更（マイナスの遡及的な制度変更）を事業主が実施する場合で，それまでに実施されたいくつかの遡及的な制度変更による過去勤務費用であってその他包括利益累積額に含まれる金額が総計で当該マイナスの遡及的な制度変更による影響を上回る時は，そ

の他包括利益累積額に含まれる過去勤務費用を個別に減額するために，いかなる方法が使用されるべきか。[28]

回答 給付を減少させる当該遡及的な制度変更が，それまでに実施された遡及的な制度変更のうちの1つに特定的に関連づけられうるのでない限り，系統的で合理的な方法（たとえば，後入先出法，先入先出法，あるいは比例割合法）はすべて，継続して適用されるのであれば認められる。

E22.
質問 特定の年齢前に従業員が死亡した時はその配偶者に対して当該従業員の累積給付の一定割合を支払う，という規定を削除するために事業主が年金制度を変更する場合，この給付の削減は遡及的な制度変更として会計処理されるべきか。[28]
回答 そのように会計処理されるべきである。

E23. ［削除。］

E24.
質問 当該年度中に行われると予測されている年金制度への拠出と給付支払いの額と時期は，制度資産の当該年度に係る期待収益を決定するにあたって考慮されるべきか。[30]
回答 考慮されるべきである。制度資産の期待収益は，すべての制度資産の当該年度を通じた投資への利用可能性を考慮に入れるべきである。たとえば，もし事業主の当年度に係る拠出金が次の測定日の2か月前に払い込まれると予測されるならば，制度資産の期待収益は，当該拠出金からの期待収益に関連した金額を当該2か月対応分のみ含めるべきである。

E25. ［当該質問および関連する例示2は削除された。］

E26.
質問 類似した制度資産を保有するいくつかの年金制度を有する事業主は，

当該制度資産の市場連動価値の決定に相互に異なる資産評価方法を使用してよいか。[30]

回答 制度に固有の事実と環境が方法の相異を正当化する場合にのみ，事業主は類似した制度資産に対して相互に異なる資産評価方法を使用すべきである。そうでない場合，類似した制度資産に対して様々な資産評価方法を使用することは，報告される年金情報の比較可能性を高めるという本基準書の目的と整合していない。

E27.

質問 制度資産の市場連動価値を決定する資産評価方法を選択する目的で制度資産をいくつかの資産クラスに分類する場合，その資産クラスの数に制限はあるか。[30]

回答 ない。しかしながら，各クラスについて選択される資産評価方法は，当該制度資産の公正価値の変動を5年を超えない期間にわたって系統的かつ合理的な方法で認識する，という目的を達成しなければならない。ひとたびそうした方法が選択されると，それは，制度資産をいくつかの資産クラスに分類する方法と同様に，制度資産の当該クラスに継続して適用されねばならない。

E28.

質問 次の資産評価方法は，制度資産の市場連動価値の決定方法として認められるか。

制度資産の市場連動価値は，次の3階層から構成される制度資産の総収益要素を使用して決定される。

a．年度期首の制度資産の市場連動価値，年度中のキャッシュ・フロー，および制度資産の長期期待収益率に基づいた制度資産の期待収益要素
b．累積給付債務の測定に使用される割引率の年度中の変化による累積給付債務の変動分に相当する金額（この金額は，制度資産が累積給付債務より少ない場合には比例的に減額される）
c．当該制度資産の公正価値に基づいた制度資産の実際収益と，要素(a)お

よび(b)から導かれる制度資産の期待収益との差額の一定割合（例えば，5年という平均期間が使用される場合，20％）に相当する変動要素。[30]

回答 認められない。説明された方法は，制度資産の公正価値の変動に関連しないことがあるファクター（層(b)を参照）を導入している。評価方法が系統的かつ合理的でなければならないという本基準書の規準を満たすためには，当該方法は，異なる日付間における制度資産の公正価値の変動のみを反映するものでなければならない。

制度資産の市場連動価値の使用は，資産に関連した純期間年金費用の変動性を抑えるための諸提案に対する1つの回答として考案されたものである。説明された方法は，市場連動価値の使用が果たそうとした目的とは別の目的，すなわち，予定割引率の変化の影響をさらに均すという目的を達成しようとしているように思われる。

E29．

質問 制度資産の市場連動価値の使用は，純期間年金費用の決定にどのように影響するのか。[30〜32]

回答 制度資産の市場連動価値の使用は純期間年金費用に2つの仕方で影響する。第1に，制度資産の市場連動価値は，『制度資産の期待収益』を計算する基礎とされる。第2に，制度資産の公正価値に基づいた利得または損失が制度資産の市場連動価値にまだ反映されていないという点で，そのようなまだ反映されていない金額は，その他包括利益累積額に含まれる次年度に始まる償却の対象とされる純利得または損失から除外される。そうした除外された利得または損失は最後には純期間年金費用に影響を与えることになるが，その影響は制度資産の市場連動価値の使用によって遅延される。

E30．［削除。］

E31．

質問 年金制度のすべてまたはほとんどすべての加入者が，当該年金制度の

一時的な停止のために非現役である（すなわち，ある限られた期間中，従業員が規定された給付を追加して稼得しない）場合，その他包括利益累積額に含まれる純利得または損失の最小償却額は，当該一時的な非現役加入者の平均残存余命期間に基づいて決定されるべきか。[32]。

回答 そのように決定されるべきでない。その他包括利益累積額に含まれる純利得または損失の最小償却額は，当該一時的な非現役加入者のうち当該年金制度のもとで給付を受けると予測される者の平均残存勤務期間に基づいて決定されるべきである。

E32.
質問 年金制度の対象とされるすべての従業員が解雇されるが引退はしない場合，その他包括利益累積額に含まれる純利得または損失の最小償却額は，当該非現役加入者の平均残存余命期間に基づいて決定されるべきか。[32]

回答 そのように決定されるべきである。述べられた状況が発生することがある。たとえば，ある事業部がそれ自身の年金制度と共に事業主によって売却され，これに伴い関連した従業員は解雇されるが，当該年金制度は存続し，売却日までに発生した給付債務を保持し続ける場合である。そうした状況では，その他包括利益累積額に含まれる純利得または損失の最小償却額は，当該非現役加入者の平均残存余命期間に基づいて決定されるべきである。

E33.
質問 事業主が，利得または損失を，当初その他包括利益として認識せずに，純期間年金費用の構成要素として即時に認識することは認められるか。[33, 54]

回答 認められる。利得または損失を純期間年金費用の構成要素として即時に認識することは，次の条件をすべて満たすならば認められる。(a)当該方法を継続して使用すること，(b)当該方法を（制度資産と債務の両方から生じる）『すべての』利得および損失に対して適用すること，(c)使用した当該方法を基準書第132号(R)パラグラフ５(o)に従って開示すること。

E34. ～E36. ［削除。］

E37. ［当該質問および関連する例示3は削除された。］

E38. ～E42. ［削除。］

E43. ［当該質問および関連する例示4は削除された。］

E44.
　質問 全期間平均給与比例年金制度が各年度の勤務に対して当該年度の給与の１％に相当する年金給付を与える給付算定式を有しており，かつ将来に向かって適用される（定額給付）制度の変更が組合交渉の一部として３年ごとに与えられる場合（たとえば，交渉による増額によって，勤務の次の３年の各年度について年当たり360ドルの追加給付が与えられるという場合），年金制度のもとで行われる全期間給与比例部分と定額給付部分の両方の年金給付に関して，予測単位積増方式が使用されるべきか。［39，40］
　回答 使用されるべきでない。予測単位積増方式は，年金給付の全期間平均給与比例部分を従業員の勤務期間に配分するために使用されるべきであり，限定的な勤務期間――この事例では３年――に係る定額給付部分に関しては単位積増方式が使用されるべきである。

E45.
　質問 事業主が，最高20年までの勤務の各年度に最終給与の１％の給付を与える制度を有し，かつ最終給与が第20年度で凍結される場合，当該事業主は，この年金制度における従業員の総予測給付を，当該従業員の予測勤務期間にわたって――たとえこの期間が20年という限度を超えると予測されても――配分すべきか。［39，40］
　回答 そのように配分すべきではない。20年を超えて働くと予測される従業員については，脚注８（パラグラフ40）が配分期間を20年という期間に制限している。

総予測給付は通常，年金制度の給付算定式に基づいて勤務の各年度に配分されるべきであるが，パラグラフ42において，年金制度のなかには，その年金給付の過大な部分を後期の勤務年度に配分する給付算定式を有するものが存在すると説明しており，そうした年金給付を勤務期間にわたって比例的に配分する（これは年金制度の給付算定式よりも配分の仕方が速いであろう）ことを求めている。しかしながら，年金給付を年金制度の給付算定式よりもよりゆっくりと勤務の各年度に配分する根拠は存在しない。本事例に関しては，当該従業員に係る純期間年金費用の勤務費用要素は，20年度を過ぎるとゼロになるべきである。しかしながら，利息費用要素は予測給付債務から発生し続けなければならない。

E46.
質問 年金制度の給付算定式が，最高20年までの勤務の各年度について最終給与の1％の給付を与え，かつ最終給与が第20年度で凍結されないとするならば，パラグラフE45の質問に対する答は違ってくるか。[39, 40]
回答 違わない。ただし，20年という期間が経過した後で給与の最終水準に関して実績が予定したものと異なると，利得または損失が発生するであろうという指摘が付け加えられる。

E47.
質問 1つの年金制度が複数の給付算定式を有し，従業員の年金給付が当該従業員の雇用終了または退職時点で最も高額の年金給付を与える給付算定式に基づいて決定される場合，事業主は累積および予測給付債務をどのように決定すべきか（たとえば，従業員が10年度に雇用を終了すると，年金制度の定額の給付算定式が給与比例の給付算定式よりも高額の年金給付を与え，一方従業員が11年度に雇用を終了すると，この同じ従業員に，制度の給与比例の給付算定式が定額の給付算定式よりも高額の給付を与える場合）[39, 40]。
回答 この質問は，実効的に勤務年数によって異なる給付を定めている給付算定式を有する年金制度に関連している。したがって，従業員の勤務の各年

度に同額の年金給付を割り当てることをしない期間配分方式が必要となろう。

本基準書のもとでは，累積給付債務が予測給付債務を上回ることはありえない。年金制度が複数の給付算定式を有する場合，累積給付債務は，制度の各給付算定式をそれまでの勤務に適用して決定される年金給付の最高額に基づくべきである。予測給付債務は，別の給付算定式を使用した場合の残存予測勤務期間に係る増加年金給付の配分の方が，当年度の勤務に対してより高額の年金給付の配分となるまでは，前年度に使用したのと同一の給付算定式に基づいて決定されるべきである。これは，すでに指摘したように，従業員の勤務年数によって異なる水準の給付を配分する結果になろう。

複数の給付算定式を有する年金制度について，累積および予測給付債務をどのように決定すべきかの例については，次の例示5を参照。

例示5 ── 定額の給付算定式と給与比例の給付算定式を有する年金制度に関する給付の決定

事業主は，2つの給付算定式のいずれか大きい方の年金給付を行う年金制度を有している。給付算定式Aは従業員の勤務の最初の20年の各年度について定額給付450ドルを与えるが，20年を超える勤務の年度については追加給付は与えられない。給付算定式Bは勤務の各年度について最終給与の1％に相当する給付を与える。以下の諸ケースでは，従業員は，1年度に給与1万1000ドルで勤務を開始し，勤務の各年度について1000ドルの給与の増額を受けるものと仮定する。例示を簡略化するために，累積給付債務（ABO）および予測給付債務（PBO）に関する数理的現在価値は算定されていない。これに代えて当該債務は，従業員が退職すると開始される年間年金給付で表現されている。

◆ケース1◆勤務期間30年

　従業員が30年度末に最終給与4万ドルをもって退職すると仮定する。この従業員について給付算定式Aは，勤務期間30年に対して9000ドルの年間年金給付（勤務の最初の20年の各年度について450ドル，勤務の21～30年度ついては追加給付なし）を与える。給付算定式Bは，勤務期間30年に対して1万2000ドルの年間年金給付（30×1％×4万ドル，すなわち勤務の各年度について400ドル）を与える。勤務の年度に対する年金給付の配分が，給付算定式AおよびBに関して，図Iに表示されている。

図I
期間配分
給付算定式A対給付算定式B

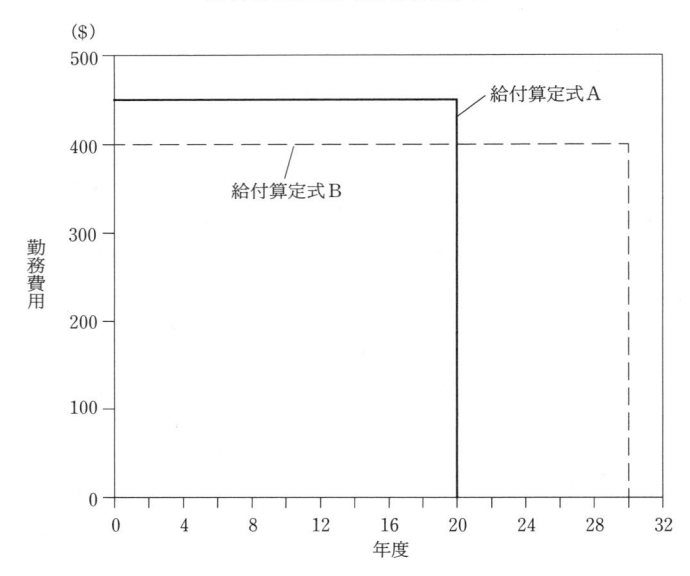

図IIは，当該従業員について，給付算定式AおよびBに基づいた，勤務の各年度に係る累積および予測給付の増加を示している。図に見るとおり給付算定式Aが，1〜20年度について，より大きい累積および予測給付を与えている。

21年度以降は，給付算定式Aのもとでは追加年金給付は与えられない。21年度時点で給付算定式Bは，21〜30年度に配分される総予測給付の一部を与え始める。給付算定式Bのもとで，21〜30年度における勤務に対して与えられると予測される追加年金給付は3000ドル（給付算定式Bのもとでの30年度時点における累積給付が1万2000ドルであるのに対して，給付算定式Aのもとでの20年度時点における累積給付は9000ドル）である。この追加年金給付は，21〜30年度中の勤務に比例的に割り当てられる（年度当たり300ドル）。21および22年度では，給付算定式Bに基づいたこれらの年度における予測給付が9000ドル未満であるので，追加年金給付は「稼得され」ないが（図IIの予測給付債務を参照），年金給付は，21〜30年度に係る総増加年金給付に基

図II
累積および予測給付債務
給付算定式A対給付算定式B

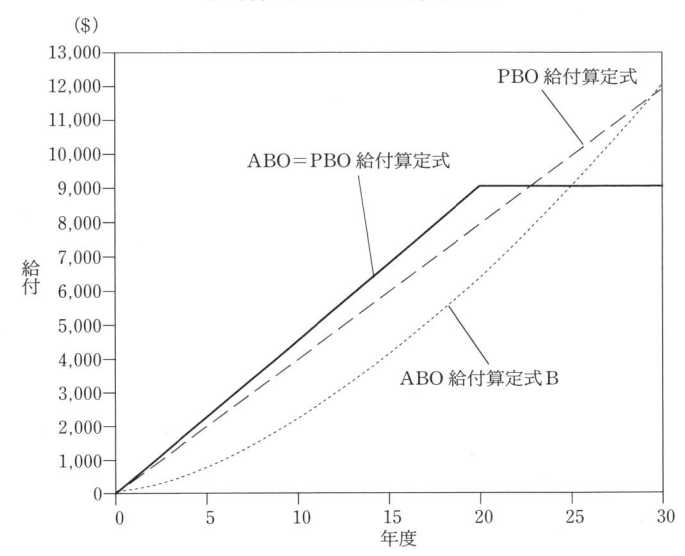

づいて，21および22年度に対しても配分されることに留意すること。勤務の年度に対する総予測給付の期間配分が図IIIに表示されている。

このようにして，累積給付債務は，どの時点においても，給付算定式AおよびBのもとで決定された年金給付のいずれか大きい方であるが，予測給付債務は，もう一方の給付算定式を使用して残存勤務期間に係る増加年金給付を配分した方が，当年度の勤務に対してより大きい金額の年金給付を配分することになるまでは，より大きい年金給付を与える給付算定式（給付算定式A）に基づいて決定される。この例では，給付算定式Bに基づいて増加給付3000ドルを21〜30年度へ配分する方が，給付算定式Aが配分するであろう額（0ドル）よりも，当該年度の勤務に対してより高額の給付を配分する。図IVは，制度の給付が給付算定式AおよびBに基づいて決定される給付のいずれか大きい方である場合の累積給付債務および予測給付債務の増加を表示している。

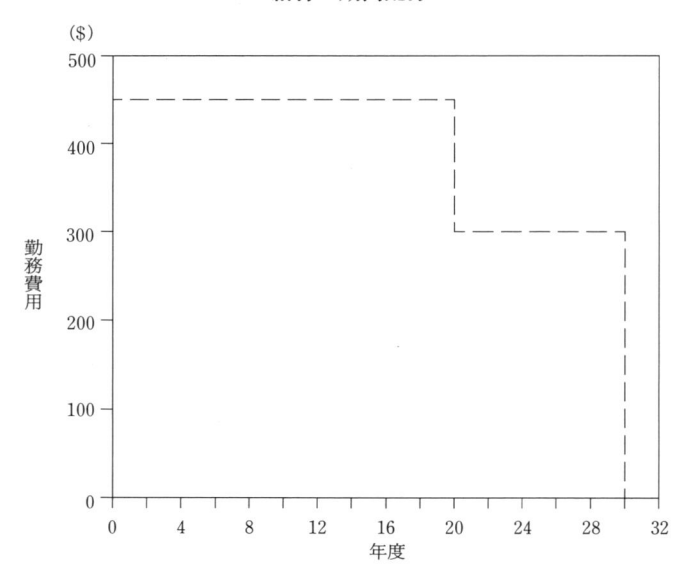

図III
給付の期間配分

付録E：追加の実行指針　211

**図IV
累積および予測給付債務
給付算定式AおよびBに基づいた給付のいずれか大きい方**

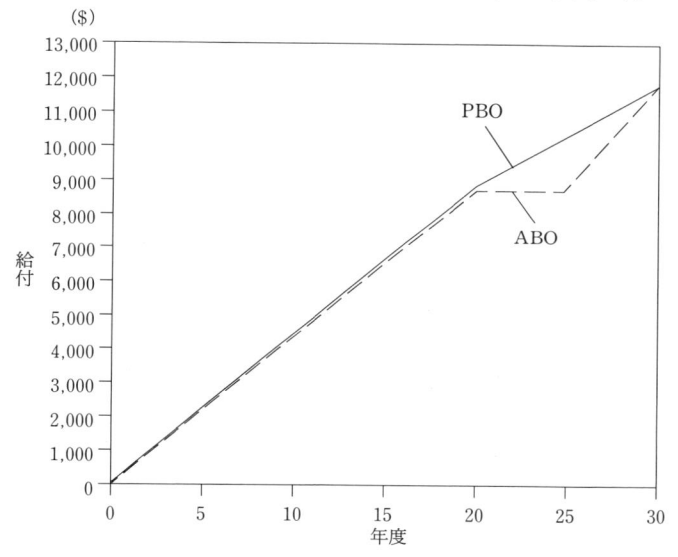

1～30年度について，累積および予測給付債務は以下のとおりである。

年　度	ABO	PBO
1～19	a)	a)
20	$ 9,000a)	$ 9,000a)
21	9,000a)	9,300b)
22	9,000a)	9,600b)
23	9,000a)	9,900b)
24	9,000a)	10,200b)
25	9,000a)	10,500b)
26	9,360c)	10,800b)
27	9,990c)	11,100b)
28	10,640c)	11,400b)
29	11,310c)	11,700b)
30	12,000c)	12,000b)

a) 450ドル×勤務年数，ただし，勤務年数は20年を超えないものとする（給付算定式A）。
b) 20年度までに給付算定式Aによって稼得された給付に，給付算定式Bに基づいた追加予測給付（21～30年度の勤務に係るもの）を給付算定式Bが適用される期間中ですでに終了した勤務年数の同期間の中で終了すると予測される勤務年数に対する割合に比例して配分した金額を加えたもの。
c) すでに提供された勤務の各年度について当該年度の給与の1％（給付算定式B）。

◆ケース2◆勤務期間20年

　従業員が20年度末に最終給与3万ドルで退職すると仮定する。この従業員について，給付算定式Aは年間年金給付9000ドル（勤務の各年度に450ドル）を与え，給付算定式Bは年間年金給付6000ドル（20×1％×3万ドル，すなわち勤務の各年度について300ドル）を与える。給付算定式Aが，各年度においてより大きい金額の給付を与えるので，期間配分は給付算定式Aに基づいて決定されることになる。累積給付債務と予測給付債務は，給付算定式が非給与比例であるので，1～20年度において等しい。

◆ケース３◆勤務期間40年

　従業員が40年度末に最終給与５万ドルで退職すると仮定する。この従業員について，給付算定式Ａは40年の勤務に対して年間年金給付9000ドル（最初の20年の勤務の各年度について450ドル，21〜40年度の勤務については追加給付なし）を与え，給付算定式Ｂは40年の勤務に対して退職時に支払開始される年間年金給付２万ドル（40×１％×５万ドル，すなわち勤務の各年度について500ドル）を与える。給付算定式Ｂが各年度においてより大きい年金給付を与えるので，予測給付債務の期間配分は，勤務のすべての年度について，給付算定式Ｂに基づいて決定されることになる。しかしながら累積給付債務は，勤務の各年度について，より大きい累積給付を与える給付算定式によって決定され続ける。

E48.

質問　年金制度が予測給付債務を『上回る』累積給付債務を有することはあり得るか。［39〜40，42］

回答　あり得ない。パラグラフ40および42で述べられている期間配分方式のもとでは，予測給付債務は常に，累積給付債務と等しいか，または同債務を上回るはずである。

　しかしながら，特定の制度（主として米国外の制度）のもとで，従業員が直ちに雇用終了したとして受給権が与えられる給付の数理的現在価値が，現在までの勤務に基づく従業員の予測離職日に受給権が与えられる給付の数理的現在価値を上回ることがある。そのような場合，EITF問題No.88-1「給付建年金制度に関する確定給付債務の決定」には，従業員が離職したとして受給権が与えられる確定給付の数理的現在価値か，または従業員の予測離職日もしくは退職日に基づいて現時点において受給権が与えられる確定給付の数理的現在価値のいずれかを計上することができると述べられている。SECオブザーバーは使用する方法は開示されるべきだと述べた。

E49.

質問 従業員が超過給付（トップ・ハット）年金制度のもとで年金給付を受けると予測される場合（すなわち，当該従業員の退職時の年金給付が米国内国歳入法第415条の限度額を上回ると予測される場合），予測給付債務は，当該従業員の勤務期間のあいだ，（税制上の）適格年金制度と超過給付年金制度とにどのように配分されるか。[39, 40, 46, 47, 55]

回答 予測給付債務は，それが第415条により課せられている給付の予定限度額に等しくなるまでは，（税制上の）適格年金制度に配分されるべきである（パラグラフE63の質問に対する回答を参照）。その後の勤務の年度に係る予測給付の増加分はすべて超過給付年金制度に配分されるべきである。

本基準書のもとでは，純期間年金費用，負債，および資産は制度ごとに決定される。すでに提供された勤務に係る従業員の予測給付が，前提となっている適格年金制度の給付限度額に達するまでは，当該従業員は超過給付年金制度に基づいた給付を受給する資格がなく，したがって費用も債務も超過給付年金制度に配分されるべきでない。

年金給付の（税制上の）適格年金制度と超過給付年金制度への配分の事例については，例示6を参照。

例示6——適格年金制度と超過給付年金制度への年金給付の配分

年金制度の給付算定式は，勤務の各年度について最終給与の2％の年間年金給付を与えるというものである。従業員が，1年度に20万ドルの給与で勤務を開始し，毎年1万5000ドルの給与の増額を受け，21年度の期末に50万ドルの給与で退職すると仮定する。さらに年金給付の年間支払額に関する第415条限度額は1年度において9万ドルであると仮定し，また現行法の下における当該限度額は，従業員が給付支払を受けるすべての年度について12万ドルの年金給付の年間支払額が許容されるようになるまで引き上げられていくと仮定する。

当該従業員に係る累積給付債務（ABO）および予測給付債務（PBO）の配分は次のとおりである。例示を簡略化するために，累積給付債務および予

測給付債務に関する数理的現在価値は算定されていない。これに代えて当該債務は，従業員が退職すると開始される年間年金給付で表現されている。

勤務年度	給与	全体		適格年金制度		超過給付年金制度	
		ABO	PBO	ABO	PBO	ABO	PBO
1	$200,000	$ 4,000	$ 10,000	$ 4,000	$ 10,000		
2	215,000	8,600	20,000	8,600	20,000		
3	230,000	13,800	30,000	13,800	30,000		
4	245,000	19,600	40,000	19,600	40,000		
5	260,000	26,000	50,000	26,000	50,000		
6	275,000	33,000	60,000	33,000	60,000		
7	290,000	40,600	70,000	40,600	70,000		
8	305,000	48,800	80,000	48,800	80,000		
9	320,000	57,600	90,000	57,600	90,000		
10	335,000	67,000	100,000	67,000	100,000		
11	350,000	77,000	110,000	77,000	110,000		
12	365,000	87,600	120,000	87,600	120,000		
13	380,000	98,800	130,000	98,800	120,000		$10,000
14	395,000	110,600	140,000	110,600	120,000		20,000
15	410,000	123,000	150,000	120,000	120,000	$ 3,000	30,000
16	425,000	136,000	160,000	120,000	120,000	16,000	40,000
17	440,000	149,600	170,000	120,000	120,000	29,600	50,000
18	455,000	163,800	180,000	120,000	120,000	43,800	60,000
19	470,000	178,600	190,000	120,000	120,000	58,600	70,000
20	485,000	194,000	200,000	120,000	120,000	74,000	80,000
21	500,000	210,000	210,000	120,000	120,000	90,000	90,000

E50．

質問 年金制度の給付算定式が，各年度の給与の１％に相当する年間年金給付を与える（すなわち，当年度に係る年金給付を将来の給与水準に基づいて決定することを一切しない）場合，純期間年金費用の勤務費用要素を従業員の勤務期間にわたって期間配分するために，予測単位積増方式が使用されるべきか。[39, 40, *143*]

回答 使用されるべきである。本基準書は，給与比例年金制度に関して予測単位積増方式の使用を規定している。稼得される年金給付を勤務の各年度に

ついて当該年度の給与の1％と定める年金制度は，稼得される年金給付を全期間の総給与の1％と定める年金制度と同一である。両者とも実質的には全期間平均給与比例年金制度である。これとほぼ同じ年金給付が，勤務期間全体のほとんどを（たとえば，勤務期間から初年度を除いた期間）年金給付の基礎である平均最終給与の決定に含める最終給与比例年金制度によって行われうるので，もしこの2つの形態の給付算定式が異なる仕方で取り扱われるべきであるとするならば，全期間平均給与比例制と最終給与比例制を区分する境界は恣意的なものにならざるを得ないであろう。FASBはすべての給与比例年金制度を同じように取り扱うことに決定した。したがって最終給与比例制と全期間平均給与比例制のいずれの年金制度に対しても，予測単位積増方式が使用されるべきである。

E51.

質問 パラグラフ143の4つ目の文章は次のように述べているが，これは何を言おうとしているのか。「FASBは，従業員の『最終』給与の1％の給付を支払うという事業主の約束と，たまたま従業員の『現在の給与』の1％に相当する定額を従業員に支払うという約束との違いを理解している」。FASBはこの文章の後半部分で全期間平均給与比例年金制度に言及しているのか。[39，40，*143*]

回答 そうではない。この文章の意図は，最終給与比例年金制度を（全期間平均給与比例年金制度では『なく』）定額給付年金制度から区別することにあった。この文章を読むにあたっての力点は「たまたま」という語に置かれるべきである。この文章が明らかにしようとしている違いを例示するために，ある従業員の現在給与を3万ドル，最終給与を5万ドルと仮定する。もし最終給与の1％の給付を基準とする年金制度の現時点での債務を測定するにあたって将来の給与水準が考慮されないとするならば，当該従業員の当年度の勤務について約束される年金給付は300ドルになろう。もし制度が勤務の各年度について300ドルの年金給付を約束する定額給付年金制度であるとするならば，当該債務の測定値は同一となろう。FASBは，当該2つの制度における事業主の約束の違いを理解している。最初のケースにおける債務の測

定の基礎である将来の給与の変動要素を含めるならば，そうした違い（定額給付年金制度における予測年間給付300ドルに対して，最終給与比例年金制度における予測年間給付500ドル）を認識する結果になる。

E52.
　質問　年金制度の文書化されている給付算定式で定められている年金給付を超える年金給付の認識を必要とする「実質的な約定」に該当するものは何か。[39, 41]

　回答　パラグラフ41は次のように述べている。「状況によっては，非給与比例給付または全期間平均給与制度における給付の定期的な増額の過去の実績やその他の事実に照らして，事業主が将来に変更を行うという現時点での約定を有していることや，制度の実質は制度の文書化されている諸条項に定める給付よりも大きい給付を過去の勤務に対して行うことであるということが明らかである場合がある」。年金制度の給付算定式の文書化されている諸条項を上回る年金給付を従業員に支払うという実質的な約定が存在しているか否かを決定するには，当該年金制度を取りまくすべての事実と環境を注意深く考察することが必要である。従業員に対するコミュニケーション活動を始めとする事業主の行動がそうした約定の存在を証明することもできる（例えば，パラグラフ41は，そうした約定を財務諸表に開示することを求めている）。しかしながら，遡及的な制度変更の過去の実績は，それだけでは，実質的な約定の存在を確立するのに十分ではない。実質的な約定の存在を裏づけるその他の事実がない場合には，そのような過去の実績がパラグラフ27を適用するにあたって考慮されるべきである。

E53.
　質問　事業主の年金制度の会計は，その文書化されている給付算定式よりも高額の給付を実施するという実質的な約定を果たすために必要な一連の遡及的な制度変更の一部分では『ない』遡及的な制度変更を見込むべきか。[39, 41]

　回答　見込むべきでない。

E54.

質問 予定給与水準は，予定割引率（および予定割引率に本来的に含まれている予測将来インフレ率）が変更されるごとに『常に』変更しなければならないか［39, 43, 46, *202*］。

回答 必ずしも変更する必要はない。本基準書は，予定給与水準と予定割引率の両者が『同じ』将来の経済的諸条件の予測値を織り込んでいる限りにおいてのみ，前者が後者と『整合的』であることを求めている。同基準書は，年金制度の将来の実績の最善の見積りを反映するためにそうすることが当該環境下において適切であろうと考えられるのでない限り，両仮定が同一の将来のインフレ要素を含むことを求めていない。例えば，当該企業にとって重要な意味をもつ外国企業と競合している企業は，たとえ予定割引率が上昇しても，予定給与水準を引き上げないであろう。なぜなら事業主は，その人件費がすでに予定した率よりも高い率で増加するとすれば，将来競争に勝ち抜くことはできないであろうと予測するからである。別の企業は，予定割引率が上昇するとすれば，予定給与水準を引き上げるであろう。なぜなら，その人件費の変化がそれまで長期間にわたってインフレ率の変化と高度に相関的であって，事業主はそうした相関性が継続すると予測するからである。

E55.

質問 事業主が割引率の一定幅を，たとえば，年金給付保証公社の利率と優良債券の利率とに基づいて毎年決定し，そして前年度の予定割引率がその幅の範囲内に収まる限り，前年度の割引率を使用し続けることは認められるか。［39, 44］

回答 認められない。パラグラフ44は次のように述べている。

> 予定割引率は年金給付が実効的に清算されうる利率を反映するものとする。そうした割引率を見積るにあたっては，債務の清算の実行に使用されうる年金契約の現在価格を決定している利率に関する利用可能な情報……を参照することが適切である。そうした割引率の見積りを行うにあたって事業主はまた，その時々において利用可

能な，かつ年金給付の支払期日までのあいだ利用可能と予測される優良確定収益投資の収益率を参照することもできる。

　本基準書が意図するのは，年金給付が実効的に清算されうる――その時々において――価格を決定している利率を予定割引率が反映していることである。そうした利率は，それがその時々での実効的な清算の利率の最善の見積りを反映しているか否かを判断するために，毎年再評価されねばならない。利率が一般に低下したり，あるいは上昇すれば，予定割引率は変更されるべきである。

E56.
質問　事業主が，パラグラフE55の質問に述べられているように割引率の一定幅を決定し，次いでその幅の範囲内から任意に予定割引率を選択することは認められるか。[39, 44]
回答　認められない。事業主は予定割引率を一定幅の範囲内から任意に選択すべきではなく，その時点において年金給付が実効的に清算されうる利率の『最善の』見積り値を選択すべきである。

E57.
質問　事業主が予定割引率の見積りの基礎を変更する場合――たとえば，ある年度については優良債券の利率を，翌年度については年金契約の利率を使用して――，これは会計原則を適用する方法の変更となるか。[39, 44]
回答　ならない。パラグラフ44の目的は，予定割引率の選択の目的を述べること，すなわち年金給付が実効的に清算されうる――その時々において――価格に本来的に含まれている利率を決定することにある。それまでAA格債券の利率を使用してきた事業主が，その後の年度において，その年金制度に固有の事実と環境を考慮して，年金給付の実効的な清算に本来的に含まれているであろう利率は，今では年金契約の現在価格を決定している利率によって一層よく反映されると信じるならば，その時は，そうした利率が使用されるべきであり，そのような変更は見積りの変更とみなされる（見積りは実

効的な清算の利率の決定であるということ）。重要なことは，事業主が実効的な清算の利率の最善の見積り値を決定する基礎として年金契約の現在価格を決定している利率を使用するということである。特定の年度において特定の方法を使用するとの決定は，当該事業主がその後の年度においてもその方法を使用しなければならないことを意味するものではない。事実と環境の変化が，債務が実効的に清算されうる——その時々において——利率を一層よく反映する別の情報源を使用することを正当化する場合がある。そのような変更を会計原則の変更とみなす立場は，2つまたはそれ以上の数の選択肢が認められているとする見解を信じるものであろう。それは本基準書の立場ではない。目的は実効的な清算の利率の『最善の』見積り値を選択することにある。

　この問題点の別の側面は，見積りの基礎を特定の方法（たとえば，AA格債券の利率）から別のもの（たとえば，年金契約の現在価格を決定している利率）へといつ変更するかを決めることである。そのための定まった数学的公式は存在しない。上に指摘したように，予定割引率を選択する際に強調されるべき点は，『最善の』見積り値の使用ということでなければならない。そうした最善の見積り値の決定に使用する方法の変更は，事実と環境が変化（たとえば，年金契約の現在価格を決定している利率にまだ反映されていない，利率の一般的な低下または上昇）する時に行われるべきである。もし年度が変わっても事実と環境が変化しないならば，選択の基礎を変更することは——とりわけ，その意図が予定割引率の変動を避けることにある場合には——不適切であろう。

E58.

質問 現在の利率よりも相当に高いかまたは低い利回りに特定して構築された債券ポートフォリオを年金制度が有している場合，当該構築日までの収益率の実績値を，予測および累積給付債務の現在価値への割引きに使用することは認められるか。[39, 44]

回答 認められない。予定割引率を選択するにあたって事業主が「優良確定収益投資の収益率」を参照することは認められるが，目的適合的であるのは，

そうした投資の現在の収益率である（当該構築日現在までの収益率の実績値ではない）。

収益率の過去の実績値に基づいた予定割引率の使用は，制度資産を公正価値で評価するという本基準書の要件と整合していない。利率が低下または上昇する場合，現在の利率を使用するという本基準書の要件によって，予測給付債務の現在価値を増加または減少させるという影響をもたらす。債務のそうした増加または減少は損失または利得であって，これは，確定収益投資に特定して構築された制度のポートフォリオの公正価値において発生する利得または損失を限度として，相殺されるであろう。純利得または損失がもしあれば，純期間年金費用の一構成要素として償却されることになる。

E59．
質問 確定，累積，および予測給付債務を割り引くために使用する予定割引率は，相互に異なっていてもよいか。［39，44］
回答 予定割引率の最善の見積りを行わねばならないという本基準書の要件に照らして，事業主がそのような相異を正当化できるならば，相互に異なっていてもよい。たとえば，もし年金給付支払いの期日および期間における違いを反映させるために必要であれば，現役の従業員および退職した従業員に係る年金債務を測定するのに，相互に異なる率が使用されるべきである。しかしながら，特定の年度に支払い期日の到来する年金給付に係る予定割引率は，当該年金給付に関する債務が現時点で確定，累積，または予測のいずれの給付債務として分類されていようとも，相互に異なるべきでない。

E60． ［削除。］

E61．
質問 予測給付債務のうち将来の給与水準に関連している部分の現時点における清算はありえないので，累積給付債務の測定には年金契約の現在の価格を決定している利率を使用し，累積給付債務を超える部分の年金債務の測定には年金契約の『将来の価格』を決定すると予測される利率を使用すること

は認められるか。[39，44，*191*]

回答 認められない。年金契約の将来の価格を決定する利率を使用することは，本基準書と整合していない。予測，累積，および確定給付債務の測定に使用される予定割引率は年金給付が実効的に清算されうる──その時々において──価格を決定している利率を反映すべきである。通常事業主は，予測給付債務のうち将来の給与水準に関連した部分については年金を購入することを望まないであろうし，また保険会社も，追加リスクに対して追加保険料を請求することなく，将来の給与水準に基づいた債務を無条件で引き受けようとはしないであろうということは首肯される。しかしながら，本基準書において，（割引前の）累積給付債務または予測給付債務がどのように決定されるのか，すなわち将来のインフレまたは給与水準に関する仮定が考慮されるのか否かは，割引率の選択にあたって関係ないことである。

　本基準書は仮定に関して個別に明示する方式を規定している。見積られる将来の年金支払いの時期と金額の決定に関連のある当該ファクターは，割引率選択に関して個別に明示しない方式で反映させるべきではない。ひとたび将来の年金支払いの見積り額が算定されると，個別に明示する方式を使用して割り引く過程においては，測定日にそれを投資したならば，年金給付を支払期日到来日に支払うのに要するキャッシュ・フローを産み出すであろう単一の合計金額（すなわち，実績と仮定との違いによる将来の利得または損失の発生を仮定しないで年金給付を実効的に清算するのに要する合計金額）を算定する上では，貨幣の時間的価値以外のことは一切考慮しない。

　パラグラフ44および44Aで示されている指針の目的は，予定割引率を選択するための正しい情報源へと事業主を導くことである。その意図するところは，従業員に対する同じ年金給付の約束を引き受けるために保険会社が請求するであろう価格と考えられる割り引かれた金額を算出することでは必ずしもない。保険会社が特定の債務を引き受けるのに要求するであろう価格は，多くのファクターから影響を受ける。保険会社による死亡率に関連したリスクの評価は，保険会社が実現を希望する利幅と同様，当該価格に影響を与える。本基準書が保険者の価格を知ることを意図したとすれば，同基準書は，予測給付債務の数理的現在価値は保険会社が事業主の当該債務を引き受ける

のに要求するであろう価格の最善の見積り値でなければならない，と述べたであろう。その場合には，様々な仮定を選択するための方式は，「『制度の』将来の実績の最善の見積りを反映している（パラグラフ191，ただし強調は追加）」仮定ではなく年金契約の価格に内在する当該諸仮定を選択するというものとなるであろう。そうはしないで本基準書は，予定割引率を選択するための『1つの』情報源として，年金契約の現在価格に内在する（明示された）利率を特定している。優良債権（たとえば，財務省割引証券）に特定して構築されたポートフォリオに内在する利率は，特定されたもう1つの情報源である。基準第106号パラグラフ186〜188は，割引率の選択に関する追加指針を規定している。

E62.

質問 年金制度に対する将来の年度の拠出金は，制度資産の長期期待収益率の決定にあたって考慮されるべきか。［39，45］

回答 考慮されてはならない。制度資産の長期期待収益率は，既存の制度資産と当年度中に受け入れが予測される拠出金のみから得られる長期収益の期待値を反映しているものでなければならない。パラグラフ45の最初の文章にある「投資される予定の」という言葉は，既存の資産から得られる収益の再投資のみを指すためのものである。

E63.

質問 年金制度によって提供される給付に影響を与える給付限度額——米国内国歳入法第415条によって現在課せられているもののような——の『現行法の下における』変更は，純期間年金費用の勤務費用要素と予測給付債務の測定にあたって見込むべきか。［39，46］

回答 見込むべきである。現行法が指数に基づく調整を規定していたり，あるいは当該法に本来的に含まれている変更の予定が内在する場合には，その影響は，その他の諸仮定（すなわち，給与とインフレ）と整合的である限り，純期間年金費用の勤務費用要素と予測給付債務の測定にあたって考慮されるべきである。しかしながら，当該法律自体の修正の可能性は，そうした年金

の測定値の決定にあたって考慮されるべきでない。

E64.

質問 米国内国歳入法第415条が，参照される形で年金制度の給付算定式のなかに織り込まれており，そのことによってある種の加入者の累積給付額を制限している場合，(a)年金制度の給付算定式が，現行法の下で給付限度額の変更が行われるごとに累積給付を自動的に増額することを規定しており，かつ(b)将来勤務は加入者がそうした増額を受けるための前提条件でないならば，当該年金制度の『累積』給付債務の測定値には，現時点における給付限度額を反映させるべきか。[39, 47, 48]

回答 反映させるべきではない。当該年金制度の累積給付債務の測定値には，現時点における給付限度額を反映させるべきではなく，当該年金制度のその他の諸仮定と整合的な，現行法の下での給付限度額の引上げを反映させるべきである。述べられているとおり，この年金制度の給付算定式は，パラグラフ48で論じられている自動的な給付増額の典型的形態を体現している。しかしながら，従業員が退職または雇用を終了した場合に，当該従業員がそうした年金給付の増額を自動的に受け取るのでないとすれば，パラグラフ47は，そうした増額を見込むことを禁止するであろうし，したがってまた，そうした状況では，現時点における給付限度額が累積給付債務の測定にあたって使用されることになろう。

E64A．［削除。］

E65．

質問 数理的評価が年金制度の年度末現在で行われ，かつ当該日が事業主の会計年度末貸借対照表日に先立つ場合，当該日現在で別の数理的評価を行うことが常に必要か。[52, 53]

回答 必ずしも必要でない。本基準書は，予測給付債務は，限定的に例外はあるが事業主の会計年度末貸借対照表日より前に提供された従業員勤務に配分されたすべての給付の数理的現在価値を反映しなければならないと規定し

ている。そうした債務の測定は，事業主の会計年度末貸借対照表日に，適切な数理上の諸仮定（たとえば，中途退職，死亡，割引率，およびその他）と当該日の統計資料に基づいていなければならない。しかしながら，事業主の会計年度末貸借対照表日より前の評価に基づいたデータを転がして決定した当該債務の測定値の信頼性が十分に高く，それゆえ，当該金額は当該測定日現在の数理的評価により決定されるであろうものと実質的に同一である，と事業主が確信するならば，その時は別の数理的評価は必要でない。これは，継続棚卸記録あるいは後発事象を反映する別の記録システムに信頼をおくことができることが証明されていれば，年次実地棚卸を財務報告日より前の一定日現在で実施することが認められることと似ている。

E66．

質問 年金制度の前年度末（たとえば，6月30日）現在で行われた数理的評価に加えて，事業主の会計年度末（たとえば，12月31日）現在で別の数理的評価を行うことが必要である場合，純期間年金費用はどのように決定されるべきか。[52，53]

回答 純期間年金費用の測定は，制度資産と債務の最近の測定値に基づいて行われるべきである。数理的評価が6月30日および12月31日現在で行われる場合，当年度の純期間年金費用は，2つの6か月測定値（前年の12月31日現在で決定された1月1日〜6月30日測定値，直前の6月30日現在で決定された7月1日〜12月31日測定値）の合計でなければならない。

E67．

質問 財務報告日を12月31日とする事業主が，たとえば，重要な遡及的な制度変更を理由として，制度資産と債務をその会計年度中のある中間決算日現在で測定する場合，その後の中間期に係る純期間年金費用は，これらの測定値に基づいて決定されるべきか。[52，53]

回答 そのように決定されるべきである。当該会計年度の残余期間に係る純期間年金費用は，最近の年金に関する諸測定値に基づいて決定されるべきである。パラグラフ53は次のように述べている。「中間および年次財務諸表の

双方に関して，純期間年金費用の測定は，制度資産と債務の両方のより最近の測定値が利用可能でない場合……を除き，前年度末の測定に使用された仮定に基づいて行われるものとする」。

E68.
質問 パラグラフ67の質問で述べられている状況の場合，先立つ中間期の純期間年金費用は修正されるべきか。[52，53]
回答 修正されるべきではない。

E69.
質問 事業主が，12月31日を測定日としながら，実際の数理的測定を年度内のその後のある時期，たとえば1月までに完了していない。年金債務の決定に当たっては，1月時点の予定割引率およびその他の数理上の仮定に基づくべきか。[52，53]
回答 基づくべきでない。この事業主は，測定日12月31日現在で適切であった（予定割引率を含む）数理上の仮定を使用すべきである。なぜなら，目的が年金の（制度資産を含む）様々な測定値を決定することにあるからである。

E70.～E78.［削除。］

E79.
質問 開示される諸仮定は，期首測定日現在のものとすべきか，それとも期末測定日現在のものとすべきか。［基準書第132号(R)，パラグラフ5］
回答 開示される予定割引率と予定昇給率（該当する場合）の加重平均値は，年度末測定日現在のものとすべきである，なぜなら，年度末測定日は予測給付債務の表示される日であるからである。

制度資産の長期期待収益率の加重平均値は，純期間年金費用の決定に使用される。したがって，年金資産と債務の両方のその後における中間測定がない場合（パラグラフ53を参照）は，開示される率は年度の期首測定日現在において決定された率である。しかしながら，年金資産と債務の両方がその後

に中間測定されたために，年度の期首測定日現在において決定された率が変更される場合は，年度の期首測定日現在およびより近い時点で仮定された率の開示，または両者の適切に加重された結合値の開示がなされるべきである。

E80.

質問 事業主が，その年金制度のいくつかを結合し，そして結合された各年金制度の結合前の資産が結合された他の年金制度の既存の債務を履行するために利用可能である場合，結合後の年金制度はどのように会計処理されるべきか。[55]

回答 その他包括利益累積額に含まれる過去勤務費用を除いて，結合された年金制度の結合前の同類の金額は合算されるべきであり，結合された金額それぞれに対して1つの償却計画が使用されるべきである。すなわち，(a)その他包括利益累積額に残存する移行時資産または債務の償却は，各年金制度において当該項目に関して使用した償却期間の残存期間の合理的な加重平均を反映すべきであり，また(b)その他包括利益累積額に含まれる純利得または損失の合計額の最小償却額は，結合した従業員集団の平均残存勤務期間を反映すべきである。結合時点における，各年金制度のその他包括利益累積額に含まれる過去勤務費用は，対象とされていた特定の従業員集団に基づいて以前に決定された通りに償却され続けるべきである。

以下の例示7を参照。

例示7 ── 2つの制度の結合

事業主が2つの年金制度（A制度とB制度）を有しており，両制度は20X0年12月31日に結合される。次に，A制度とB制度の結合の直前と直後において，各年金制度の諸仮定およびその他包括利益において当初に認識した年金に係る額の償却方法および積立状況を示す。
〔228～229ページに図表を掲載。〕

20X0年12月31日──A制度とB制度の結合前

	A制度	B制度
仮定		
加重平均割引率	10.0%	9.25%
制度資産の長期期待収益率	10.0%	10.0%
平均残存勤務期間	17年	15年
年金制度のもとで給付を受けると予測される20X0年12月31日現在の従業員数	300人	420人
償却方法		
過去勤務費用	給付を受けると予測される従業員の平均残存勤務期間にわたる定額償却（17年）	給付を受けると予測される従業員の平均残存勤務期間にわたる定額償却（15年）

	A制度	B制度
予測給付債務	$(502)	$(640)
制度資産の公正価値	804	205
積立状況，認識された資産（負債）	302	(435)
その他包括利益累積額に認識された額		
純（利得）損失	$(114)	$ 41
過去勤務費用（収益）	120	321
	$ 6	$ 362

20X0年12月31日——A制度とB制度の結合後

	結合後AB制度
仮定	
加重平均割引率	9.6% a)
制度資産の長期期待収益率	10.0% b)
平均残存勤務期間	15.8年 c)
年金制度のもとで給付を受けると予測される20X0年12月31日現在の従業員数	720人
償却方法	
過去勤務費用	既存の過去勤務費用は結合前に適用されていた基準で償却され続ける
純利得または損失	パラグラフ32に定める最小償却額（平均残存勤務期間は15.8年）c)

	結合後AB制度
予測給付債務	$(1,142)
制度資産の公正価値	1,009
積立状況，認識された資産（負債）	$　(133)
その他包括利益累積額に認識された額	
純(利得)損失	$　 (73)
過去勤務(収益)費用	441
	$　 368

---

a) この加重平均予定割引率は，結合後の年金給付が実効的に清算されうる利率を反映している（この例示の目的では，9.6%が適切な率であると仮定されている。これは結合前の各制度のデータを使用して実際に計算したものではない。）

b) 制度資産の長期期待収益率は，両制度とも同一の率を使用しているので，変わらない。

c) 当該年金制度のもとで給付を受けると予測される従業員の平均残存勤務期間は，各集団からの対象従業員の数で，次のように加重される。(17年×300/720)＋(15年×420/720)＝15.8年（端数処理後）。これは，結合後のグループに関して新たな計算により算定されるであろう期間と同一となるはずである。

E81.

質問 本基準書の適用開始日より後に事業主が年金制度を複数の年金制度に分割する場合，(a)その他包括利益累積額に残存する移行時資産または債務，(b)その他包括利益累積額に含まれる純利得または損失，および(c)その他包括利益累積額に含まれる過去勤務費用（もしあれば）は，分割後の各制度にどのように配分されるべきか。[55]

回答 基準書第88号[17]を本問題に関する指針として使用して，事業主は，(a)その他包括利益累積額に残存する移行時資産または債務，および(b)その他包括利益累積額に含まれる純利得または損失を，分割後の制度の予測給付債務に比例して配分すべきである。その他包括利益累積額に含まれる過去勤務費用は，対象従業員集団に含まれている適用対象の個人に基づいて分割後の制度に配分されるべきである。

以下の例示8を参照。

例示8——1つの年金制度の複数の独立した年金制度への分割

事業主は親会社とその連結子会社（子会社BおよびC）の従業員を対象とする1つの年金制度を有している。事業主は，当該年金制度を親会社ならびに子会社BおよびCそれぞれによって運営される3つの独立した年金制度（A制度，B制度，およびC制度）に分割する。

次に，分割の直前と直後における年金制度の積立状況を示す。

---

17) 基準書第88号は，年金債務が清算される場合に利益として認識すべき，最大利得または損失の比例配分率は予測給付債務の減少百分率とする，と述べている。基準書第88号パラグラフ31は，制度資産の減少も将来の利得または損失の可能性に影響を与えるので，この比例配分率の決定は制度資産の減少分に基づいて行うことができることを示す。しかしながらFASBは，当該決定を清算された債務にのみ基づかせることがより簡潔でより実際的であろうと結論づけた。

	分割前	分割後		
	（親会社） ABC制度	（親会社） A制度	（子会社B） B制度	（子会社C） C制度
予測給付債務	$(90,000)	$(54,000)a)	$(18,000)a)	$(18,000)a)
制度資産の公正価値	160,000	132,000b)	15,000b)	13,000b)
積立状況，認識された資産（負債）	$ 70,000	$ 78,000	$ (3,000)	$ (5,000)
その他包括利益累積額で認識される額				
純利得	$(55,000)	$(33,000)c)	$(11,000)c)	$(11,000)c)
過去勤務費用	25,000	175,000d)	5,000d)	2,500d)
移行時資産	(40,000)	(24,000)c)	(8,000)c)	(8,000)c)
	(70,000)	$(39,500)	$(14,000)	$(16,500)

a) 各制度の対象とされている個別従業員に基づく配分。
b) 事業主の決定による配分（本例示では，法律上の要件は適用されないと仮定）。
c) 各年金制度が引き継いだ総予測給付債務（$90,000）の割合に基づいた配分。A，B，およびC制度に関して，それぞれ60％，20％，20％。
d) 各制度の対象とされている適用対象の個別従業員に基づいた配分（本例示では，過去勤務費用は，各年金制度が引き継いだ予測給付債務と同じ割合で配分することはできないと仮定）。

仕訳

年金制度の分割を会計処理するための仕訳は次のとおりである。

【親会社】

年金資産	8,000	
その他包括利益累積額	30,500	
子会社Bへの投資		17,000
子会社Cへの投資		21,500

親会社から子会社BおよびCへの年金資産，債務，およびその他包括利益累積額に含まれる金額の譲渡を計上するためのもの。

【子会社B】

株主持分*)	17,000
年金負債	3,000
その他包括利益累積額	14,000

親会社からの年金資産，債務，およびその他包括利益累積額に含まれる金額の受け入れを計上するためのもの

【子会社C】

株主持分*)	21,500
年金負債	5,000
その他包括利益累積額	16,500

親会社からの年金資産，債務，およびその他包括利益累積額に含まれる金額の受け入れを計上するためのもの

*) 持分の部の範囲内における会計処理は取り上げていない。

E82.

質問 年金契約は，本基準書と基準書第88号とで定義が異なっていないか。もしそうであれば，どのように異なり，またなぜなのか。［57～61］。

回答 その通りである。年金契約は，本基準書と基準書第88号とで定義が異なっている。年金契約の定義の相違は，基準書第88号脚注1が，『当該事業主によって支配されている企業』から購入した年金契約を清算会計から除外し，一方本基準書脚注14が，『自家保険会社』から購入した年金契約を年金契約から除外している[18]，という点である。したがって，自らが支配している保険会社から年金契約を購入する事業主は，当該取引に付随した清算による利得または損失を認識すべきでない（すなわち当該取引は，基準書第88号のもとで清算会計の対象となる資格があるとみなされるべきでない）。しかしながら，当該保険会社が自家保険会社でない限り，当該年金契約により保障されている年金給付は，本基準書の適用上，予測給付債務から除外されるべきであり，また当該契約は制度資産から除外されるべきである（配当受給

---

[18] 本基準書パラグラフ60は，年金契約により保障されている給付は，予測給付債務と累積給付債務から除外するものとし，また配当受給権を除いて，年金契約は制度資産から除外するものとすると述べている。

権があれば，それを除く）。

　基準書第88号においてFASBは，事業主がその他包括利益累積額に含まれる純利得または損失を利益として認識すべき環境は限定されるべきであり，清算取引が事業主と当該事業主が支配している事業体間のものである場合は，そのように認識すべきでないと結論づけた。FASBの見解では，そのような取引は，リスクを当該事業体のある一部分から同じ事業体の別の部分へ単に移転するに過ぎないものである。本基準書に先立つ公開草案においてFASBは，そのような契約を制度資産として取り扱うことを提案した。しかしながらFASBは，関係諸団体の見解によって説得された。その見解とは，当該契約を制度資産として取り扱い，そして関連した給付を予測給付債務の測定値に含めるために負担する費用は高すぎて，契約が自家保険会社とのものでない限り，そうした会計処理を正当化することはできないというものであった。それでFASBは，事業主と関連当事者によって発行された年金契約により保障されている年間年金給付の概算額の開示が求められるべきであると結論づけた。

E83.
質問 保証投資契約は年金契約であるか。[62]
回答 年金契約ではない。保証投資契約は，投資リスクを保険会社に移転するだけであるので年金契約ではない。保険会社が特定の個人に特定の年金給付を行うという法的責務を無条件で負うことはない。

E84.
質問 保証投資契約が年金契約と考えられないのであれば，当該投資契約が特定の満期日を有し，かつ当該満期日前に契約を解約する意図がない場合，事業主は当該契約をどのように評価すべきか。[62]
回答 類似したリスク特性とデュレーションを持つ確定満期証券の現時点での利回りを参照することにより，保証投資契約の公正価値の根拠となる事実が得られる可能性があろう。

E85.

質問 即時加入保証投資契約における市場価値の調整は，その公正価値の決定にあたって考慮されるべきか。[62]

回答 考慮されるべきである。事実，そのような市場価値の調整に関して調整された契約価値は，パラグラフ62に言及されている「解約返戻価値」に相当する。即時加入保証投資契約が年金契約に転換できるならば，当該契約の転換価値が，その公正価値の決定にあたって考慮されるべきである。パラグラフE84の質問に対する回答に言及されている事実もまた考慮されるべきである。

E86.

質問 非営利組織体が全国本部とすべての地方支部の従業員を対象とする給付建年金制度を有し，(a)各支部は，あらかじめ定められた方式に基づいて（たとえば，給与の一定率に基づいて）当該年金制度に拠出することを求められており，(b)制度資産は，支部単位に基づいた分離も使途の制限もされておらず，かつ(c)支部が年金制度から脱退する時は，その従業員に係る年金債務が当該脱退する支部に配分されずに年金制度によって保持される場合，そうした取決めは，単一事業主年金制度または多数事業主年金制度のいずれとして会計処理されるべきか。[67～69]

回答 当該取決めは，当該非営利組織体の連結財務諸表では単一事業主年金制度として会計処理されるべきである。また一方当該取決めは，各支部の個別の財務諸表では多数事業主年金制度として会計処理されるべきである。仮に各支部が全体制度へのそれぞれの加入を単一事業主年金制度とみなすとしたならば，純期間年金費用および給付建年金制度の積立超過または積立不足の状況がどのように配分されることになるのかがはっきりしない。なぜならば，資産が支部ごとに分離も使途の制限もされておらず，債務も脱退する支部によって負担されないからである。この年金制度を多数事業主年金制度として会計処理するには，1つの支部の当年度の拠出金（この例では，その従業員の給与の一定率に基づいて年金制度に拠出を要する金額）を純期間年金費用として認識することが必要となる。支払期日が到来しているがまだ払い

込まれていない拠出金（もしあれば）について，負債が認識される。各支部は，FASB基準書第57号『関連当事者の開示』によって求められる関連当事者の開示（もしあれば）とともに，基準書第132号(R)パラグラフ12によって求められる開示を提供すべきである。

E87.

質問 前パラグラフの質問に対してなされた回答は，これに類似した親会社－子会社間の取決めにも，子会社が個別の財務諸表を発行する場合には適用されるか。[67～68]

回答 適用される。各子会社は，全体の単一事業主年金制度への加入を１つの多数事業主年金制度への加入として会計処理すべきである。その連結財務諸表では，親会社はもちろん当該年金制度を単一事業主年金制度として会計処理すべきである。

E88.

質問 被買収企業が，買収日時点において単一事業主給付建年金制度を運営する場合，買収事業主によって認識された年金資産または年金負債は，買収後の期間の収益に別個に償却すべきか。[74]

回答 そのように償却すべきでない。年金資産または年金負債は，別個に償却すべきでない。正確にはそれは，将来の期間における年金制度の会計によって影響を受ける。

E88A.

質問 事業主が，(a)（税制上の）適格年金制度，および(b)非適格年金制度（米国内国歳入法第415条によって適格年金制度に認められている給付限度額を超える部分の年金給付を行う制度——超過給付［トップ・ハット］年金制度）を有しており，かつ両制度が同一の従業員を対象としている場合，当該年金制度は，本基準書のもとで実質的に単一の年金制度であるとみなしてよいか。[55, 56]

回答 そのようにみなされてはならない。ほとんどの場合，（税制上の）適

格年金制度の制度資産は会社資産から分離され，当該年金制度のもとでの年金給付のみを行うよう使途が制限されている。したがって事業主が，当該適格年金制度の制度資産を当該非適格年金制度の年金給付を直接支払うために使用する法的権利を『明らかに』有しているのでない限り（これは一般的には存在しない権利である），純期間年金費用の決定――これには，遡及的な制度変更の費用および利得または損失の利益としての認識のための償却の期間と方法の決定が含まれる――と積立不足または積立超過の認識の決定とは，制度毎に行われるべきである。基準書第132号(R)パラグラフ6によって求められる開示も各制度について別々に行われる必要があろう。(a)事業主が，適格年金制度へ少く積立て，当該拠出を差し控えた資金を使用して非適格年金制度の給付を行うことができるという事実，または(b)事業主が，適格年金制度の資産の回収取引を行い，当該回収した資金を使用して非適格年金制度の給付を行うことができるという事実は，それだけでは，そうした年金制度が単一の年金制度として報告されることを容認することにならない。

　超過給付（トップ・ハット）年金制度が別個の年金制度とみなされるべきさらなる理由は，時として当該制度がしばしばいくつかの異なる適格年金制度の従業員を適用対象としているということである。この場合，両制度を1つの制度と見る見解を支持することは無理であろう。

E89．～E106．［削除。］

E107．

質問　年金制度の縮小が発生し，これにより当該年金制度の加入者のほとんどすべてが非現役になる場合，事業主は，その他包括利益累積額に残存する移行時資産または債務の当該縮小時に残存する部分（もしあれば）を，当該適用開始日に決定されたのと同じ償却期間を使用して償却し続けるべきか。［77］

回答　続けるべきである。事業主は，その他包括利益累積額に残存する移行時資産または債務（事業主から基準書第88号パラグラフ12および13によって求められるとおり縮小を会計処理した後に残存する金額）があれば当該金額

を，本基準書の適用開始日に決定されたのと同じ償却期間を使用して償却し続けるべきである。

第3章
財務会計基準書第88号

給付建年金制度の清算および縮小ならびに雇用終了給付に関する事業主の会計

Employers' Accounting for Settlements and
Curtailments of Defined Benefit Pension Plans
and for Termination Benefits

基準書第88号の現状

発行年月	1985年12月
発効日	基準書第87号が適用開始される会計年度以降の会計年度において発生する事象から
他の基準書等へおよぼした影響	FAS74号を廃止する
他の基準書等から受けた影響	・パラグラフ6(a)がFAS144号パラグラフC11(a)により修正された ・パラグラフ8および16がFAS144号C11(b)により削除された ・パラグラフ9、12および13がそれぞれFAS158号C6(a)～C6(c)により修正された ・パラグラフ17がFAS132号パラグラフ13およびFAS132号(R)パラグラフ17により置き換えられた ・パラグラフ17Aと17Bおよび57AがそれぞれFAS158号パラグラフC6(d)およびC6(e)により追加された ・パラグラフ57（例示3A）がFAS144号パラグラフC11(c)により修正された ・脚注2がFAS158号パラグラフC6(a)により修正された

FASBホームページ内の「Status of Statement No. 88」を基に訳者が作成した（2007年11月現在）。
http://www.fasb.org/st/status/statpg88.shtml

財務会計基準書第88号

目　次

パラグラフ番号

序	1
財務会計および報告に係る基準	2〜21
対象範囲	2
定義	3〜6
清算および縮小のその他の事象に対する関係	7
年金債務の清算の会計	9〜11
制度縮小の会計	12〜14
雇用終了給付	15
開示および表示	17
非営利組織体および非営利以外であってその他包括利益を報告しない事業体	17A〜17B
FASB基準書第74号の廃止	18
発行日および移行	19〜21
付録A：結論の根拠	(略)
付録B：例示	57〜57A

序

1. 本基準書は、給付建年金制度の清算または縮小および雇用終了給付に関する事業主の会計を取り扱う。本基準書において得た結論は、FASB基準書第87号『事業主の年金会計』で示される年金会計の一般的枠組みの範囲内で採用したものである。

財務会計および報告に係る基準

対象範囲

2. 本基準書は、基準書第87号の規定に基づいて会計処理する給付建年金制度を運営する事業主に対して、制度の年金給付債務の全部もしくは一部が清算されるか、または制度が縮小される場合に適用される。本基準書は、雇用の終了に関連して従業員に給付を用意する事業主に対しても適用する。

定義

清算

3. 本基準書の目的上、『清算』は次の3つの規準を満たす取引と定義される。(a)取消不能な行為であること、(b)特定の年金給付債務に対する本来的責務から事業主（または制度）を開放すること、および(c)当該債務およびその清算の実行に使用された資産に関連した重要なリスクを除去することである。清算に該当する取引の例として次のものがある。(a)制度加入者に対して特定の年金給付を受給する権利に代えて一時金による支払いを行うこと、および(b)受給権確定給付を保障するために無配当年金契約を購入することである。

4. 上記3つの規準を1つでも満たさない取引は，本基準書の目的上清算に該当しない。たとえば，給付の予測支払日とほぼ同じ元利金の支払日を有する優良確定利付証券のポートフォリオへの投資は，ある種のリスクを回避したり，または最少にするであろう。しかしながらこの投資は清算に該当しない。なぜなら，当該投資の決定は取り消すこともでき，またそのような投資戦略は，年金債務に対する事業主の本来的責務から事業主（または制度）を開放することも，当該債務に関連した重要なリスクを除去することもしないからである。

年金契約

5. 『年金契約』とは，保険会社[1]が一定の対価または保険料の見返りとして，特定の個人に対して特定の給付を行う法的責務を無条件で負う契約をいう。年金契約は取消不能であり，そして重要なリスクの，事業主から保険会社への移転を伴う。一部の年金契約（配当付年金契約）は，規定を設けて，購入者（制度または事業主のいずれか）が保険会社の経営実績に与ることを認めている。そうした契約のもとでは，保険会社は通常購入者に配当金を支払う。ある配当付年金契約の実質が，当該契約によって保障されている給付債務または保険会社に移転された資産に付随したリスクと報酬のすべてまたはほとんどを事業主が引き受け続けるというものである場合は，当該契約の購入は清算に該当しない。

縮小

6. 本基準書の目的上『縮小』とは，現在の従業員の将来の勤務の予測年数を相当に減少させるか，または従業員の相当数に関して，当該者の将来勤務の一部もしくは全部について，規定された給付の発生を削除する事象をいう。

---

[1] 保険会社が事業主によって支配されている場合，または保険会社が契約に基づいた債務を履行するであろうとは考えられないとの合理的な疑義が存在する場合，当該契約の購入は，本基準書の目的上清算に該当しない。

縮小には次のものが含まれる。

 a．従業員の勤務の予測よりも早い終了。これは，施設の閉鎖または事業体の構成要素の廃止を伴う場合もあれば，伴わない場合もある。
 b．制度の終了，または従業員が将来勤務について規定された給付を追加的に稼得しなくなる制度の停止。後者の場合，過去勤務に基づいて累積された給付の受給権の確定のために，将来勤務が算入される場合がある。

清算および縮小のその他の事象に対する関係

7．清算および縮小は，別々に発生することもあれば，一緒に発生することもある。将来において累積する予定の給付が（たとえば，労働力の半分を解雇したり，または工場施設を閉鎖するという理由によって）減少しても，制度が存続して，引き続き給付を支払い，資産を投資し，拠出金を受け取る場合は，縮小は発生しているが，清算は発生していない。事業主が，受給権確定給付のために無配当年金契約を購入し，そして現制度またはその後継制度のいずれかにおいて，規定された給付を将来勤務に対して支払い続ける場合は，清算は発生しているが，縮小は発生していない。制度が打ち切られ（すなわち，債務が清算され，当該制度が存在しなくなり），後継の給付建制度によって代替されない場合は，（従業員が当該事業主のために働き続けるか否かにかかわらず）清算および縮小の両方が発生している。

8．［削除。］

年金債務の清算の会計

9．本基準書の適用上，年金債務が清算される時に利益において認識する対

象となる最大利得または損失は，基準書第87号パラグラフ29[2])に定義されるその他包括利益累積額に残存する純利得または損失に，基準書第87号の適用開始からその他包括利益累積額に残存する移行時資産（もしあれば）を加えたものである。この最大額は，清算時に初めて測定される利得または損失（もしあれば）を含んでいる。予測給付債務の全部が清算される場合には，この最大額が利益において認識されるものとする。予測給付債務の一部のみが清算される場合には，事業主は，当該最大額のうち予測給付債務の減少分の割合に等しい比例部分を利益において認識するものとする。

10． 配当付年金契約の購入が清算に該当する場合，最大利得は，利益において認識すべき金額を決定する前に，配当受給権の原価分だけ減額するものとする（最大損失は，そのようには取り扱わない）。

11． ある年度におけるすべての清算の費用[3])が，当該年度に係る制度の純期間年金費用の勤務費用要素と利息費用要素の合計額より小さいか，またはそれに等しい場合，当該清算に関して利得または損失を認識することは，認められるが求められはしない。しかしながら採用した会計方針は，毎年継続して適用するものとする。

---

2) 基準書第87号のパラグラフ29は次のとおり述べている。
『利得または損失』は，仮定したものと異なる実績および仮定の変更から発生した，予測給付債務または制度資産の金額の変動分である。本基準書は，利得および損失のそうした源泉を区別しない。利得および損失には未実現の金額のみならず，すでに実現されている金額，たとえば，有価証券を売却したことによるものも含まれる。利得および損失は，経済的価値の実際の変動のみならず，見積りの精度を反映することもあるので，またある期間中の利得が別の期間中の損失で相殺されたり，あるいはその逆であったりすることもあるので，本基準書は，利得および損失をそれらが発生する期間の純期間年金費用の構成要素として認識することを求めない。純期間年金費用の構成要素として即時に認識しない利得および損失は，それらが発生した時に，その他包括利益の増加または減少として認識するものとする（脚注の参照は省略）。
3) 次の形態の清算については，清算の費用は次のとおりである。
a．現金清算については，従業員に支払われた金額
b．無配当年金契約を使用する清算については，当該契約の原価
c．配当付年金契約を使用する清算については，当該契約の原価から配当受給権に配分される金額を控除した金額（基準書第87号パラグラフ61を参照）

制度縮小の会計

12． その他包括利益累積額に含まれる過去勤務費用のうち縮小の結果としてもはや提供されるとは予測されなくなった勤務の年数に付随した過去勤務費用は損失となる。たとえば，縮小が，過去に実施した制度変更の日に雇用されていた従業員のうち制度のもとで給付を受けると予測されていた者の見積り残存将来勤務年数の半分を削除するならば，縮小に伴う損失は，当該制度変更に関連し，その他包括利益累積額に含まれ純期間年金費用の構成要素として償却していない過去勤務費用の半分である。本パラグラフの規定の適用上，過去勤務費用は，遡及的な制度変更（基準書第87号パラグラフ24～25を参照）の費用および基準書第87号の適用開始からその他包括利益累積額に残存する移行時債務（もしあれば）からなる。

13． 予測給付債務は，縮小により減少する（この場合，利得）こともあれば，増加する（この場合，損失）こともある[4]。

　　a．当該利得がその他包括利益累積額に含まれる純損失（もしあれば）を上回る場合，当該超過分（または純利得が存在している場合，当該利得全額）は，『縮小による利得』となる。
　　b．当該損失がその他包括利益累積額に含まれる純利得（もしあれば）を上回る場合，当該超過分（または純損失が存在している場合，当該損失全額）は，『縮小による損失』となる。

　本パラグラフの規定の適用上，基準書第87号の適用開始からその他包括利益累積額に残存する移行時資産は，もしあれば純利得として取り扱うものとし，かつ基準書第87号への移行より後に発生する純利得または損失と結合するものとする。

---

[4] 雇用終了給付を反映する予測給付債務の増加分は，本項の対象範囲から除外されている（本基準書パラグラフ15を参照）。

14．パラグラフ12および13において特定する影響の総計が純損失である場合，これは，縮小の発生することが見込まれ，かつ当該影響が合理的に見積り可能である時に利益において認識するものとする。当該影響の総計が純利得である場合，これは，関連した従業員が雇用を終了するか，または制度の停止もしくは変更を採用する時に利益において認識するものとする。

雇用終了給付

15．事業主は，雇用の終了に関連して従業員に給付を行うことがある。そうした給付は，ある短期間のみ提示される『特別雇用終了給付』，または工場施設の閉鎖のような特定の事象が発生した場合にのみ制度の条項によって支払いを要する『契約による雇用終了給付』のいずれかである。従業員に特別雇用終了給付を提示する事業主は，従業員がその提示を受け入れ，かつその金額が合理的に見積り可能である時に負債と損失を認識するものとする。契約による雇用終了給付を行う事業主は，従業員が給付の受給資格を得るに至ることが見込まれ，かつその金額が合理的に見積り可能である時に負債と損失を認識するものとする。雇用終了給付が取る形態には様々なものがあり，これには一時金払い，定期的な将来の支払い，またはその両方が含まれる。それらは，直接的に事業主の資産，現存する年金制度，新しい従業員給付制度，またはそうした手段を結合したものから支払われる。負債および損失として認識される雇用終了給付の費用は，すべての一時金支払いの金額，およびすべての予測される将来の支払いの現在価値を含むものとする。雇用終了給付を伴う状況はまた，パラグラフ12〜14に基づいて会計処理されるべき縮小を伴うこともある。

16．〔削除。〕

開示および表示

17．FASB基準書第132号（2003年改訂）『年金およびその他退職後給付に

関する事業主の開示』パラグラフ 5 (a)，5 (b)，5 (h)，5 (q)，および 8 (m)参照。

非営利組織体および非営利以外であってその他包括利益を報告しない事業体

17A．非営利事業主および非営利以外であって FASB 基準書第130号『包括利益の報告』に従ってその他包括利益を報告しない事業主は，経営成績および財政状態の報告方法に関し適切となる類似の方法で，本基準書パラグラフ 9，10，および14の規定を適用するものとする。

17B．当該事業主に関し，本基準書パラグラフ 9，12，および13におけるその他包括利益累積額への参照は，給付建制度から発生し非拘束純資産の増減として認識しているが純期間年金費用の構成要素としては未だ再分類していない，利得または損失，過去勤務費用または収益，および移行時資産または債務と読替えるものとする。パラグラフ 9 の脚注 2 における，基準書第87号パラグラフ29への参照もまた，当該基準書パラグラフ74A への参照であるものとする。

FASB 基準書第74号の廃止

18．本基準書は，FASB 基準書第74号『従業員に支払われる特別雇用終了給付の会計』を廃止する。

発効日および移行

19．本基準書は，基準書第87号が適用開始される会計年度以降の会計年度に発生する事象に対して発効するものとする。それまでに発行された年次財務諸表の修正再表示は認められない。事業主のある会計年度の最初の中間期以外の中間期において本基準書の適用開始の決定が行われる場合には，当該年度のそれより前の中間期は修正再表示されるものとする。

20. 一部の事業主は，債務を超過する部分の資産を回収する取引（資産回収取引）の一部として，その年金債務の相当部分を清算してきた。これまでに資産回収取引を行い，そして規定された給付を支払い続けた事業主は，それまでの基準に従い，回収した金額について，当該回収時点で利得を認識せずに貸借対照表に貸方記入を行った。その上で，その後の会計年度の純期間年金費用を当該繰延利得（すなわち回収された金額）の償却分だけ減額した。本基準書の発効日より前にそのような取引を行った事業主は，基準書第87号の適用開始時に会計原則の変更の累積影響額として利得を認識するものとする。認識される利得の金額は次のいずれか小さい方とする。

a．資産回収に関連した未償却額。
b．基準書第87号パラグラフ77[5]に定義される，制度（またはその後継制度）に係る基準書第87号への移行時現在の未認識純資産。

21. 事業主は，基準書第87号の適用開始時に未認識純債務または未認識純資産を有することがある。本基準書の目的上，

a．そのような未認識純債務のうち，その後の縮小時に未償却のまま残っている部分は，パラグラフ12の規定を適用する前に未認識過去勤務費用として取り扱われるものとする。
b．そのような未認識純資産のうち，その後の清算または縮小時に未償却のまま残っている部分は，未認識純利得として取り扱われ，かつパラグラフ9および13の規定を適用する前に，基準書第87号への移行より後に発生した未認識純利得または損失と結合されるものとする。

---

[5] 基準書第87号パラグラフ77は次のように述べている。
　給付建制度に関して，事業主は次のものの金額を，本基準書の適用を開始する会計年度の期首に係る測定日……現在において算定しなければならない。(a)予測給付債務，および(b)制度資産の公正価値にそれまでに認識している未払年金費用を加えた金額，または制度資産の公正価値からそれまでに認識している前払年金費用を控除した金額。これら2つの金額の差額は，……未認識純債務……または未認識純資産……を表す……。

> 本基準書の規定は，重要でない項目に適用することを要しない。

『本基準書は，財務会計基準審議会（FASB）の5人の委員の賛成投票により採択された。Mosso氏とWyatt氏は反対した。』

　　Mosso氏は，本基準書パラグラフ14の規定がFASB概念書第2号『会計情報の質的特性』パラグラフ91〜97の明快な指針に合致していないという理由から反対する。縮小による損失を認識し，縮小による利得を繰り延べることによって本基準書は，保守主義のルールをその最も極端な形，すなわち「利益は一切事前に計上してはならない，しかしすべての損失は事前に計上せよ」という形で永続させている。概念書第2号は次のように述べてそのような形の保守主義を明確に退けている。「財務報告における保守主義は，純資産および利益の意図的，継続的な過小評価をもはや意味すべきではない」。概念書第2号の明快な趣旨は，FASB概念書第5号『営利企業の財務諸表における認識と測定』の指針によって曖昧にされたが，しかし改定はされなかった。概念フレームワークは，会計基準設定の質を向上させるために構築されたものである。概念フレームワークは，妥当かつ十分な理由なしに無視されると，この目的を達成できない。Mosso氏は，本事例にはそうした妥当かつ十分な理由がないとしている。本基準書パラグラフ41は，FASB基準書第5号『偶発事象の会計処理』と意見書第30号を従うべき先行規定として引用している。いずれの基準も概念書第2号に先立つものである。したがって逆説的に言えば，基準を設定するにあたってFASBに指針を与えることがその主目的である概念書が，自ら既存の基準と矛盾することで無効になっている。

　　Wyatt氏は，本基準書の結論が，基準書第87号で採用された利得および損失を遅延認識するという方針の基本的な趣旨と矛盾していると考えることから，本基準書の発行を支持しない。氏は，ある状況では遅延認識に従い，別の状況では遅延認識に従わないということでは，有益な情報は提供できないと考える。氏の見解によれば，制度の縮小がない場合における従業員との

清算は，実質において，基準書第87号で遅延認識することが定められている利得および損失ならびに過去勤務費用を生じさせる事象と同じように，年金制度の世界ではいつも発生しているものと考えることのできる投資または資金積立の取引である。そうした状況では，制度は存続し，従業員は給付を稼得し続け，そして多くの場合，そうした給付は当該清算前に稼得された給付と同一（または，それから増額されたもの）である。もし，FASBが基準書第87号で結論づけたように，給付建制度に関連した利得および損失ならびに過去勤務費用を遅延認識することが適切であるならば，遅延認識は制度が実質的に存続しているあいだ中止されるべきではない。

Wyatt氏はまた，配当付年金契約の購入は利得または損失の認識を新たに生じさせる清算とみなされるべきであるとする結論に反対する。配当付年金契約は，年金資産の投資の一形態——株式，長期債券，不動産，およびその他への投資に対する1つの選択肢——である。基準書第87号で採用された遅延認識の原理のもとでは，投資手段の変更——たとえば，株式から債券へ——の決定は，利得および損失を認識する根拠として十分ではない。氏は，配当付年金契約への投資手段の変更は同様に，利得または損失の認識を正当化するのに十分であるとみなされるべきではないと考える。

Wyatt氏は，本基準書の諸結論は，基準書第87号の遅延認識の原理がまさに抑えようと意図した稼得利益の変動性を新たに生じさせるものであり，また利得および損失の遅延認識は，清算および制度の縮小が共に発生するまで続けられるべきであると考える。

『財務会計基準審議会の委員は次のとおりである。』

> Donald J. Kirk, 『議長』
> Frank E. Block
> Victor H. Brown
> Raymond C. Lauver
> David Mosso
> Robert T. Sprouse
> Arthur R. Wyatt

付録B：例示

57． 本付録は，本基準書の次の規定に関する個別の例示を内容としている。

1 後継の給付建制度のない制度終了の会計
2 年金債務の清算の会計
3 制度縮小の会計
4 解雇した従業員の勤務に付随した過去勤務費用の計算
5 雇用終了給付を従業員に提供する場合の制度縮小の会計
6 基準書第87号の適用開始より前に資産回収を行った事業主に関する移行［削除。］

例示1——後継の給付建制度のない制度終了の会計

A社は最終給与比例の非拠出制の給付建制度を運営していた。20X0年11月16日に事業主は制度を終了させ，150万ドルの累積給付債務（受給権未確定の給付は制度の終了と同時に受給権確定となった）を無配当年金契約の購入により清算し，超過資産を回収した。規定された給付はいかなる後継制度によっても行われなかった。制度は実体として存在しなくなった。

結果として，A社は利益において90万ドルの利得を認識したが，これは次のように決定された。
〔253ページに図表を掲載。〕

A社
（単位千ドル）

	終了前	終了の影響	終了後
資産と債務			
累積給付債務	$(1,500)	$1,500 a)	$ 0
予測将来給与水準の影響	(400)	400 b)	0
予測給付債務	(1,900)	1,900	0
制度資産の公正価値	2,100	(1,500) a)	
		(600) c)	0
積立状況，認識された資産	$ 200	$ (200)	$ 0
その他包括利益累積額に認識される金額			
移行時の純資産 d),e)	$ (200)	$ 200	$ 0
純利得 e)	(300)	300	0
	$ (500)	$ 500	$ 0

a) 累積給付 $1,500 は，同額の制度資産を無配当年金契約の購入に使用して清算された。
b) 予測将来給与水準の影響は，制度加入者全員の雇用が終了したため，制度の債務でも事業主の債務でもなくなった。本基準書パラグラフ13の規定にもとづいて，縮小から生じた利得（すなわち，予測給与債務の減少分）は，その他包括利益累積額に含まれる純損失が存在していればまずそれで相殺される。本ケースでは，その他包括利益累積額に含まれる現存の額は利得（残存移行時資産 $200 に，純利得 $300 を加えたもの）であったので，縮小からの利得 $400 が認識された。
c) 年金給付を清算するために使用された金額を超過する部分の制度資産が制度から回収された。
d) その他包括利益累積額の残存移行時資産は，本基準書の目的上，純利得として取り扱われる（パラグラフ21）。
e) 最大利得――これは，その他包括利益累積額に含まれる純利得（$300）と，その他包括利益累積額の残存移行時資産（$200）からなる――の比例配分額（パラグラフ9）が清算のため認識される。予測給付債務は $1,500 から $0 へと減少し（脚注 b に述べたように，縮小が最初に予測給付債務を $1,900 から $1,500 へと減少させた），100％の減少となった。したがって，$500（$300＋$200）のその他包括利益累積額に含まれる額の全額が利益に認識された。

制度終了の会計を反映するために必要な仕訳は次のとおりであった。

現金	600	
その他包括利益――移行時資産	200	
その他包括利益――純利得	300	
年金資産		200
制度終了による利得		900

後継給付建制度のない制度終了による利得は次のものから構成されていた。

縮小による利得	$400
清算による利得	500
利得合計	$900

例示2 ── 年金債務の清算の会計

　次のケースは，3つの特定の状況における年金債務の清算の会計を例示する。最初のケース（B社）は，その他包括利益累積額に残存する移行時債務を有し，第2と第3のケース（C社とD社）は，それぞれ移行時にその他包括利益累積額に残存する移行時債務を有していた。各社は基準書第87号への移行後に債務の一部を清算した。B社は移行後に遡及的な制度変更を実施し，C社とD社は実施しなかった。

◆ケース2A◆予測給付債務が制度資産を上回る

　B社は，最終給与比例の非拠出制の給付建制度を運営する。20X0年12月31日に制度は，予測給付債務の確定給付部分（130万ドル）を無配当年金契約の購入を通じて清算した。

　結果として，B社は利益において19万5000ドルの利得を認識したが，これは次のように決定された。

〔255ページに図表を掲載。〕

B社
(単位千ドル)

	清算前	清算の影響	清算後
資産と債務			
確定給付債務	$(1,300)	$1,300[a]	$ 0
未確定給付	(200)		(200)
累積給付債務	(1,500)	1,300	(200)
予測将来給与水準の影響	(500)		(500)
予測給付債務	(2,000)	1,300	(700)
制度資産の公正価値	1,400	(1,300)[a]	100
積立状況, 認識される負債	$ (600)	$ 0	$(600)
その他包括利益累積額に認識される額			
移行時債務[b]	$ 650		$ 650
過去勤務費用	150		150
純利得[c]	(300)	195	(105)
	$ 500	$ 195	$ 695

a) 確定給付 $1,300 は,制度資産を無配当年金契約の購入に使用して清算された。
b) その他包括利益累積額の残存移行時債務はその他包括利益累積額に含まれる過去勤務費用として取り扱われ,したがって債務の清算によって影響を受けない(パラグラフ21)。
c) 最大利得,すなわちその他包括利益累積額に含まれる純利得,の比例配分額(パラグラフ9)が清算のため認識される。予測給付債務は $2,000 から $700 へと減少し,65%の減少となった。したがって,$300 の最大利得の65%,すなわち $195 の利得が利益に認識された。制度の清算の会計を反映するために必要な仕訳は次のとおりであった。

  その他包括利益──純利得 195
    清算による利得   195

◆ケース2B◆ 制度資産が予測給付債務を上回る

C社は，最終給与比例の非拠出制の給付建制度を運営する。20X0年12月31日に制度は，予測給付債務の確定給付部分（130万ドル）を無配当年金契約の購入を通じて清算した。

結果として，C社は利益において32万5000ドルの利得を認識したが，これは次のように決定された。

C社
（単位千ドル）

	清算前	清算の影響	清算後
資産と債務			
確定給付債務	$(1,300)	$1,300 [a]	$ 0
未確定給付	(200)		(200)
累積給付債務	(1,500)	1,300	(200)
予測将来給与水準の影響	(500)		(500)
予測給付債務	(2,000)	1,300	(700)
制度資産の公正価値	2,100	(1,300) [a]	800
積立状況，認識される資産	$ 100	$ 0	$ 100
その他包括利益累積額に認識される額			
移行時資産 [b],[c]	$ (200)	$ 130	$ (70)
純利得 [c]	(300)	195	(105)
	$ (500)	$ 325	$(175)

[a] 確定給付$1,300は，制度資産を無配当年金契約の購入に使用して清算された。

[b] その他包括利益累積額の残存移行時資産は，本基準書の目的上，その他包括利益累積額に含まれる純利得として取り扱われる（パラグラフ21）。

[c] 最大利得――これは，その他包括利益累積額に含まれる純利得（$300）とその他包括利益累積額の残存移行時資産（$200）からなる――の比例配分額（パラグラフ9）が清算のため認識される。予測給付債務は$2,000から$700に減少し，65％の減少となった。したがって，$500（$300+$200）の最大利得の65％，すなわち$325の利得が利益に認識された。制度の清算の会計を反映するために必要な仕訳は次のとおりであった。

　　その他包括利益――移行時資産　　　130
　　その他包括利益――純利得　　　　　195
　　　清算による利得　　　　　　　　　　　　325

◆ケース2C◆ 制度資産が予測給付債務を上回り，
配当付年金契約が給付を清算するために購入される

　D社は，最終給与比例の非拠出制の給付建制度を運営する。20X0年12月31日に制度は，予測給付債務の確定給付部分（130万ドル）を143万ドルの原価の配当付年金契約の購入を通じて清算した。制度は，同じ給付を保障する無配当年金契約を130万ドルで購入することも可能であった。契約の配当の性質からみて，その購入は清算に該当するとの決定は正当であった。

　結果として，D社は利益において24万ドル（端数処理後）の利得を認識したが，これは次のように決定された。
〔258ページに図表を掲載。〕

D社
（単位千ドル）

	清算前	清算の影響	清算後
債務			
確定給付債務	$(1,300)	$1,300[a]	$　0
未確定給付	(200)		(200)
累積給付債務	(1,500)	1,300	(200)
予測将来給与水準の影響	(500)		(500)
予測給付債務	(2,000)	1,300	(700)
制度資産の公正価値			
配当受給権		130[a]	130
その他の制度資産	2,100	(1,430)[a]	670
	2,100	(1,300)	800
積立状況，認識される資産	$　100	$　　0	$　100
その他包括利益累積額に認識される額			
移行時資産[b),c)]	$(200)	$　130[d]	$(70)
純利得[c]	(300)	110[d]	(190)
	$(500)	$　240	$(260)

a) 確定給付$1,300は，制度資産$1,430を配当付年金契約の購入に使用して清算された。しかしながら，同じ給付を保障する無配当契約を$1,300で購入することも可能であった。制度は配当受給権を得るために$130を追加して支払った。

b) その他包括利益累積額の残存移行時資産は，本基準書の目的上，その他包括利益累積額に含まれる純利得として取り扱われる（パラグラフ21）。

c) 最大利得——これは，その他包括利益累積額に含まれる純利得（$300）とその他包括利益累積額の残存移行時資産（$200）からなる——の比例配分額（パラグラフ9）が清算のため認識される。しかしながら配当付年金契約を使用する清算による利得は，まず最大利得を配当受給権の原価分だけ減額した上で計算されねばならない［$200＋（$300－$130）＝$370］。予測給付債務は$2,000から$700に減少し，65％の減少となった。したがって，$240（端数処理後）の利得が認識された（0.65×$370）。制度の清算の会計を反映するために必要な仕訳は次のとおりであった。

　　　その他包括利益——移行時資産　　　130
　　　その他包括利益——純利得　　　　　110
　　　　清算による利得　　　　　　　　　　　240

d) 清算による利得は次のように配分された（端数処理後）。
　　　移行時資産（0.65×$200）　　　　　$130
　　　純利得［0.65×（$300－$130）］　　 110
　　　　　　　　　　　　　　　　　　　　　$240

例示3 ── 制度縮小の会計

　次のケースは，2つの特定の状況における縮小の会計を例示する。最初のケース（E社）は，その他包括利益累積額に残存する移行時債務を有し，そして基準書第87号への移行後に遡及的な制度変更を実施した。2番目のケース（F社）は，その他包括利益累積額に残存する移行時債務を有していた。両社とも基準書第87号への移行後にその制度を縮小した。

◆ケース3A◆事業体の構成要素の処分──予測給付債務が制度資産を上回る

　E社は，最終給与比例の非拠出制の給付建制度を運営する。20X0年1月1日に会社は遡及的な制度変更を実施し，80万ドルの過去勤務費用が発生した。20X1年12月31日にE社の経営者は，その事業体のひとつの構成要素を処分するという正式の計画を決定した。この処分に関連して，制度のもとで給付を累積している従業員の数が相当に減少することとなった。解雇された従業員の予測給付債務のうち予測将来給与水準に基づいた部分は9万ドルであり，同従業員の未確定給付は2万ドルであった。制度はまた，その他包括利益累積額に残存する移行時債務を有していたが，これは，本基準書の適用上，その他包括利益累積額に含まれる過去勤務費用として取り扱われる。その他包括利益累積額に残存する移行時債務の従業員の残存予測将来勤務年数は，従業員の解雇のため30％減少した。したがって，20X1年12月31日時点でその他包括利益累積額に残存する移行時債務の30％が損失となり，その金額は12万ドルとなった。

　解雇された従業員の従前の予測勤務年数のうち今後は提供されなくなる部分に係る，その他包括利益累積額に含まれる過去勤務費用（20X1年1月1日の制度変更に関連するもの）が損失となり，その額は16万ドルとなった。

　制度縮小から生じた影響の総計は利益において認識される17万ドルの損失となったが，これは次のように決定された。
〔260ページに図表を掲載。〕

E社
（単位千ドル）

	縮小前	縮小の影響	縮小後
資産と債務			
確定給付債務	$(1,300)		$(1,300)
未確定給付	(200)	$ 20	(180)
累積給付債務	(1,500)	20	(1,480)
予測将来給与水準の影響	(500)	90	(410)
予測給付債務	(2,000)	110 a)	(1,890)
制度資産の公正価値	1,400		1,400
積立状況，認識される負債	$ (600)	$ 110	$ (490)
その他包括利益累積額に認識される額			
移行時債務 b)	$ 400	$(120) b)	$ 280
過去勤務費用 c)	651	(160) c)	491
純利得	(151)		(151)
	$ 900	$(280)	$ 620

a) 本基準書パラグラフ13の規定に基づいて，縮小から発生した利得（すなわち，予測給付債務の減少分）は，その他包括利益累積額に含まれる純損失が存在していればまずそれで相殺される。本ケースでは，その他包括利益累積額に含まれる額は利得（$151）であったので，縮小からの利得 $110 が認識された。

　利益における縮小による利得の認識を反映するために求められる仕訳
　　年金負債　　　　　　　　　　　110
　　　縮小による利得　　　　　　　　　　　110

b) 制度は，その他包括利益累積額の残存移行時債務を有していたので，この額は本基準書の適用上，その他包括利益累積額に含まれる過去勤務費用として取り扱われる。移行時に存在していた従業員の残存予測将来勤務年数は，従業員の解雇のため30％減少した。したがって，その他包括利益累積額に含まれる移行時債務の30％，金額にして $120 が利益において認識された。

　利益における移行時債務の認識を反映するために求められる仕訳
　　　縮小による損失　　　　　　　120
　　　　その他包括利益──移行時債務　　　　　120

c) 解雇された従業員の従前の予測勤務年数のうち今後は提供されなくなる部分に付随したその他包括利益累積額に含まれる過去勤務費用（20X0年1月1日の制度改定に関連するもの）は $160 であった。この額は利益に認識される。

　過去勤務費用の認識を反映するために求められる仕訳
　　　縮小による損失　　　　　　　160
　　　　その他包括利益──過去勤務費用　　　160

◆ケース３Ｂ◆ 制度資産が予測給付債務を上回る

　Ｆ社は，最終給与比例の非拠出制の給付建年金制度を運営する。20X2年7月27日にＦ社の経営者は，一連の商品の営業を相当程度削減することを決定した。この決定は設備を閉鎖する結果にはならなかったが，相当数の従業員の解雇を要した。従業員の解雇は20X2年11月1日に実施された。

　解雇された従業員の予測給付債務のうち予測将来給与水準に基づいた部分は9万ドルであり，同従業員に関連した未確定給付部分は2万ドルであった。

　結果として，Ｆ社は20X2年11月1日に11万ドルの利得を認識した[6]が，これは次のように決定された。

〔262ページに図表を掲載。〕

---

6) 本基準書パラグラフ14に基づいて，縮小によって発生した影響の総計が純損失の場合，これは，縮小の発生することが見込まれ，かつその影響が合理的に見積り可能である時に認識されねばならない。当該影響の総計が純利得の場合，これは，関連従業員が雇用を終了する時に認識されねばならない。20X2年6月27日時点においてＦ社は，縮小による純利得となると予測した。したがって利得は，従業員が解雇された日（20X2年11月1日）に認識され，その測定は『同日現在において測定された制度資産と債務に基づいて行われた』。

F社
(単位千ドル)

20X2年11月1日現在

	縮小利得の実現前	縮小の影響	縮小利得の実現後
資産と債務			
確定給付債務	$(1,300)		$(1,300)
未確定給付	(300)	$ 20	(280)
累積給付債務	(1,600)	20	(1,580)
予測将来給与水準の影響	(400)	90	(310)
予測給付債務	(2,000)	110[a]	(1,890)
制度資産の公正価値	2,100		2,100
積立状況，認識される資産	$ 100	$110	$ 210
その他包括利益累積額に認識される額			
移行時資産[a]	$ (200)	$ 0[a]	$ (200)
純損失	(100)	0[a]	100
	$ (100)	$ 0	$ (100)

a) 本基準書パラグラフ13の規定に基づいて，縮小による利得（すなわち，予測給付債務の減少分）は，その他包括利益累積額に含まれる純損失が存在していればまずそれで相殺される。その他包括利益累積額の残存移行時資産はその他包括利益累積額に含まれる純利得として取り扱われる（パラグラフ21）。したがって，その他包括利益累積額に含まれる純額は$100の利得であった（その他包括利益累積額に含まれる損失$100＋その他包括利益累積額に含まれる残存移行時資産の残存分$200）。その他包括利益累積額に含まれる純額が利得であったので，縮小による利得$110が利益に認識された。

もしそれまでその他包括利益累積額に含まれる純額が，その他包括利益累積額の残存移行時資産を含めて損失であって，かつ当該損失が縮小利得を上回っていたならば，縮小による利得は相殺され，いかなる利得も利益に認識されなかったであろう。

制度縮小の会計を反映するのに求められる仕訳は次のとおりであった。

年金資産　　　　　　　　　　　110
　　縮小による利得　　　　　　　　　　　110

例示4 ── 解雇された従業員の勤務に付随した過去勤務費用の計算

　S社は，最終給与比例の非拠出制の給付建制度を運営する。20X0年1月1日に会社は遡及的な制度変更を行い，その結果，80万ドルの過去勤務費用が発生した。

　制度変更によって発生したその他包括利益累積額に含まれる過去勤務費用は，20X0年1月1日現在で現役である加入者のうち制度のもとで給付を受けると予測される者の予測将来勤務年数に基づいて償却される。

　20X0年1月1日現在で会社は，制度のもとで給付を受けると予測される従業員100人を有していた。今後の20年間の各年度にこの集団の5％（5人）が毎年会社を辞めてゆく（中途退職するか退職する）との仮定に基づいて，予測将来勤務年数は1,050となった。

　予測将来勤務の各年度に付随した過去勤務費用の金額は762ドル（＝80万ドル÷1050）である。別紙Aは，予測勤務年数の当初に予測した消滅の過程を例示している。

　20X2年12月31日にS社は，制度変更時に現役であった従業員25人を解雇した。この縮小の直前時点で予測将来勤務年数765が残存していた（1050－それまでの3年間に提供された285）。この縮小は，別紙Bに示すように，20X2年12月31日時点の総予測将来勤務年数を765から555へと（210）減少させた。したがってS社は，この縮小に関連して16万20ドル（762ドル×210）の過去勤務費用を利益において認識することになる。

〔264～265ページに図表を掲載。〕

別紙 A

各年度に提供される予測勤務年数の決定
縮小前

個人	将来勤務年数	X0	X1	X2	X3	X4	X5	X6	X7	X8	X9	Y0	Y1	Y2	Y3	Y4	Y5	Y6	Y7	Y8	Y9
A1-A5	5	5																			
B1-B5	10	5	5																		
C1-C5	15	5	5	5																	
D1-D5	20	5	5	5	5																
E1-E5	25	5	5	5	5	5															
F1-F5	30	5	5	5	5	5	5														
G1-G5	35	5	5	5	5	5	5	5													
H1-H5	40	5	5	5	5	5	5	5	5												
I1-I5	45	5	5	5	5	5	5	5	5	5											
J1-J5	50	5	5	5	5	5	5	5	5	5	5										
K1-K5	55	5	5	5	5	5	5	5	5	5	5	5									
L1-L5	60	5	5	5	5	5	5	5	5	5	5	5	5								
M1-M5	65	5	5	5	5	5	5	5	5	5	5	5	5	5							
N1-N5	70	5	5	5	5	5	5	5	5	5	5	5	5	5	5						
O1-O5	75	5	5	5	5	5	5	5	5	5	5	5	5	5	5	5					
P1-P5	80	5	5	5	5	5	5	5	5	5	5	5	5	5	5	5	5				
Q1-Q5	85	5	5	5	5	5	5	5	5	5	5	5	5	5	5	5	5	5			
R1-R5	90	5	5	5	5	5	5	5	5	5	5	5	5	5	5	5	5	5	5		
S1-S5	95	5	5	5	5	5	5	5	5	5	5	5	5	5	5	5	5	5	5	5	
T1-T5	100	5	5	5	5	5	5	5	5	5	5	5	5	5	5	5	5	5	5	5	5
	1,050																				
提供勤務年数		100	95	90	85	80	75	70	65	60	55	50	45	40	35	30	25	20	15	10	5	5
償却率		$\frac{100}{1,050}$	$\frac{95}{1,050}$	$\frac{90}{1,050}$	$\frac{85}{1,050}$	$\frac{80}{1,050}$	$\frac{75}{1,050}$	$\frac{70}{1,050}$	$\frac{65}{1,050}$	$\frac{60}{1,050}$	$\frac{55}{1,050}$	$\frac{50}{1,050}$	$\frac{45}{1,050}$	$\frac{40}{1,050}$	$\frac{35}{1,050}$	$\frac{30}{1,050}$	$\frac{25}{1,050}$	$\frac{20}{1,050}$	$\frac{15}{1,050}$	$\frac{10}{1,050}$	$\frac{5}{1,050}$
年度末残存予測勤務年数		950	855	765	680	600	525	455	390	330	275	225	180	140	105	75	50	30	15	5	0

過去勤務費用　$800,000
総予測期末勤務年数　1,050
勤務年数1年当たり償却額　$ 762

付録B：例示 265

別紙B

各年度に提供される予測勤務年数の決定
縮小後

個人	X0	X1	X2	X3	X4	X5	X6	X7	X8	X9	Y0	Y1	Y2	Y3	Y4	Y5	Y6	Y7	Y8	Y9
A1-A5	5																			
B1-B5	5	5																		
C1-C5	5	5	5																	
D1-D5*)	5	5	5																	
E1-E5	5	5	5	5	5															
F1-F5	5	5	5	5	5	5														
G1-G5	5	5	5	5	5	5	5													
H1-H5*)	5	5	5																	
I1-I5	5	5	5	5	5	5	5	5												
J1-J5	5	5	5	5	5	5	5	5	5											
K1-K5	5	5	5	5	5	5	5	5	5	5										
L1-L5*)	5	5	5	5	5															
M1-M5	5	5	5	5	5	5	5	5	5	5	5	5								
N1-N5	5	5	5	5	5	5	5	5	5	5	5	5	5							
O1-O5*)	5	5	5																	
P1-P5	5	5	5	5	5	5	5	5	5	5	5	5	5	5	5					
Q1-Q5	5	5	5	5	5	5	5	5	5	5	5	5	5	5	5	5	5			
R1-R5*)	5	5	5																	
S1-S5	5	5	5	5	5	5	5	5	5	5	5	5	5	5	5	5	5	5	5	
T1-T5	5	5	5	5	5	5	5	5	5	5	5	5	5	5	5	5	5	5	5	5
提供勤務年数	100	95	90	85	80	75	70	65	60	55	50	45	40	35	30	25	20	15	10	5
解雇による調整			210																	
計	100	95	300	60	60	55	50	45	45	40	35	30	30	25	20	20	15	10	10	5
償却率	100/1,050	95/1,050	300/1,050	60/1,050	60/1,050	55/1,050	50/1,050	45/1,050	45/1,050	40/1,050	35/1,050	30/1,050	30/1,050	25/1,050	20/1,050	20/1,050	15/1,050	10/1,050	10/1,050	5/1,050
年度末残存予測勤務年数	950	855	555	495	435	380	330	285	240	200	165	135	105	80	60	40	25	15	5	0

*) 解雇された従業員グループ

例示5 ── 雇用終了給付が従業員に提供される場合の制度縮小の会計

　G社は，最終給与比例の非拠出制の給付建制度を運営し，その他包括利益累積額に残存する移行時債務を有している。20X2年5月11日に同社は，従業員に対し，短期間（20X2年6月30日まで）その自発的な雇用の終了に関連して支給する特別給付（特別雇用終了給付）を提示した。特別雇用終了給付は，雇用の終了とともに実行する一時金支払いであり，従業員の正規の制度給付に追加して支払われるものであった。特別雇用終了給付は，制度資産からではなく事業主の資産から直接支払われた。

　6月30日に従業員の15％が当該給付の提示を受け入れた。特別雇用終了給付の支払額は12万5000ドルであった。

　雇用を終了した従業員の予測給付債務のうち予測将来給与水準に基づいた部分は10万ドルであり，雇用を終了したすべての従業員に関し累積給付の満額が受給権確定となった。その他包括利益累積額に残存する移行時債務のうち雇用を終了した従業員から期待されなくなった勤務年数に付随した部分は15万ドルであった。

　結果として，G社は特別雇用終了給付の費用および縮小による損失[7]を含む17万5000ドルの損失を利益において認識したが，これは次のように決定された。

〔267ページに図表を掲載。〕

---

7) 本基準書パラグラフ14の規定に基づいて，縮小によって発生した影響の総計が純損失の場合，これは，縮小の発生することが見込まれ，かつその影響が合理的に見積り可能である時に認識されねばならない。本ケースでは，縮小によって発生する影響は，特別雇用終了給付の提示が受け入れられた日である20X2年6月30日までは合理的に見積り可能ではなかった。

G社
（単位千ドル）

	縮小前	縮小の影響	縮小後
資産と債務			
確定給付債務	$(1,300)		$(1,300)
未確定給付	(200)		(200)
累積給付債務	(1,500)		(1,500)
予測将来給与水準の影響	(500)	$ 100	(400)
予測給付債務	(2,000)	100[a]	(1,900)
制度資産の公正価値	1,400		1,400
積立状況，認識される負債	$ (600)	$ 100	$ (500)
その他包括利益累積額に認識される額			
移行時債務[b]	$ 800	$(150)	$ 650
純利得	(300)		(300)
	$ (500)	$(150)	$ 350
縮小による損失		$ 50	
特別雇用終了給付の費用			
（雇用を終了した従業員に対する一時金支払い）		125	
利益に認識される損失合計		$ 175[c]	

a) 本基準書パラグラフ13の規定に基づいて，縮小による利得（すなわち，予測給付債務の減少分）は，その他包括利益累積額に含まれる純損失があればまずそれで相殺される。その他包括利益累積額の残存移行時資産はその他包括利益累積額に含まれる純損失があればまずそれで相殺される。金額は $300 の利得であったので，縮小からの利得 $100 が利益に認識された。

b) その他包括利益累積額の残存移行時債務は，本基準書の適用上，その他包括利益累積額に含まれる過去勤務費用として取り扱われる。その他包括利益累積額の残存移行時債務のうち雇用終了した従業員からもはや期待されなくなった勤務年数に付随した部分（$150）が利益に認識された。

c) G社が利益に認識した損失は $175 であったが，これは，特別雇用終了給付の費用 $125，昇給に関連した利得 $100，およびその他包括利益累積額に残存する移行時債務の再分類 $150 を含む。この事象の会計を反映するのに求められる仕訳は次のとおりであった。

従業員の雇用終了による損失	175	
年金負債	100	
その他包括利益——移行時債務		150
雇用終了給付に係る負債		125

もし会社が雇用終了給付を年金制度から支払ったとすれば（制度を変更し，制度資産を使用して），同額の損失が認識されたであろうが，$125 は雇用終了給付に係る負債を貸方計上する代わりに，制度資産の減少による年金負債が貸方計上されたであろう。

例示6 ── 基準書第87号の適用開始前に資産回収を行った事業主に関する移行

［削除。］

57A 〔当該パラグラフは，FASB職員見解FAS158-1の発行によって実効的に削除されており訳出を省略する（関連する脚注についても同様)。〕

第4章
財務会計基準書第132号（2003年改訂）

年金および
その他退職後給付に関する
事業主の開示

FASB基準書第87号，第88号，および第106号の修正

Employers' Disclosures about Pensions
and Other Postretirement Benefits

an amendment of FASB Statements
No.87, 88, and 106

基準書第132号(R)の現状

発行年月	2003年12月
発効日	国内の制度に関しては，将来の給付支払見積額の開示を除く全ての新規定が2003年12月15日後に終了する会計年度に発効する。 外国の制度および非公開企業に関しては全ての新規定が，またすべての事業体に関して将来の給付支払見積額の開示が，2004年6月15日後に終了する会計年度に発効する。 また中間期の開示に関しては，2003年12月15日後に開始する四半期に発効する。
他の基準書等へおよぼした影響	・APB28号パラグラフ30を修正する ・FAS87号パラグラフ49および66を実効的に修正する ・FAS87号パラグラフ54，56，65および69を置き換える ・FAS87号例示6を削除する ・FAS88号パラグラフ17を置き換える ・FAS106号パラグラフ65，107，417および461を実効的に修正する ・FAS106号パラグラフ74，77，78，82および106を置き換える ・FAS106号パラグラフ479〜483を削除する ・FAS132号を廃止する
他の基準書等から受けた影響	・パラグラフ3，5(c)，5(h)，5(o)，6，8(g)，9およびC3がそれぞれFAS158号パラグラフE1(a)，E1(c)，E1(d)，E1(h)，E1(k)，E1(m)，E1(s)，およびE1(u)により修正された ・パラグラフ5がFAS158号パラグラフE1(b)，E1(f)，E1(i)およびE1(j)により修正された ・パラグラフ5(i)および8(h)がそれぞれFAS158号パラグラフE1(e)およびE1(n)により置き換えられた ・パラグラフ5(k)および8(j)がそれぞれFAS158号パラグラフE1(g)およびE1(p)により削除された ・パラグラフ8がFAS158号パラグラフE1(l)，E1(o)，E1(q)，およびE1(r)により修正された ・パラグラフ10A〜10DがFAS158号パラグラフE1(t)により追加された ・パラグラフE1がFSP FAS 126-1パラグラフA7により修正された

FASBホームページ内の「Status of Statement No. 132(R)」を基に訳者が作成した(2007年11月現在)。
http://www.fasb.org/st/status/statpg132r.shtml

財務会計基準書第132号（2003年改訂）

目　　次

パラグラフ番号

序 …………………………………………………………………………1～3

財務会計および報告に係る基準

　対象範囲 ………………………………………………………………4

　年金制度およびその他退職後給付制度に関する開示 ………………5

　複数の制度を有する事業主 ……………………………………6～7

　非公開事業体向けの開示要件の軽減 …………………………………8

　中間財務報告における開示 ……………………………………9～10

　非営利組織体および非営利以外であって
　その他包括利益を報告しない事業体 ………………………10A～10D

　掛金建制度 ………………………………………………………………11

　多数事業主制度 …………………………………………………12～13

　既存の公式見解への修正 ………………………………………14～18

　　基準書第132号によって行った修正で，
　　軽微な変更の上本基準書に継続した修正 …………………16～18

　発行日および移行 ………………………………………………19～20

付録A：基準書第132号(R)：背景説明および結論の根拠 ……………（略）

付録B：基準書第132号：背景説明および結論の根拠 ………………（略）

付録C：例示 ………………………………………………………C1～C5

付録D：関連公表文書への影響 …………………………………………（略）

付録E：用語解説 …………………………………………………………E1

序

1. FASB は，2003年3月，年金の開示に関するプロジェクトを専門的審議事項に追加した。事業主の財務諸表における給付建年金制度の資産，債務，キャッシュ・フロー，および純年金費用[1]に関する不十分な情報に関する憂慮に応えたものである。当該プロジェクトの目的は，(a)給付建年金制度に関する年次開示の内容および構成を改善し，(b)中間財務報告に関して求める開示があればそれを決定し，(c)給付建年金制度に関して求める開示をその他退職後給付制度に関しても求めるかどうかを決定することにあった。

2. 年金制度およびその他退職後給付制度に関する広範な開示要件にもかかわらず，多くの財務諸表利用者はFASBに，給付建年金制度に関して提供される情報は十分でないと伝えた。財務諸表利用者は，彼らが次のことを行う際の手助けになる追加情報を求めた。それは，(a)純年金費用を決定する際に使用される制度資産および長期期待収益率を評価すること，(b)年金制度の下での事業主の債務および当該債務が事業主の将来キャッシュ・フローへ与える影響を評価すること，ならびに(c)将来の純利益への純年金費用の潜在的影響を見積もること，である。FASBは，利用者の必要性により良く適うことになる情報を提供するように，年金に関する開示を改善できると判断した。

3. 本基準書は，FASB基準書第132号『年金およびその他退職後給付制度に関する事業主の開示』の開示要件すべてを包含する。本基準書はAPB意見書第28号『中間財務報告』を修正し，次の情報の中間開示を求める。すなわち，純期間給付費用の構成要素，ならびに年金制度およびその他退職後給付制度に積み立てるための拠出額および予測拠出額がそれまでに開示した金

---

[1] 純年金費用，純給付費用，純費用という用語，またはその他の類似する用語は，純年金収益およびその他退職後給付収益を含む。

額と重要な差異がある場合の当該金額である。年金制度に関して開示することを要する情報は，本基準書パラグラフ12において容認するものを除き，その他退職後給付制度に関して開示することを要する情報と結合されてはならない。公開および非公開事業体は，該当する場合にパラグラフ5～9において求める開示を提供するものとする。パラグラフ10A～10Dは，当該規定が非営利組織体および非営利以外であってその他包括利益を報告しない事業体にどう適用するものとするかを記述する。付録Aは，本基準書の背景説明および結論の根拠を提供する。付録Bは，基準書第132号に収録した当初の背景説明およびFASBの結論の根拠を提供する。付録Cは所要の開示の例示を提供する。付録Dは，年金制度およびその他退職後給付制度に関する開示に関連するEITF問題において到達した合意への本基準書の影響に関する情報を提供する。付録Eは本基準書において使用する用語の解説を提供する。

財務会計および報告に係る基準

対象範囲

4．本基準書は，FASB基準書第87号『事業主の年金会計』，第88号『給付建年金制度の清算および縮小ならびに雇用終了給付に関する事業主の会計』，および第106号『年金以外の退職後給付に関する事業主の会計』の開示要件を変更する[2]。本基準書は，基準書第132号の開示要件を継続し，追加した要件を収録する。本基準書は開示のみを取り扱う。本基準書は測定または認識を取り扱わない。

---

2) 基準書第132号パラグラフ5～11によって求められる開示は引き継がれ，新たな開示用件とともに本基準書のパラグラフ5～8および11～13に収録されている。

年金制度およびその他退職後給付制度に関する開示

5．予測給付債務[3]**，累積給付債務，累積退職後給付債務，**および『純年金費用』のような，本基準書で用いる特定の用語は，基準書第87号および第106号において定義されている。1つもしくは複数の給付建年金制度または1つもしくは複数のその他給付建退職後制度を運営する事業主は，次の情報を年金制度に関するものとその他退職後給付制度に関するものとに区分して提供するものとする。事業主の経営成績に関連する金額（その他包括利益に係る項目を含む）は，損益計算書を表示する各期間について開示するものとする。事業主の貸借対照表に関連する金額は，表示する各貸借対照表日現在において開示するものとする。

a．給付債務[4]の期首残高と期末残高との調整。該当する場合は，次のそれぞれに帰属し得る当該期間中の影響額を区分して表示。すなわち，勤務費用，利息費用，制度加入者の拠出額，数理上の利得および損失，外国為替相場の変動[5]，給付支払額，制度変更，企業結合，投資の処分，縮小，清算，および特別雇用終了給付額。

b．制度資産の公正価値の期首残高と期末残高との調整。該当する場合は，次のそれぞれに帰属し得る当該期間中の影響額を区分して表示。すなわち，制度資産の実際収益，外国為替相場の変動[6]，事業主の拠出額，制度加入者の拠出額，給付支払額，企業結合，投資の処分，および清算。

c．制度の積立状況，貸借対照表の認識額。認識した資産ならびに流動および固定負債を区分して表示。

d．制度資産に関する次の情報

---

3) 付録Eに定義する用語は，初出時に太字体で示す。
4) 給付建年金制度に関して，給付債務は予測給付債務である。給付建退職後制度に関して，給付債務は累積退職後給付債務である。
5) 開示すべき外国為替相場の変動の影響は，FASB基準書第52号『外貨換算』に則して事業の機能通貨が報告通貨ではない外国事業に係る制度に該当する影響のことである。
6) 脚注5)参照。

(1) 制度資産の各主要区分——それには**持分証券，負債証券**，不動産，および他のすべての資産，を含むものとするが，それらに限定しない——に関して，表示する各貸借対照表に関して使用した測定日現在において保有する全制度資産の公正価値の百分率。
(2) 投資方針および戦略の記述。該当する場合は，制度資産の各主要区分に関して，表示する直近の貸借対照表の測定日現在の目標とする配分の百分率または百分率の幅を，加重平均した値によって表示するものを含む。また，投資目標，リスク管理の仕方，デリバティブの利用を含み容認する投資および禁止する投資，投資の分散，ならびに制度資産と給付債務との関連性などの，方針または戦略の理解に関連のあるその他の要素を含む。
(3) 全体としての資産の長期期待収益率の仮定を決定するのに使用した基礎の記述。たとえば，使用した一般的アプローチ，全体としての資産の収益率の仮定がどの程度過去の収益実績に基づいているか，将来の収益予測を反映するためにどの程度過去の収益実績に修正を行ったか，そして当該修正をどう決定したかなど。
(4) 追加した資産区分の開示およびある区分内の特定の資産に関する追加情報の開示は，当該情報が各資産区分に関連するリスクおよび全体としての資産の長期期待収益率を理解する上で有用であると見込まれる場合に奨励される。

e．給付建年金制度に関し，累積給付債務。

f．表示する直近の貸借対照表日から向こう5年間の各会計年度に支払うと予測する給付額，およびその後の5会計年度間に，支払うと予測する給付額の合計。当該予測給付額は，年度末に会社の給付債務を測定するのに使用したのと同じ仮定に基づいて見積るものとし，また，将来の従業員の勤務の見積りに帰属する給付を含むものとする。

g．表示する直近の貸借対照表日後に開始する翌会計年度中に制度に支払うと予測する事業主の拠出額の最善の見積り額——合理的に決定できた後で速やかに——。当該見積り拠出額は，(1)積立規制または法律によって求められる拠出額，(2)任意の拠出額，および(3)非現金拠出額を

結合して，合計額によって表示することができる。
h．純期間給付費用の認識額。勤務費用要素，利息費用要素，期間中の制度資産の期待収益，利得または損失要素，過去勤務費用または収益要素，移行時資産または債務要素，および清算または縮小によって認識した利得または損失を区分して表示。
i．修正後の基準書第87号パラグラフ25および29ならびに基準書第106号パラグラフ52および56に則して期間中のその他包括利益において認識する，純利得または損失および純過去勤務費用または収益，ならびに期間中のその他包括利益の組替修正額。当該修正額は純移行時資産または債務の償却額を含み，純期間給付費用の構成要素として認識される。
ii．その他包括利益累積額のうち純期間給付費用の構成要素として未だ認識していない金額。純利得または損失，純過去勤務費用または収益，および純移行時資産または債務を区分して表示。
j．制度に関する会計に使用した次の仮定の加重平均値。予定割引率，(給与比例制度に関する) 昇給率，および制度資産の長期期待収益率。給付債務を決定するのに使用した仮定および純給付費用を決定するのに使用した仮定を表形式によって明示。
k．(削除)
l．制度が対象とする給付の予測費用 (適格な請求額の総額) を測定するのに使用した翌年度の予定医療費用趨勢率，および最終趨勢率とその率に到達すると予測する時期を含む，予定趨勢率のその後の変化の方向とパターンに関する全般的説明。
m．予定医療費用趨勢率の1％ポイントの増加および1％ポイントの減少による次のものへの影響額。(1)純期間退職後医療給付費用の勤務および利息費用要素の合計額ならびに(2)医療給付に関する累積退職後給付債務。(この開示の目的上，他のすべての仮定は変わらないものとし，影響額は会計の基礎である実質的な制度に基づいて測定するものとする。)
n．該当する場合は，制度資産に含まれる事業主および関連当事者の発行

する証券の金額および種類，事業主または関連当事者によって発行された保険契約が対象とする制度加入者の将来の年次給付額の概算額，ならびに事業主または関連当事者と制度との間で期間中に重要な取引がある場合は当該取引。

o．該当する場合は，基準書第87号パラグラフ26および33または基準書第106号パラグラフ53および60に則して過去勤務の金額または純利得および損失を償却するのに使用した代替方法があればその方法。

p．該当する場合は，実質的な約定，たとえば定例的給付増額の過去の慣例または履歴などで給付債務に関する会計の基礎として使用したものがあればその約定。

q．該当する場合は，期間中に認識した特別なまたは契約による雇用終了給付を行う費用および当該事象の内容の記述。

r．給付債務または制度資産において重要な増減がある場合であって，本基準書が求める他の開示において明らかにされていない場合はその増減の説明。

s．表示する直近の年次貸借対照表に続く会計年度にわたり純期間給付費用の構成要素として認識すると予測するその他包括利益累積額。純利得または損失，純過去勤務費用または収益，および純移行時資産または債務を区分して表示。

t．表示する直近の年次貸借対照表に続く12か月間または営業循環がそれより長い場合はその期間に事業主に返還されると予測する制度資産がある場合は当該金額とその返還時期。

複数の制度を有する事業主

6．本基準書が求める開示は，グループごとに分解することが有用な情報を提供すると考える場合または別に本パラグラフおよび本基準書パラグラフ7で求める場合を除き，給付建年金制度のすべてに関して合算し，また，その他給付建退職後制度のすべてに関して合算するものとする。開示は表示する各貸借対照表日現在のものとする。資産が累積給付債務を上回る年金制度に

関する開示は通常，累積給付債務が資産を上回る年金制度に関する開示と合算することができる。同様の合算は，その他退職後給付制度に関しても容認する。合算した開示を表示する場合，事業主は次のことを開示するものとする。

  a．表示する各貸借対照表の測定日現在，給付債務が制度資産を上回る制度に関して，給付債務の合計額および制度資産の公正価値の合計額
  b．累積給付債務が制度資産を上回る年金制度に関して，年金の累積給付債務の合計額および年金制度に関する制度資産の公正価値の合計額。

7．米国の報告事業体は，米国外の制度の給付債務が給付債務合計に比較して重要であって，当該制度が重要な差異のある仮定を使用している場合を除き，米国外の年金制度またはその他退職後給付制度の開示を米国の制度の開示と結合することができる。外国の報告事業体であって，米国で一般に認められた会計原則（GAAP）に準拠して財務諸表を作成する事業体は，その国内および外国の制度に前述の指針を適用するものとする。

非公開事業体向けの開示要件の軽減

8．非公開事業体は，本基準書パラグラフ5(a)〜(c)，5(h)，5(m)，および5(o)〜(r)において求める情報の開示を要しない。1つもしくは複数の給付建年金制度または1つもしくは複数のその他給付建退職後制度を運営する非公開事業体は，次の情報を年金制度に関するものとその他退職後給付制度に関するものと区分して提供するものとする。事業主の経営成績に関連する金額は，損益計算書を表示する期間ごとに開示するものとする。事業主の貸借対照表に関連する金額は表示する各貸借対照表日現在において開示するものとする。

  a．制度の給付債務，制度資産の公正価値，および積立状況。
  b．事業主の拠出額，加入者の拠出額，および給付支払額。
  c．制度資産に関する次の情報

(1) 制度資産の各主要区分——それには持分証券，負債証券，不動産，および他のすべての資産，を含むものとするが，それらに限定しない——に関して，表示する各貸借対照表について使用した測定日現在において保有する全制度資産の公正価値の百分率。

(2) 投資方針および戦略の記述。該当する場合は，制度資産の各主要区分に関して，表示する直近の貸借対照表の測定日現在の目標とする配分の百分率または百分率の幅を，加重平均した値によって表示するものを含む。また，投資目標，リスク管理の仕方，デリバティブの利用を含み容認する投資および禁止する投資，投資の分散，ならびに制度資産と給付債務との関連性などの，方針または戦略の理解に関連のあるその他の要素を含む。

(3) 全体としての資産の長期期待収益率の仮定を決定するのに使用した基礎の記述。たとえば，使用した一般的アプローチ，全体としての資産の収益率の仮定がどの程度過去の収益実績に基づいているか，将来の収益予測を反映するためにどの程度過去の収益実績に修正を行ったか，そして当該修正をどう決定したかなど。

(4) 追加した資産区分の開示およびある区分内の特定の資産に関する追加情報の開示は，当該情報が各資産区分に関連するリスクおよび全体としての資産の長期期待収益率を理解する上で有用であると見込まれる場合に奨励される。

d．給付建年金制度に関し，累積給付債務。

e．表示する直近の貸借対照表日から向こう5年間の各会計年度に支払うと予測する給付額，およびその後の5会計年度間に，支払うと予測する給付額の合計。当該予測給付額は，年度末に会社の給付債務を測定するのに使用したのと同じ仮定に基づいて見積るものとし，また，将来の従業員の勤務の見積りに帰属する給付を含むものとする。

f．表示する直近の貸借対照表日後に開始する翌会計年度中に制度に支払うと予測する事業主の拠出額の最善の見積り額——合理的に決定できた後で速やかに——。当該見積り拠出額は，(1)積立規制または法律によって求められる拠出額，(2)任意の拠出額，および(3)非現金拠出額を

結合して合計額によって表示することができる。

g．貸借対照表の認識額。退職後給付資産ならびに流動および固定の退職後給付負債を区分して表示。

h．修正後の基準書第87号パラグラフ25および29ならびに基準書第106号パラグラフ52および56に則して期間中のその他包括利益において認識する純利得または損失および純過去勤務費用または収益，ならびに期間中のその他包括利益の組替修正額。当該修正額は，純移行時資産または債務の償却額を含み，純期間給付費用の構成要素として認識される。

hh．その他包括利益累積額のうち純期間給付費用の構成要素として未だ認識していない金額。純利得または損失，純過去勤務費用または収益，および純移行時資産または債務を区分して表示。

i．制度に関する会計に使用した次の仮定を加重平均値によって。仮定割引率，（給与比例制度に関する）昇給率，および制度資産の長期期待収益率。給付債務を決定するのに使用した仮定および純給付費用を決定するのに使用した仮定を表形式によって明示。

j．（削除）

k．制度が対象とする給付の予測費用（適格な請求額の総額）を測定するのに使用した翌年度の予定医療費用趨勢率，および，最終趨勢率とその率に到達すると予測する時期を含む，予定趨勢率のその後の変化の方向とパターンに関する全般的説明。

l．該当する場合は，制度資産に含まれる事業主および関連当事者の発行する証券の金額および種類，事業主または関連当事者によって発行された保険契約が対象とする制度加入者の将来の年次給付額の概算額，ならびに事業主または関連当事者と制度との間で期間中に重要な取引がある場合は当該取引。

m．重要な非経常的な事象（たとえば，変更，結合，処分，縮小，および清算など）の内容および影響。

n．表示する直近の年次貸借対照表に続く会計年度にわたり純期間給付費用の構成要素として認識すると予測するその他包括利益累積額。純利

得または損失，純過去勤務費用または収益，および純移行時資産または債務を区分して表示。
o．表示する直近の年次貸借対照表に続く12か月間または営業循環がそれより長い場合はその期間に事業主に返還されると予測する制度資産がある場合は当該金額とその返還時期。

中間財務報告における開示

9. 公開事業体は，次の情報を，損益計算書を含む中間財務諸表において開示するものとする。

　a．損益計算書を表示する各期間について，純期間給付費用の認識額。勤務費用要素，利息費用要素，期間中の制度資産の期待収益，利得または損失要素，過去勤務費用または収益要素，移行時資産または債務要素，および清算または縮小によって認識した利得または損失を区分して表示。
　b．当会計年度中の事業主の拠出額の既払い額と支払い予測額との合計額が，本基準書パラグラフ5(g)に則して既に開示した金額と重要な差異がある場合は当該合計額。見積り拠出額は，(1)積立規制または法律によって求められる拠出額，(2)任意の拠出額，および(3)非現金拠出額を結合して合計額によって表示することができる。

10. 非公開事業体は，完全な一組の財務諸表を表示する中間期において，当該会計年度における事業主の拠出額の既払い額と支払い予測額との合計額が，本基準書パラグラフ8(f)に則して既に開示した金額と重要な差異がある場合は当該合計額を開示するものとする。見積り拠出額は，(1)積立規制または法律によって求められる拠出額，(2)任意の拠出額，および(3)非現金拠出額を結合して，合計額によって表示することができる。

非営利組織体および非営利以外であってその他包括利益を報告しない事業体

10A．非営利事業主および非営利以外であってFASB基準書第130号『包括利益の報告』に従ってその他包括利益を報告しない事業主に関し，本基準書パラグラフ5(ii)および8(h)におけるその他包括利益において認識する純利得または損失，純過去勤務費用または収益，および純移行時資産または債務への参照は，給付建制度から発生し非拘束純資産の増減として認識しているが純期間給付費用に未だ含めていないそれらの金額と読替えるものとする。

10B．当該事業主に関し，本基準書パラグラフ5(i)および8(h)におけるその他包括利益の組替修正額への参照は，給付建制度から発生し非拘束純資産の増減として認識しているがそれらが発生した時には純期間給付費用の中に含めていなかった金額を純期間給付費用へ再分類した額と読替えるものとする。

10C．当該事業主に関し，本基準書パラグラフ5(ii)，5(s)，8(hh)，および8(n)におけるその他包括利益累積額において認識した純利得または損失，純過去勤務費用または損失，および純移行時資産または債務への参照は，給付建制度から発生し非拘束純資産の増減として認識しているが純期間給付費用の構成要素としては未だ再分類していないそれらの金額と読替えるものとする。

10D．当該事業主に関し，パラグラフ5および8における（その他包括利益の項目を含む）経営成績への参照は，非拘束純資産の増減と読替えるものとし，また，それらのパラグラフにおける損益計算書への参照は，活動計算書と読替えるものとする。

掛金建制度

11．事業主は，表示するすべての期間について，掛金建年金制度およびそ の

他掛金建退職後給付制度に関して認識する費用の金額を，給付建制度に関して認識する費用の金額とは区分して開示するものとする。当該開示には，比較可能性に影響を与える期間中の重要な変動――たとえば，事業主の拠出率の変更，企業結合，または投資の処分など――がある場合は，当該変動の内容および影響についての記述を含むものとする。

多数事業主制度

12. 事業主は，損益計算書を表示する各年度について，多数事業主制度への拠出額を開示するものとする。事業主は，多数事業主制度への拠出合計額を，年金制度およびその他退職後給付制度に帰属する金額に分解せずに開示することができる。当該開示には，比較可能性に影響を与える期間中の重要な変動――たとえば，事業主の拠出率の変更，企業結合，または投資の処分など――がある場合は，当該変動の内容および影響についての記述を含むものとする。

13. 状況によっては，多数事業主制度からの脱退によって，事業主が当該年金制度およびその他退職後給付制度の未積立給付債務の一部に関して当該制度への債務を負う結果になることがある。脱退すれば債務が発生するような状況において脱退の可能性が高いか，または合理的な可能性がある場合には，FASB基準書第5号『偶発事象の会計処理』の規定を適用するものとする（基準書第87号パラグラフ70）。(a)債務が発生するような状況のもとで事業主が脱退するか，または(b)取り決められた給付水準を維持する上で（「給付維持」条項）必要となる積立金における不足を補うために残存する契約期間中に積立金への事業主の拠出額が増額される，という可能性が高いかまたは合理的な可能性がある場合には，事業主は，FASB基準書第5号の規定を適用するものとする（基準書第106号パラグラフ83）。

既存の公式見解への修正

14． FASB基準書第132号は，本基準書によって廃止する。

15． 意見書第28号パラグラフ30の開示項目に次の項目を追加する。

　k． 表示するすべての期間についてFASB基準書第132号（2003年改訂）『年金およびその他退職後給付に関する事業主の開示』の規定に則して開示する給付建年金制度およびその他退職後給付制度に関する情報
　(1) 損益計算書を表示する各期間について，純期間給付費用の認識額。勤務費用要素，利息費用要素，期間中の制度資産の期待収益，未認識移行時債務または資産の償却額，認識した利得または損失の金額，および清算または縮小によって認識した利得または損失の金額を区分して表示。
　(2) 当会計年度中の事業主の拠出額の既払い額と支払い予測額との合計額が，基準書第132号(R)パラグラフ5(g)に則して既に開示した金額と重要な差異がある場合は，その事業主の拠出額の既払い額と支払い予測額との合計額。見積り拠出額は，(1)積立規則または法律によって求められる拠出額，(2)任意の拠出額，および(3)非現金拠出額を結合して合計額によって表示することができる。

> 基準書第132号によって行った修正で，軽微な変更の上本基準書に継続した修正

16． 基準書第第87号は次のとおり修正する。

　a． パラグラフ54は，次のとおり修正する。
　　FASB基準書第132号（2003年改訂）『年金およびその他退職後給付に関する事業主の開示』パラグラフ5および8参照。
　b． パラグラフ56は，次のとおり修正する。

基準書第132号(R)パラグラフ 6 および 7 参照。
　c．パラグラフ65は，次のとおり修正する。
　　　基準書第132号(R)パラグラフ11参照。
　d．パラグラフ69は，次のとおり修正する。
　　　基準書第132号(R)パラグラフ12参照。

17．基準書第88号パラグラフ17は次のとおり修正する。

　FASB 基準書第132号（2003年改訂）『年金およびその他退職後給付に関する事業主の開示』パラグラフ 5 (a)，5 (b)，5 (h)，5 (q)，および 8 (m)参照。

18．基準書第106号は，次のとおり修正する。

　a．パラグラフ74は，次のとおり修正する。
　　　FASB 基準書第132号（2003年改訂）『年金およびその他退職後給付に関する事業主の開示』パラグラフ 5 および 8 参照。
　b．パラグラフ77および78は，次のとおり修正する。
　　　基準書第132号(R)パラグラフ 6 および 7 参照。
　c．パラグラフ82は，次のとおり修正する。
　　　基準書第132号(R)パラグラフ12参照。
　d．パラグラフ106は，次のとおり修正する。
　　　基準書第132号(R)パラグラフ11参照。

発効日および移行

19．基準書第132号の規定は，本基準書の規定を採用するまで引続き有効である。下記の場合を除き，本基準書は2003年12月15日後に終了する会計年度に発効するものとする。本基準書が求める中間期の開示は，2003年12月15日後に開始する中間期に発効するものとする。

a．本基準書パラグラフ5(d)，5(e)，5(g)，および5(k)によって求める外国の制度に関する情報の開示は，2004年6月15日後に終了する会計年度に発効するものとする。
b．本基準書パラグラフ5(f)によって求める将来の給付支払見積り額は，2004年6月15日後に終了する会計年度に発効するものとする。
c．本基準書パラグラフ8(c)～(f)および8(j)によって求める非公開事業体に関する情報の開示は，2004年6月15日後に終了する会計年度に発効するものとする。

　本基準書を完全に採用するまで，(a)資産配分実績，(b)投資戦略の記述，(c)資産の長期期待収益率の仮定を決定する上で使用した基礎，または(d)累積給付債務の金額に関して，外国の制度を除外している財務諸表は，表示する直近の貸借対照表において使用した測定日現在の制度資産の公正価値の合計額および表示する直近の損益計算書の期間について全体としての資産の長期期待収益率を，国内の制度に関するものと区分して収録するものとする。

20．比較を目的として表示する過年度期間についての開示は，(a)保有制度資産の各主要区分の百分率，(b)累積給付債務，および(c)制度の会計において使用した仮定に関して，修正再表示するものとする。比較を目的として表示する前中間期以前の中間期についての開示は，純給付費用の構成要素に関して修正再表示するものとする。ただし，前期間に関連する情報の入手が実務上困難な場合には，財務諸表注記中にすべての入手可能な情報を収録し入手できない情報を明示するものとする。本基準書の開示規定の早期適用は奨励される。

本基準書の規定は，重要でない項目に適用することを要しない。

『本基準書は，財務会計基準審議会の7名の委員全員の賛成投票によって

採択された。』

    Robert H. Herz,『議長』
    George J. Batavick
    G. Michael Crooch
    Gary S. Schieneman
    Katherine Schipper
    Leslie F. Seidman
    Edward W. Trott

288　第4章　財務会計基準書第132号（2003年改訂）

付録C：例示

C1．本付録は，次の年金およびその他退職後給付の開示を例示する。

　　a．例示1――公開事業体の年次財務諸表における年金およびその他退職後給付制度に関する開示
　　b．例示2――公開事業体の中間期の開示
　　c．例示3――完全な一組の財務諸表における非公開事業体の中間期の開示

　非公開事業体の財務諸表は同様に表示されるだろうが，本基準書パラグラフ5(a)〜(c)，5(h)，5(m)，および5(o)〜(r)に記載のある情報を含めることを要しないだろう。当該例示中に表示する諸項目は，例示の目的上収録した。ある仮定は，計算を簡略にし，開示要件に焦点を当てるように設定した。例示1は，基準書132号中の例示1，2，および3を差し替える。当該例示は基準書第87号中の例示6および基準書第106号中の例示7を差し替えたものである。

例示1――公開事業体の年次財務諸表における年金およびその他退職後給付制度に関する開示

C2．次は，複数の給付建年金制度およびその他退職後給付制度を有する事業主（A社）に関する20X3会計年度の財務諸表の開示を例示したものである。当該例示中には，全体としての資産の長期期待収益率を決定するのに使用した基礎（パラグラフ5(d)(3)）ならびに制度資産の投資方針および戦略（パラグラフ5(d)(2)）の記述は収録しない。当該記述は，事業体固有のものであって，事業体の資産の長期期待収益率の仮定を選択するための基礎ならびに最も重要な投資方針および戦略を反映すべきである。

C3. 20X3年度中にA社はFV産業を買収し同社の制度を変更した。

財務諸表注記

年金およびその他退職後給付制度

　A社は，積立型および非積立型両方の非拠出制の給付建年金制度を有し，両制度合わせて実質上すべての従業員を適用対象とする。当該制度は，勤務年数および最終平均給与に基づいて決定する給付を行う。

　A社はまた，実質上すべての従業員を適用対象とするその他退職後給付制度を有している。医療制度は拠出制で加入者の拠出額は毎年調整される。生命保険制度は非拠出制である。医療制度に関する会計は，医療費用増加額のうち増加率6％を超過する増加額の50％相当額分毎年の退職者の拠出額を増加させるという会社の明示する意向と整合するように記載の制度への将来の費用分担の増減額を予測する。退職後医療制度は，最近および将来の退職者に対する会社の費用分担に関する制限を含む。

　A社は，20X3年12月27日に，FV産業をその年金制度およびその他退職後給付制度を含め買収した。A社の制度は20X3年末に変更され，年金給付債務が70ドル増加し，その他退職後給付債務が75ドル減少した。

債務と積立状況

12月31日時点	年金給付 20X3	年金給付 20X2	その他給付 20X3	その他給付 20X2
給付債務の増減				
期首給付債務	$1,246	$1,200	$ 742	$ 712
勤務費用	76	72	36	32
利息費用	90	88	55	55
制度加入者の拠出額			20	13
制度変更	70		(75)	
数理上の損失	20		25	
制度取得	900		600	
給付支払額	(125)	(114)	(90)	(70)
期末給付債務	2,277	1,246	1,313	742
制度資産の増減				
期首制度資産の公正価値	1,068	894	206	87
制度資産の実際収益	29	188	5	24
制度取得	1,000		25	
事業主の拠出額	75	100	137	152
制度加入者の拠出額			20	13
給付支払額	(125)	(114)	(90)	(70)
期末制度資産の公正価値	2,047	1,068	303	206
期末積立状況	$(230)	$ (178)	$(1,010)	$ (536)

注：非公開事業体は，上表の情報を提供することを要しない。当該事業体は，事業主の拠出額，加入者の拠出額，給付支払額，および積立状況を開示することを要する。

貸借対照表の認識額の構成は次のとおり。

	年金給付		その他給付	
	20X3	20X2	20X3	20X2
固定資産	$ 227	$ 127	$ 0	$ 0
流動負債	(125)	(125)	(150)	(150)
固定負債	(332)	(180)	(860)	(386)
	$(230)	$(178)	$(1,010)	$(536)

その他包括利益累積額における認識額の構成は次のとおり。

	年金給付		その他給付	
	20X3	20X2	20X3	20X2
純損失(利得)	$ 94	$ 18	$ (11)	$ (48)
過去勤務費用(収益)	210	160	(92)	(22)
	$ 304	$ 178	$(103)	$ (70)

すべての給付建年金制度に関する累積給付債務は，20X3年および20X2年の12月31日現在においてそれぞれ1300ドルおよび850ドルであった。

累積給付債務が制度資産を上回る年金制度に関する情報

	12月31日	
	20X3	20X2
予測給付債務	$263	$247
累積給付債務	237	222
制度資産の公正価値	84	95

純期間給付費用の構成要素および
その他包括利益として認識するその他の金額

	年金給付		その他給付	
純期間給付費用	20X3	20X2	20X3	20X2
勤務費用	$ 76	$ 72	$ 36	$ 32
利息費用	90	88	55	55
制度資産の期待収益	(85)	(76)	(17)	(8)
過去勤務費用の償却額	20	16	(5)	(5)
純損失(利益)の償却額	0	0	0	0
純期間給付費用	$101	$100	$ 69	$ 74
その他包括利益において認識する制度資産と給付債務のその他の増減				
純損失(利得)	$ 76	$112	$ 37	$(48)
過去勤務費用(収益)	70	0	(75)	(27)
過去勤務費用の償却額	(20)	(16)	5	5
その他包括利益の認識額合計	126	96	(33)	(70)
純期間給付費用およびその他包括利益の認識額合計	$227	$196	$ 36	$ 4

　翌会計年度にわたりその他包括利益累積額から純期間給付費用へ償却することになる給付建年金制度の純損失および過去勤務費用の見積り額は，それぞれ4ドルおよび27ドルである。翌会計年度にわたりその他包括利益累積額から純期間給付費用へ償却することになる給付建年金制度の過去勤務収益の見積り額は10ドルである。

注：非公開事業体は，純期間給付費用の構成要素を個別開示することを要しない。

仮定

12月31日時点の給付債務を決定するのに使用した仮定の加重平均値

	年金給付		その他給付	
	20X3	20X2	20X3	20X2
割引率	6.75%	7.25%	7.00%	7.50%
昇給率	4.25	4.50		

12月31日時点の純期間給付費用を決定するのに使用した仮定の加重平均値

	年金給付		その他給付	
	20X3	20X2	20X3	20X2
割引率	7.25%	7.50%	7.50%	7.75%
制度資産の長期期待収益	8.00	8.50	8.10	8.75
昇給率	4.50	4.75		

（パラグラフ5(d)(3)に記載するとおり，全体としての資産の長期期待収益率を決定するのに使用した基礎に関する事業体固有の記述は，ここに収録されるだろう。）

12月31日時点の予定医療費用趨勢率

	20X3	20X2
翌年度に仮定する医療費用趨勢率	12%	12.5%
費用趨勢率が低下し到達すると仮定する率（最終趨勢率）	6%	5%
最終趨勢率に到達する年度	20X9	20X9

予定医療費用趨勢率は，医療制度に関する報告金額に重要な影響を有する。予定医療費用趨勢率の1％ポイントの変動は次の影響を有するだろう。

	1％ポイント増加	1％ポイント減少
勤務費用および利息費用合計への影響	$ 22	$ (20)
退職後給付債務への影響	173	(156)

注：非公開事業体は，予定医療費用趨勢率の1％ポイント増加および1％ポイント減少の影響に関する情報を提供することを要しない。

制度資産

A社年金制度の20X3年および20X2年12月31日時点の資産配分の加重平均値は，資産区分ごとに次のとおり。

資産区分	制度資産 12月31日時点	
	20X3	20X2
持分証券	50％	48％
負債証券	30	31
不動産	10	12
その他	10	9
合計	100％	100％

（パラグラフ5(d)(2)に記載するとおり，制度資産の投資方針および戦略に関する事業体固有の記述［目標資産配分の加重平均値を当該方針および戦略の一部として使用する場合は，それを含む］は，ここに収録されるだろう。）

持分証券は，20X3年および20X2年12月31日時点で，それぞれ，8000万ドル（制度資産総額の4％）および6400万ドル（制度資産総額の6％）のA社普通株式を含む。

A社のその他退職後給付制度の20X3年および20X2年12月31日時点の資産配分の加重平均値は，資産区分ごとに次のとおり。

資産区分	制度資産 12月31日時点	
	20X3	20X2
持分証券	60%	52%
負債証券	30	27
不動産	5	13
その他	5	8
合計	100%	100%

持分証券は，20X3年および20X2年12月31日時点で，それぞれ，1200万ドル（制度資産総額の4％）および800万ドル（制度資産総額の6％）のA社普通株式を含む。

キャッシュ・フロー

拠出額

A社は，20X4年において年金制度に対し1億2500万ドル，また，その他退職後給付制度に対し1億5000万ドル拠出すると予測する。

将来の給付支払見積り額

次の給付支払額が支払われると予測する。当該金額は妥当な将来の勤務見積りを反映している。

	年金給付	その他給付
20X4	$ 200	$150
20X5	208	155
20X6	215	160
20X7	225	165
20X8	235	170
20X9〜20Y3	1,352	984

例示 2 ── 公開事業体の中間期の開示

C4. 次は，2003年12月15日後に開始する第1会計四半期について公開事業体の開示を例示したものである。

純期間給付費用の構成要素

3月31日に終了する3ヶ月

	年金給付		その他給付	
	20X4	**20X3**	**20X4**	**20X3**
勤務費用	$35	$19	$16	$ 9
利息費用	38	23	23	14
制度資産の期待収益	(41)	(21)	(6)	(4)
過去勤務費用の償却額	7	5	(3)	(1)
純損失(利得)の償却額	2	0	0	0
純期間給付費用	$41	$26	$30	$18

事業主の拠出額

　A社は以前，20X3年12月31日に終了した年度の財務諸表において，20X4年に年金制度へ1億2500万ドル拠出すると予測したことを開示した。20X4年3月31日現在で2000万ドルを既に拠出した。A社は現在，20X4年に合計1億4000万ドルを年金制度へ積み立てるために，追加の1億2000万ドルを拠

出すると予測する。

例示3——完全な一組の財務諸表における非公開事業体の中間期の開示

C5. 次は，2003年12月15日後に開始する第1会計四半期における非公開事業体（A事業体）の開示を例示したものである。

A事業体は以前，20X3年12月31日に終了した年度の財務諸表において，20X4年に年金制度へ1億2500万ドル拠出すると予測したことを開示した。20X4年3月31日現在で2000万ドルを既に拠出した。A事業体は現在，20X4年に合計1億4000万ドルを年金制度へ積み立てるために，追加の1億2000万ドルを拠出すると予測する。

付録E：用語解説

E1. 本付録は，本基準書の中で使用する特定の用語の定義を収録する。

Accumulated benefit obligation：累積給付債務

特定日前に提供された従業員勤務に配分され，当該日前の従業員の勤務および給与（該当する場合）に基づいた年金給付（受給権が確定しているか否かを問わない）の数理的現在価値。累積給付債務は，将来の給与水準に関する仮定を含まないという点で予測給付債務と異なる。定額給付または非給与比例の年金給付算定式を有する制度に関しては，累積給付債務は予測給付債務と一致する。

Accumulated postretirement benefit obligation：累積退職後給付債務

特定日までに提供された従業員勤務に配分された給付の数理的現在価値。従業員の完全な受給資格取得日前では，従業員の特定日現在の累積退職後給付債務は，当該日までに提供された当該従業員の勤務に配分された予測退職後給付債務の一部である。完全な受給資格取得日以後では，累積退職後給付債務は予測退職後給付債務と一致する。

Debt security：負債証券

企業に対する債権者の関係を表しているいずれかの証券。次のものを含む。(a)その条項によって発行企業が償還しなければならないか，または投資家の選択によって償還できるかのいずれかの優先株式，および(b)持分の形式で発行したが，当該証書が発行企業の貸借対照表にどう（すなわち，持分または負債のいずれに）分類されているかにかかわらず非持分証書として会計処理することを要するモーゲージ担保債務証書（CMO）（またはその他の証書）。ただし，オプション契約，金融先物契約，先渡し契約，およびリース契約を除く。したがって，『負債証券』の用語には，その他の用語の中で，米国財務省証券，米国政府機関証券，地方自治体証券，社債，

転換社債，コマーシャルペーパー，CMO および不動産モーゲージ投資導管体（REMIC）のような証券化されたすべての負債証書，ならびに利息のみおよび元本のみのストリップ債を含む。工業または商業の企業による信用販売から発生する売掛金および金融機関の消費者金融，商業貸付，および不動産貸付の事業から発生する貸付金は，『証券』の定義を満たさない債権の例である。したがって，当該債権は，（それらが証券化されれば定義を満たすことになるが，証券化されない限り）負債証券ではない。

Equity security：持分証券

企業における所有者の権益を表しているいずれかの証券（たとえば，普通株式，優先株式，またはその他の株式）または企業における所有者の権益を固定価格もしくは決定できる価格で取得する権利（たとえば，ワラント，新株引受権，もしくはコール・オプション）もしくは処分する権利（たとえばプット・オプション）。ただし，当該用語には，その条項によって発行企業が償還しなければならないか，または投資家の選択によって償還できるかのいずれかの転換社債もしくは優先株式を含まない。

Nonpublic entity：非公開事業体

次の事業体以外の事業体。(a)その負債証券または持分証券——これには特定の場所もしくは地域においてのみ上場している証券を含む——が（国内もしくは外国の）証券取引所もしくは店頭市場のいずれかの公開市場において取引されている事業体，(b)いずれかの種類の負債証券もしくは持分証券を募集するための準備として規制官庁に書類を提出している事業体，または(c)(a)および(b)に該当する事業体によって支配されている事業体。

Projected benefit obligation：予測給付債務

年金給付算定式によって特定日前に提供された従業員勤務に配分されたすべての給付の当該日現在の数理的現在価値。年金給付算定式が将来の給与水準に基づいている場合（給与比例，最終給与比例，最終平均給与比例，または全期間平均給与比例の制度），予測給付債務は，将来の給与水準に

関する仮定を使用して測定される。

Publicly traded entity：公開事業体
『非公開事業体』の定義を満たさないすべての事業体。

訳者解説
米国の年金会計基準の概要

米国の財務会計基準書第158号(以下,SFAS158)は,退職後給付に関する従来の基準書第87号(以下,SFAS87),第88号(以下,SFAS88),第106号(以下,SFAS106),および第132号(2003年改訂)(以下,SFAS132(R))の一部を修正している(図表1参照)。ここでは,SFAS158によって変更された米国の年金会計基準の概要を説明する。なお,米国の会計基準では「年金会計」と表現されるが,日本における退職一時金なども対象となる(日本の会計基準では「退職給付会計」とされている)。

図表1 米国における退職後給付関連の財務会計基準書の関係

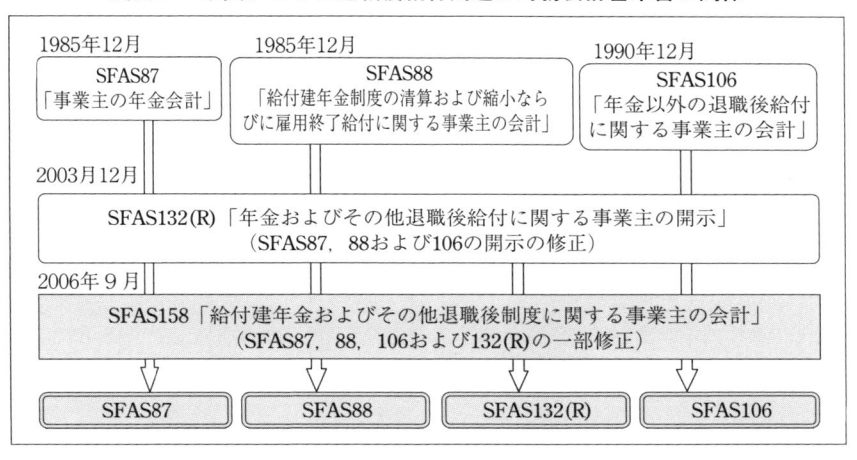

```
1985年12月          1985年12月                    1990年12月
SFAS87            SFAS88                         SFAS106
「事業主の年金会計」 「給付建年金制度の清算および縮小なら  「年金以外の退職後給付
                  びに雇用終了給付に関する事業主の会計」  に関する事業主の会計」

2003月12月
SFAS132(R)「年金およびその他退職後給付に関する事業主の開示」
         (SFAS87,88および106の開示の修正)

2006年9月
SFAS158「給付建年金およびその他退職後制度に関する事業主の会計」
       (SFAS87,88,106および132(R)の一部修正)

  SFAS87      SFAS88      SFAS132(R)      SFAS106
```

1. SFAS158の発行

　SFAS158は，2006年9月29日，FASBが進める退職後給付に係る事業主の会計を改善するための包括的プロジェクトの第1段階の成果として発行された。

　SFAS158による変更点の中で最も重要なものは，年金制度の積立状況，すなわち，予測給付債務（Projected benefit obligation，以下PBO）と年金資産との差額の全額を貸借対照表に計上するようSFAS87を修正したことである。これにより，事業主は，年金制度に関して，PBOが年金資産を上回る場合はその積立不足の金額を負債として，年金資産がPBOを上回る場合はその積立超過の金額を資産として貸借対照表に計上することが求められる（図表2参照）。

　SFAS158適用前のSFAS87では，事業主は，年金制度に関して，純期間年金費用が年金掛金拠出額を上回る場合はその差額を「未払年金費用」として貸借対照表の負債に，年金掛金拠出額が純期間年金費用を上回る場合はその差額を「前払年金費用」として貸借対照表の資産に計上していた。また，累積給付債務（Accumulated benefit obligation，以下ABO）が年金資産を上回る場合に，少なくともその差額相当額の負債（最小負債）を貸借対照

図表2　SFAS158における取扱い

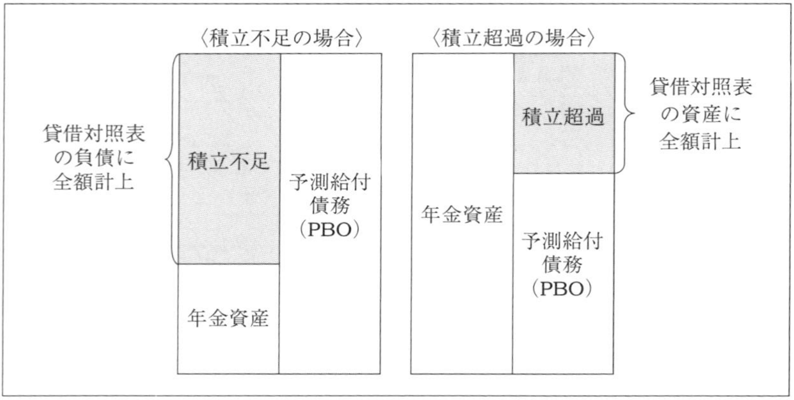

表に認識するよう求められ，その最小負債から未払年金費用を控除（または前払年金費用を加算）した金額を「追加最小負債」として計上していた（図表3参照）。この取扱いのもとでは，積立不足による負債と，年金掛金拠出額と純期間年金費用との差額による資産が，貸借対照表に両建てで計上されることがあった。

なお，SFAS158適用前のSFAS87では，追加最小負債が計上される場合，未認識過去勤務費用の金額の範囲内で無形資産が計上されていたが，SFAS158への移行に伴い無形資産の計上は廃止される。

SFAS158においては，年金制度の積立状況の認識に係る変更の他に，次の変更を行っている。

・測定日の規定を変更。測定日は貸借対照表日と同一日とする（SFAS158, パラグラフ5）。
・割引率に関するガイドラインを基準書の中に収録する（SFAS158, パラグラフ3）。
・開示事項を追加及び修正する（SFAS158, パラグラフ7）。

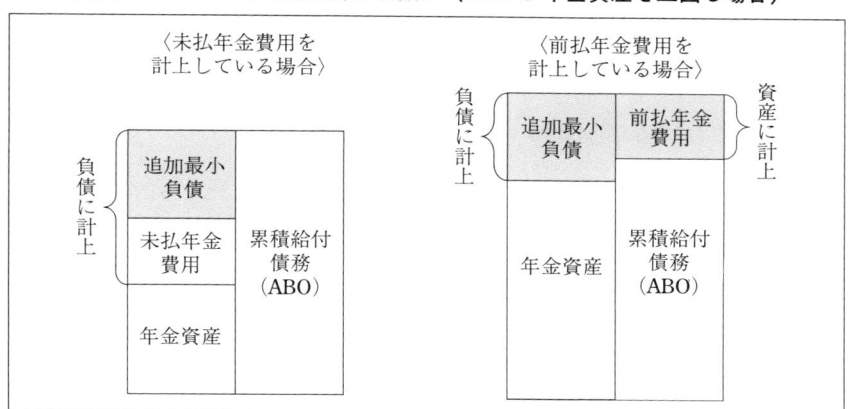

図表3　SFAS158の適用前の取扱い（ABOが年金資産を上回る場合）

SFAS158の規定の発効日は，認識および開示事項に係る規定と測定日に係る規定とで異なっている。各々の発効日は図表4のとおりである。

図表4　SFAS158の発効日

	認識および開示事項	測定日の規定
公開企業	2006年12月15日後に終了する会計年度末	2008年12月15日後に終了する会計年度の期首
非公開企業	2007年6月15日後に終了する会計年度末	

SFAS158を早期適用することは推奨されている。一方，遡及適用（過去に遡って財務諸表を修正のうえ再表示すること）は，「遡及適用に付随する費用は，年度毎の比較可能性から得られる便益を上回」り（SFAS158，パラグラフB68），また「前年度については財務諸表注記中に既に利用可能な広範囲の情報がある」（SFAS158，パラグラフB70）として認めないこととされた。

なお，SFAS158は，純期間年金費用の認識方法について変更していない。すなわち，利得または損失および過去勤務費用または収益の額に関して，費用の遅延認識が継続されている。発生時に純期間年金費用として認識しない額は，一旦その他包括利益として認識し，その後の期間にわたって一定のルールで純期間年金費用に再分類（reclassify）[1]することとなる。利益の二重計上にならないよう，この再分類の都度，純期間年金費用として認識される金額相当額でその他包括利益累積額を修正する。

2．米国における年金会計：SFAS158適用後

現在の米国の年金会計は，SFAS158によって修正されたSFAS87, 88および132(R)によって構成されている（図表1参照）。以下に，米国における年金会計の概要について説明する。

---

1) 一旦その他包括利益として認識し，その後で純利益として再度認識する「再分類」については，「リサイクル」または「組替え」が使われることがある。

(1) 債務の評価【SFAS87, パラグラフ17～18】
　SFAS87において, 次の3種類の債務の尺度が示されている（図表5参照）。

ａ．予測給付債務（Projected benefit obligation：PBO）
　　給付算定式に基づいて将来の勤務を織り込んで算出した給付見込額のうち, 計算時点までの勤務に配分されるすべての給付の現在価値。給付が給与比例制の場合, 退職時までの昇給が織り込まれる。
ｂ．累積給付債務（Accumulated benefit obligation：ABO）
　　将来の昇給を織り込まないで算出した給付見込額のうち, 計算時点までの勤務に配分される給付の現在価値。ABOはPBOと同様に計算されるものであるが, 将来の昇給が織り込まれない点で異なっている。したがって, 給付が給与に比例しない定額制の場合, ABOはPBOと一致する。
ｃ．確定給付債務（Vested benefit obligation：VBO）
　　ある時点において受給権が確定している給付の現在価値。

図表5　PBO, ABO, VBOについて

過去の勤務に対応する分			将来の勤務に対応する分
（過去および）現在の給与に対応する分		将来の昇給による給与増に対応する分	
受給権確定	受給権未確定		
VBO →			
ABO ――――――→			
PBO ―――――――――――――→			
（年金財政で使用する）給付原価			

　債務（現在価値）測定に使用する割引率は,「年金給付が実効的に清算されうる利率を反映」（SFAS87, パラグラフ44）していることが求められる。具体的には, 債務の清算のために使用される「年金契約」（pension contract）の現在価格を決定している利率, PBGC（年金給付保証公社）から公表されている利率, または優良債券の利回り等を参考に決定される。
　割引率の選択に関する指針――割引率は①期待収益率とは独立して決定されること, ②期末日毎に再評価されること, ③金利水準が変動したならば,

それに合わせて変更されること等——は，これまでSFAS87の実行指針（A Guide to Implementation of Statement 87 on Employers' Accounting for Pensions）において示されていたがSFAS158によってSFAS87の基準に盛り込まれた（SFAS87，パラグラフ44A）。

(2) 年金資産の評価【SFAS87，パラグラフ19，30および49～51】

SFAS87では，「制度資産」[2]（plan assets）という用語が使われ，その定義は，「給付に充てる目的に限定して会社資産から（通常は信託の形で）分離された資産」とされている。したがって，信託として分離されていない資産または給付以外の目的に使用することが実質的に可能な資産は，その使用目的が退職金や社内年金の支払いであっても，年金資産とみなされない。

年金資産の評価は，公正価値[3]（fair value）によるものとされている。年金資産の期待収益の測定においては，5年平均などの平滑化した評価額の使用が認められている。基準書では，市場連動価値（market-related value）という用語で，「公正価値，または公正価値の変動を5年以内で系統的かつ合理的な方法で反映させることとする計算価値のいずれか」とされている。

(3) 純期間年金費用の認識【SFAS87，パラグラフ16および20～34】

SFAS87では，損益計算書において費用として認識される額は，「純期間年金費用」とされ，複数の構成要素を加減して算出する。具体的には，PBOの増加分（従業員の勤務の増加により発生する「勤務費用」と時間の経過により発生する利息相当額である「利息費用」）から年金資産の期待収益（年金資産の市場連動価値に長期期待収益率[4]を掛けて算出した額）を控除し，さらに遅延認識項目の償却額を加算（または控除）する。

遅延認識とは，発生した費用を，その発生した期に即時に純期間年金費用

---

[2] 本解説では，「年金資産」を「制度資産」の同義語として使用している。
[3] 公正価値とは，測定日における市場参加者間の通常の取引（orderly transaction）において資産の売却によって受け取る価格，または負債を譲渡するのに支払う価格のこと。（財務会計基準書第157号「公正価値の測定」パラグラフ5より）
[4] 計算基礎率の1つで，既に投資されたかあるいは投資される予定の資金に期待される平均収益率。

として認識しないで将来の一定期間にわたって一定のルールで認識（償却）する方法であり，図表6に示す3つの項目が対象とされている。発生時に純期間年金費用として認識しない金額は，一旦その他包括利益として認識する。

その後，図表6の償却方法に基づき，純期間年金費用として認識（再分類）し，再分類した時には，純期間年金費用への認識額相当額でその他包括利益累積額を修正する。

図表6　遅延認識項目の発生要因と償却方法

遅延認識項目	発生要因	償却方法
利得または損失	① 年金資産の期待収益と実際収益との差額 ② PBO計算に用いた計算基礎率の予測と実績との差によるPBOの差額 ③ 計算基礎率の変更によるPBOの増減額 制度の縮小や清算により発生する利得または損失については，SFAS88に基づき，発生した期に即時に費用認識し，遅延認識は行わない。	① 最小償却方法（SFAS87，パラグラフ32） 期首現在でPBOと年金資産の市場連動価値のいずれか大きい方の10%を超過する額を償却対象額とし，その額を平均残存勤務期間で除した額を償却額とする。 ② 代替償却方法（SFAS87，パラグラフ33） 以下の条件を満たす場合，①に代えて代替償却方法をとることが可能。 　a) 最小償却額を下回らないこと 　b) 継続使用すること 　c) 利得および損失の双方に同じように使用すること 　d) 使用した方法を開示すること なお，即時に費用認識することも可能（SFAS87，パラグラフE33）
過去勤務費用または収益	制度の変更によるPBOの増減額	① 原則法（SFAS87，パラグラフ24） 個々人の残存勤務期間にわたって均等償却する。 ② 代替償却方法（SFAS87，パラグラフ26） 平均残存勤務期間で除した額を償却額とする。 なお，即時に費用認識することは認められていない（SFAS87，パラグラフE19）
移行時資産または債務	SFAS87適用開始時の積立状況と貸借対照表上の認識額との差額	平均残存勤務期間にわたり均等償却（15年未満の場合は15年とすることが可能）

なお，米国の年金会計では，利得または損失について一部を純期間年金費用として認識しないことを認める回廊（corridor）アプローチが採用されている。回廊アプローチとは，一定範囲内[5]の利得または損失は償却の対象としないで，その範囲を超過した部分のみ償却規定に基づき費用として認識（償却）する方法である。償却額は年度毎に洗い替えられる。基準書では，回廊アプローチについて，過度の変動性を回避する合理的な方式と評価している。

(4) 負債と資産の計上方法【SFAS87，パラグラフ35～38】

本解説第1節（SFAS158の発行）で述べたように，SFAS158の適用により，貸借対照表にPBOと年金資産との差額が全額計上されることとなった。企業が複数の年金制度を実施している場合，積立超過の制度と積立不足の制度との相殺は認められていない。すなわち，積立超過である各制度の超過額の合計額を資産として，また積立不足である各制度の不足額の合計額を負債として計上する。

ここで，SFAS158適用による関連項目への影響を数値例によって見ることとする。数値例には税効果は考慮しておらず，また使用している項目名は実際の企業の財務諸表に表示されるものと異なる可能性がある。

図表7　SFAS158適用前の取扱い：数値例

<年金制度の積立状況>

- 追加最小負債　300
- ABO　900
- 未払年金費用　200
- 未認識過去勤務費用　70
- 年金資産　400
- PBO　1,000

<企業の貸借対照表>

資産	2,070	負債	1,750
うち無形資産	70	うち未積立ABO	500
		未払年金費用	200
		追加最小負債	300
		資本	320
		うちその他包括利益累積額中の追加最小負債	△230
資産合計	2,070	負債および資本合計	2,070

---

5) 一定範囲とは，PBOまたは年金資産の市場連動価値のいずれか大きい方の10%とされている。

図表7は，SFAS158適用前の積立状況と貸借対照表を示している。SFAS158適用前の基準に基づき，未払年金費用を含む未積立ABOを貸借対照表に負債計上する（未積立ABO＝ABO－年金資産＝900－400＝500，追加最小負債＝未積立ABO－未払年金費用＝500－200＝300）。追加最小負債を計上する場合，未認識過去勤務費用（＝70）と同額を無形資産（＝70）として資産に計上し，未認識過去勤務費用を超える部分については，資本の部のその他包括利益累積額の減少として認識する（＝70－300＝△230）。

　一方，図表8は，図表7と同じ時点におけるSFAS158適用後の積立状況と貸借対照表を示している。PBOと年金資産の公正価値との差額の全額を貸借対照表に負債計上する（年金給付に係る負債＝1,000－400＝600）。年金給付に係る負債のうち，未だ純期間年金費用に認識していない金額，すなわち，SFAS158適用前のその他包括利益累積額中の金額（＝△230）に，未認識過去勤務費用（＝△70）およびPBOとABOとの差額（＝△100）の合計額（＝△400）が，資本の部のその他包括利益累積額中に含められる。

　SFAS158適用前後を比較すると，①無形資産への計上の廃止により資産が70減少，②積立不足の全額を負債計上することに伴い負債が100増加，③①と②を要因として資本の部（その他包括利益累積額）が170減少している。

図表8　SFAS158適用後の取扱い：数値例

〈年金制度の積立状況〉	〈企業の貸借対照表〉	
年金給付に係る負債 600／PBO 1,000／年金資産 400	資産　　　　　　　2,000	負債　　　　　　　1,850 　うち年金給付 　に係る負債　　　　600 資本　　　　　　　　150 　うちその他包括利 　益累積額中の年金 　給付に係るもの　△400
	資産合計　　　　　2,000	負債および資本合計 2,000

(5) 測定日【SFAS87，パラグラフ52〜53】

　SFAS158によって，年金資産および債務を測定する際の測定日は貸借対照表日としなければならないこととなった。

　修正前のSFAS87における年金資産と債務の測定日は，①貸借対照表日，または②貸借対照表日前3か月以内の一定日（毎年継続して使用することが前提）のいずれかとされていた。すなわち，3か月以内の一定日（3月決算であれば12月31日以降のいずれかの日）の測定結果を貸借対照表へ計上することが認められていたが，SFAS158によってこの取扱いが廃止されることとなった[6]。

(6) 開示事項【SFAS132(R)，パラグラフ5】

　開示すべき事項は，2003年に発行されたSFAS132(R)に規定されている。この開示事項に関しても，SFAS158によって追加および修正が行われた。

　追加および修正後のSFAS132(R)に規定される年金制度に関連する開示事項は図表9のとおりである。

---

[6] 測定の際に，測定日より前の基準日のデータを使用して測定した結果に調整を加えた値を測定日の測定値とする取扱いは，引き続き許容される（SFAS87パラグラフE65）。

図表9　年金制度に関連する開示事項

パラグラフ	内容（網掛け部分は，SFAS158によって追加または修正された項目）	
5(a)	予測給付債務（PBO）の増減	
5(b)	年金資産の公正価値の増減	
5(c)	①年金制度の積立状況 ②貸借対照表の認識額 　・PBO＜年金資産の公正価値（＝積立超過）の場合 　　→積立超過額を固定資産に分類。 　・PBO＞年金資産の公正価値（＝積立不足）の場合 　　→積立不足額を流動負債，もしくは固定負債に分類，または両者に区分して分類。流動負債は，PBOのうち翌年度または営業循環がそれより長い場合はその期間に支払う給付額の数理的現在価値が年金資産の公正価値を上回る額で，当該分類は制度ごとに決定される。	
5(d)	年金資産に関する情報：	
	(1)	・年金資産の主要区分（持分証券，負債証券，不動産等） ・主要区分それぞれの総資産に対する百分率
	(2)	投資方針および戦略の記述
	(3)	長期期待収益率を決定するために使用した基礎
	(4)	追加した資産区分の開示および区分内の特定の資産に関する追加情報
5(e)	累積給付債務（ABO）[7]	
5(f)	将来の予測給付額 　・当初5年間の年度毎の予測給付額 　・6年から10年目までの予測給付額の合計額	
5(g)	翌会計年度の拠出額の最善の見積り額 　見積り額は①法令等により定められた拠出額，②任意の拠出額，および③非現金拠出額を合計して表示することも可。	
5(h)	純期間年金費用の認識額 　・勤務費用 　・利息費用 　・年金資産の期待収益 　・利得または損失の償却額 　・過去勤務費用または収益の償却額 　・移行時資産または債務の償却額 　・清算または縮小による利得または損失	

---

7) ABOの金額は会計処理において使用されないが，開示事項として残されている。

5(i)	①その他包括利益の認識額（当期発生額のうち，当期の純期間年金費用として認識されない額） ・純利得または損失 ・純過去勤務費用または収益 ②その他包括利益の再分類による修正額（純期間年金費用として認識される額） ・純利得または損失の償却額 ・純過去勤務費用または収益の償却額 ・純移行時資産または債務の償却額
5(ii)	その他包括利益累積額のうち，純期間年金費用に認識されていない額 ・純利得または損失 ・純過去勤務費用または収益 ・純移行時資産または債務
5(j)	予測給付債務と純期間年金費用を決定するのに使用した仮定 　予定割引率，昇給率，年金資産の長期期待収益率。
5(k)	〔削除〕
5(l) 5(m)	〔年金以外の退職後給付関連のため表示を省略〕
5(n)	①年金資産に含まれる事業主および関連当事者の発行する証券の金額と種類 ②事業主および関連当事者との間での重要な取引
5(o)	次の項目に代替的方法[8]を使用したならばその方法 ①過去勤務費用の償却 　過去勤務費用の費用認識方法について，従業員それぞれの残存勤務期間にわたり均等額を償却する方法の代わりに，従業員の平均残存勤務期間にわたり均等額を償却する方法が認められている。 ②利得または損失の償却 　次の条件を満たす場合に，コリダールールによる方法以外の遅延認識方法が認められる。すなわち，①最小償却額（コリダールールに基づく費用認識額）を下限とすること，②継続的に使用すること，③利得および損失の双方に同じように使用すること，④開示すること。
5(p)	PBOに関する会計の基礎として使用した実質的な約定があれば，その約定。例えば，規則的な給付増額の過去の慣例や履歴など。
5(q)	雇用終了給付を行う場合は，その費用および当該事象の内容
5(r)	給付債務または年金資産における重要な増減の説明（他の項目で明らかにされていない場合）

---

[8] 代替償却方法については図表6を参照。

5(s) 〈追加〉	その他包括利益累積額のうち，翌年度に純期間年金費用として認識すると予測する金額 ・純利得または損失の償却額 ・純過去勤務費用または収益の償却額 ・純移行時資産または債務の償却額
5(t) 〈追加〉	翌年度に事業主に返還されると予測する年金資産の金額とその返還時期

まとめとして，退職給付に係る米国会計基準，日本会計基準および国際会計基準の比較表（図表10）を掲載する。

図表10　退職給付に係る各基準の取扱い

	米国会計基準 （SFAS158適用後）	日本会計基準	国際会計基準 （IAS第19号）
基本的考え方	退職給付に関する制度について，発生主義に基づく債務計上と費用認識。	同左。	同左。
債務評価	予測給付債務（PBO）を使用。PBOとは，給付算定式に基づいて（退職時までの昇給を織込み）計算時点までの勤務に配分されたすべての給付の現在価値。	同左。 日本会計基準では「退職給付債務」の用語を使用。	同左。 国際会計基準では「Defined Benefit Obligation」（DBO）の用語を使用。
割引率	年金給付が実効的に清算されうる利率。具体的には，年金契約の現在価格を決定している利率，PBGCから公表されている利率，優良債券の利回り等。	安全性の高い長期の債券（長期の国債，政府機関債および優良社債）の利回り。ただし，一定期間（おおむね5年以内）の利回りの変動を考慮して決定することができる。	優良な社債の利回り。（そのような債券の市場が未整備の国においては，国債の利回り。）
年金資産の評価	公正価値（時価）を使用。ただし，純期間年金費用算出時には，平滑化した額を使用することも可。	公正価値のみ使用。	同左。
貸借対照表　負債の計上	PBO－年金資産の公正価値	PBO－年金資産の公正価値±遅延認識項目	PBO－年金資産の公正価値±遅延認識項目（※）
損益計算書　費用の算出	勤務費用＋利息費用－期待収益±遅延認識項目の償却額	同左。	勤務費用＋利息費用－期待収益±遅延認識項目の償却額（※）
損益計算書　遅延認識項目	・利得／損失 ・過去勤務費用／収益 ・移行時資産／債務	・数理計算上の差異 ・過去勤務債務 ・会計基準変更時差異	・数理上の利得／損失 ・過去勤務費用 ・移行時資産／債務
損益計算書　遅延認識項目の償却	一定年数にて費用認識。（遅延認識が原則。利得／損失に関しては全額即時認識も可）	同左。 （全額即時認識も可）	同左。 （全額即時認識も可）
損益計算書　回廊アプローチ	利得／損失の認識にあたり，回廊アプローチ有。	回廊アプローチ無し。 （数理計算上の差異の全額が償却の対象）	数理上の利得／損失の認識にあたり，回廊アプローチの採用可。

| 開示事項 | 債務，資産，費用，基礎率に加え，資産構成，将来の給付額見込み等，詳細な開示が必要。 | 債務，資産，費用，基礎率，等。 | 米国と同様，詳細な開示が必要。将来の給付額見込み等の開示は求められていない。 |

（※） 国際会計基準は，数理上の利得／損失を発生時に「認識収益費用計算書」において（損益の範囲外で）認識することも認めている。この場合には，負債・費用の計算式中の数理上の利得／損失に係る額の加減はない（損益として認識しない）。

索引

原著には索引は示されていない。読者の便宜を考え，訳者の責任のもとに作成したものである。

【あ】
IAS 第19号 …………………87,116,314

【い】
イールド・カーブ ……………………138
移行時資産または債務…13,15,82,236,276
一時差異 ………………………134,195
インフレ率 ………………………………139

【う】
運営者 ………………………………184

【え】
営業循環 ……………………………15,277
営利事業体 ……………………………3,12

【か】
会計上の変更 ………………24,89,219
開示 ……………………………274,311
概念フレームワーク …………………6,76-77
回廊（corridor）………92,94,133,204,308
確定給付債務 ………………129,184,305
掛金建年金制度 ………144,150,174,282
過去勤務費用の代替償却方法……131,161,199,277,307
過去勤務費用または収益 …13,15,80,128,130-132,182,197,200,276,307
仮説的なポートフォリオ …………102,138
活動計算書 ………17,20,58-59,63-64,282
仮定 ……………………………137,172
加入者 ………………………………131,179

【き】
株主持分変動計算書 ……25,29-30,37-39,43-45,51-53

期間配分 ……………………127,135,172
企業結合 ………………………147,197
基礎率（仮定）………………………137,172
既存の法律に基づく変更 ……139,223-224
期待収益 …132,138,175,196,201,276,306
機能別(費用)区分 ……………17,99,148
キャッシュバランス年金制度 ………76-77
給付 ……………………………125,173
給付／勤務年数 ………………135,173
給付改善 ………………………………131
給付減額 ………………………………132
給付限度額 ……………………139,223-224
給付算定式 ……………135,173,205-213
給付建年金制度 ………………126,174
給付方式 ………………………………173
共同事業主制度 ………………146,178
共同信託制度 …………………………145
拠出金 ………………………………146
拠出（制の）制度 ……………129,174
勤務 ……………………………127,183
勤務費用，勤務費用要素……128,130,183,274,276,306

【く】
偶発事象の会計処理 ……………146,283
組合制度 ……………………………145
組替修正額……………………15,276,280,282

繰延税金資産，繰延税金収益 ………26-27

【け】
現在価値（数理的現在価値）………135,171

【こ】
公開事業体 ……………281,288,296,300
公開市場で取引される持分証券の発行者
　……………………………………8,18
公正価値 ………………………12-13,140
合理的な概算法 …………………………126
子会社の制度に係る測定 ………………141
固定資産 …………………13,85,134
固定負債 …………………12,84,134,274
5年移動平均価値 ………………………133
雇用終了給付 ……247,266-267,274,277

【さ】
最終給与比例 ……………128,136,175
最小償却 ……………………133,203-204
最小償却の閾値……………………………94
最小負債……………………68,73,80,302
再測定……………………………14,110,141
再投資 ……………………………138,223
再投資リスク ……………………………138
債務の尺度 ……………………74-75,154
残存勤務期間 ……………………131,200

【し】
自家保険(子)会社 ……………143,173,232
事業に関する中間尺度 …16,20,22-23,98,148
事業主に返還される制度資産………15,277
資産回収取引 ……………………………249
資産の利得および損失 …………………133
市場連動価値 ……94-95,132,177,202-203
実効的な清算の利率 …………137,218-223
実際収益，実際収益要素……128,130,171,196,274
実質的な約定 ………136,197,217,277,312
自動的な給付増額 ………………………139
死亡および障害給付 ……………125,137,186
死亡率 ……………………………………178

社会保障給付 ……………………………139
修正再表示 ………………………………149
終了(制度の終了) ………182,244,252-253
受給権確定給付 ……………136,184,242
縮小 ……181,243,246,259-262,274,276
受託者委員会 ……………………………145
純期間給付費用 ……3-4,13,15,196,276
純期間給付費用の構成要素として認識
　…………………………3,13-15,276
純期間年金費用の尺度……………74,125
純期間年金費用または収益 …31,128,179,193-195,272,306
償却 ……………………………128,172,276
償却見積額……………………………91,277
昇給率 ……………………………………276
将来の給与水準 …………………139,218

【す】
数理上の利得および損失（利得および損失）
　……13,15,78,128,132,171,274,276,307
数理的現在価値 ……………………135,171
数理的費用方式 …………………………136
数理的評価 ………………………………225

【せ】
清算 ………183,242,244,254-258,274,276
制度資産 ……………………129,181,274,306
制度資産の長期期待収益率…132,223,275-276,306
制度縮小の会計 …………246-247,259-262
制度の実質 ………………………………145
制度の停止 ………………………182,244
制度の変更 ……………………131,180,199-201
生命保険証券 ……………………………196
全期間給与比例…………128,136,173,205,215-216

【そ】
早期適用………………………9,19,105-106,304
遡及的給付 ………………………131,182
遡及的な制度変更 …131,139,197,200-201
測定日 …13,20-21,33,37,40,86,106,141-142,224-226,310

318　索　引

その他包括利益 ……13,15,90-91,134,276
その他包括利益累積額…15,20,90-91,110,128,276

【た】

退職後医療給付 ……………………193
代替移行方式，代替移行アプローチ
　………………………………46,91
多数事業主制度からの脱退 ……146,283
多数事業主年金制度…145,178,234-235,283
単一事業主制度………………11,126,183
団体交渉協定 ……………………145

【ち】

遅延認識……………68,131,133,307
中間期再測定 ……………………109
中間財務報告 ……………………281
中間測定 …………………………141,225
中間貸借対照表………………………14,141
中途退職，転職 ……………128,135,184
超過給付（トップ・ハット）年金制度
　………………………214-215,235-236
長期期待収益率 ……132,175,223,275-276

【つ】

追加最小（年金）負債…80-81,90,110,303
積立規制または法律によって求められる拠出額 ………………………………275
積立状況 ……12,26,77,90,134,274,302
積立状況から貸借対照表の認識額への調整表
　………………………………5,110
積立超過，積立不足 ……3,12,78,134,302
積立金，基金 ……………………176

【て】

定額給付制度 ………………128,176,205
定額償却 …………………………131,161

【に】

任意の拠出額 ……………………275
認識収益費用計算書 ………………117

【ね】

年金給付 ………………………126,180
年金給付算定式 ………………128,180
年金給付保証公社（PBGC）…………137
年金契約 ……………143-144,172,232,243
年金契約の現在価格 ……………137
年金債務の清算の会計 …244-245,254-258
年金制度の結合 ……………………227
年金制度の分割 ……………………230

【は】

配当受給権 …………………………144,180
配当付年金契約……143-144,180,243,245,257
買収価格 ……………………………147
発効日 …………………18,149,248,285
発生問題専門委員会（EITF）…………102

【ひ】

非営利以外であってその他包括利益を報告しない事業体…97-101,148-149,248,282
非営利組織体………15-16,97,148,248,282
非営利組織体の業績指標……………98,148
非給与比例給付 …………………136
非現役加入者 ……131,150,199,204,236
非現役加入者の余命期間 ……………131
非現金拠出額 ……………………275
非公開企業 ……………………149,179
非公開事業体 ……………………278,299
非拘束純資産………………16,148,248
非適格年金制度 ……………………196
被投資会社の制度に係る測定………14,141
評価引当金 ………………26,34,40,47

【ふ】

複数の年金制度……142,201-202,227-232,277
負債証券 ……………………………275,298
負債と資産の認識 ………………134

【へ】

平均残存勤務期間…131,150,161,199,204,227

索　引　319

平均余命期間 ……………133,150,199,204
米国外の年金制度 …………147,149,278
米国の税制適格年金 …………………186

【ほ】
報告事業体 ………………………………278
保険会社との年金契約以外の契約 ……144
保険会社へのリスクの移転 ……………143
保証投資契約 …………………………233-234

【ま】
前払年金費用 ……………150,182,302-303

【み】
未積立予測給付債務 …………………134,184
見積り拠出額 ……………………………275
未認識(純)利得または損失……80,82,110,
　249
未認識過去勤務費用または収益 …80,110,
　249
未認識純債務または資産 …………150,249
未払年金費用 ……………150,184,302-303

【む】
無形資産 ………………………80-82,303,309
無配当年金契約 ……143,179,242,254-256

【も】
目標給付 …………………………………145
持分証券 ……………………………275,299

【ゆ】
優良確定収益投資 ………………………137

【よ】
予測給付債務 ………128,182,213,274,305
予測給付債務を超過する積立額 ………134
予定給与水準 ……………………139,218
予定割引率 ……………137,218-223,276

【り】
利益剰余金…………………………………36
利息費用，利息費用要素……128,130,177,
　193,274,276,306
利得および損失 …13,15,78,128,132,176,
　274,276,307
利得または損失の代替償却方法…133-134,
　204,277,307
流動負債 …………………12,84,134,274
料金規制企業 …………………………186-193

【る】
累積給付債務…129,135,139,171,213,275,
　305
累積退職後給付債務 …………………274,298

【わ】
割引率（予定割引率）…135,137,175,218-
　223,276,305

■ SFAS 87，88，132(R)，158
米国の企業 年金会計基準　　　　　　　　　　〈検印省略〉

■ 発行日──2008年2月16日　初 版 発 行

■ 訳　者──三菱ＵＦＪ信託銀行ＦＡＳ研究会
■ 発行者──大矢栄一郎
■ 発行所──株式会社 白桃書房
　　　　　　〒101-0021　東京都千代田区外神田5-1-15
　　　　　　☎03-3836-4781　🅕03-3836-9370　振替00100-4-20192
　　　　　　http://www.hakutou.co.jp

■ 印刷・製本──藤原印刷株式会社

© 2008 Mitsubishi UFJ Trust and Banking Corporation
Printed in Japan　ISBN978-4-561-34173-4　C3034

本書の全部または一部を無断で複写複製（コピー）することは著作権法上での例外を除き、禁じられています。
落丁本・乱丁本はおとりかえいたします。

トレッドウェイ委員会組織委員会【著】鳥羽他【共訳】
内部統制の統合的枠組み
理論篇・ツール篇

アメリカ公認会計士協会・アメリカ会計学会・財務担当経営者協会・内部監査人協会・管理会計士協会が5年の歳月を投入して完成させた内部統制の理論に関する決定版。「内部統制とは何か」という問題に真正面から取り組む。

ISBN978-4-561-46104-3　C3334　A5判　288頁　本体 3200 円　理論篇
ISBN978-4-561-46105-0　C3334　A5判　328頁　本体 3400 円　ツール篇

熊倉修一【著】
日本銀行のプルーデンス政策と金融機関経営
金融機関のリスク管理と日銀考査

本書は、日本銀行によって実施されている金融機関考査が、わが国の金融機関の健全性維持（プルーデンス）政策の中で、どのように位置づけられ、またどのような存在であるのかについて、体系的に論じた初の書である。

ISBN978-4-561-96111-6　C3034　A5判　248頁　本体 3200 円

株式会社
白桃書房

（表示価格には別途消費税がかかります）